복 있는 사람

오직 여호와의 율법을 즐거워하여 그 율법을 주야로 묵상하는 자로다.
저는 시냇가에 심은 나무가 시절을 좇아 과실을 맺으며 그 잎사귀가 마르지 아니함 같으니
그 행사가 다 형통하리로다. (시편 1:2-3)

영광의 문

Elisabeth Elliot

THROUGH GATES OF SPLENDOR

영광의 문

엘리자베스 엘리엇 지음 | 윤종석 옮김

복 있는 사람

영광의 문

2003년 6월 20일 초판 1쇄 발행
2022년 3월 14일 초판 13쇄 발행

지은이 엘리자베스 엘리엇
옮긴이 윤종석
펴낸이 박종현
(주) 복 있는 사람
서울특별시 마포구 연남동 246-21 (성미산로 23길 26-6)
Tel 723-7183(편집), 723-7734(영업·마케팅)
Fax 723-7184
hismessage@naver.com
등록 1998년 1월 19일 제1-2280호

ISBN 89-90353-05-X

THROUGH GATES OF SPLENDOR
by Elisabeth Elliot

Copyright ⓒ 1956, 1957, 1981 by Elisabeth Elliot
Published by Tyndale House, Wheaton IL.
All rights reserved.
Korean Translation Copyright ⓒ 2003 by The Blessed People Publishing Co., Seoul, Korea.
Korean translation rights arranged with Tyndale House
through KCBS Literary Agency, Seoul, Korea.

이 책의 한국어판 저작권은 Elisabeth Elliot과 독점 계약한 (주) 복 있는 사람이 소유합니다.
저작권법에 의하여 한국 내에서 보호를 받는 저작물이므로 무단전재와 복제를 금합니다.

네 자녀를 바쳐 영광의 메시지를 전하게 하라.

네 재물을 바쳐 자녀의 걸음을 신속하게 하라.

네 영혼을 바쳐 자녀의 승리를 위해 기도하라.

네가 바친 모든 것을 예수께서 갚아 주시리라.

다섯 선교사의 부모들은 극히 문자적 의미에서 이 찬송가 가사대로 살았다. 이 책을 그들에게 바친다.

차례

감사의 말 ·················· 8

어휘 소개 ·················· 11

지도 ·················· 12

감히 국내에 남을 수 없어 ·················· 15

목적지 산디아 ·················· 33

만물이 너희 것이라 ·················· 43

무한한 적응력 ·················· 57

하나님의 소모품 ·················· 77

인간사냥 부족의 선교사 ·················· 101

정글의 벽을 뚫고 ·················· 111

아우카족 ·················· 133

1955년 9월 ·················· 147

아우카 작전 개시 ············ 157

비행기와 지상을 잇는 줄 ············ 167

야만부족의 응답 ············ 181

"팜비치"를 찾아서 ············ 199

아우카 방문객 ············ 213

그들이 간 까닭 ············ 221

우리 홀로 가지 않네 ············ 229

금요일의 성공 ············ 261

침묵 ············ 271

우리가 주를 잊지 아니하며 ············ 301

에필로그 ············ 327

기념판 에필로그 ············ 331

감사의 말

에콰도르 정글에서 뉴욕의 마천루에 이르기까지 많은 사람들이 이 책의 집필을 도와주었다. 다른 네 미망인 바바라 유데리안, 마즈 세인트, 마릴루 맥컬리, 올리브 플레밍은 하루아침에 이중의 책임을 떠안게 됐음에도 시간을 내어 남편들의 일기와 편지며 기타 글들을 수집해 흔쾌히 내주었다. 에콰도르 키토의 선교사 라디오 방송국 HCJB의 에이브 C. 밴더 퍼이는 클래런스 W. 홀이 작성한 「리더스 다이제스트」기사용 자료를 수개월을 들여 모아 주었다. 그 일부가 동 잡지 1956년 8월호에 실렸었다. 나는 기사의 증보판이랄 수 있는 이 책에 그 자료를 마음껏 가져다 썼다. 매그넘포토사(社)의 코넬 카파는 선교사들의 순교 소식이 미국 언론에 타전된 지 몇 시간 만에 「라이프」지 사진을 찍으려 에콰도르로 날아왔다. 말로 다할 수 없는 이야기의 일부를 그는 통찰력과 감수성이 넘치는 사진으로 들려준다. 그의 노련한 지도는 돈으로 살 수 없는 것이었다. 「라이프」지는 코넬 카파가 찍은 사진들을 사용할 수 있도록 아량을 베풀어 주었다. 매그넘의 연구임원 조제파 스튜어트는 출판사의 광범위한 추가 데이터 수집을 위해 특별히 에콰도르까지 왔다. 내가 이 책을 쓰는 데 필요한 데이터였다. 아우카 인디언에 관한 많은 사실은 조종사 선교사인 네이트의 누나 레이첼 세인트한테서 온 것이다. 그녀는 부족을 도망쳐 나온 원주민에게서 정보를 얻었다. 네이트 세인트의 형 샘은 우리 다섯 미망인의 고문 겸 공식대표로 남다른 역할을 해주었다. 우리 능력을 벗어나는 결정들을 샘은 국제전화, 개별 상의, 편지를 통해 우리와 협의하여 내렸다. 그가 우리를 위해 헌신한 시간과 여행거리는 헤아릴 수 없다. 하퍼 & 브라더스 편집진은 책다운 책을 만드느라 혼신을 다했다. 그들의 조언과 격려는 천금과도 같이 귀한 것이었다. 이 모든 분들에게 깊은 감사를 드린다. 바바라와 마즈와 마릴루와 올리브와 함께 나는, 우리를 이 책에 기록된 생애들에 그토록 깊이 동참케 하신 하나님께 감사드린다. 그리고 그들을 그들 되게 하신 하나님께 우리는 남편들이 죽기 며칠 전에 불렀던 노래를 다시 드린다.

> 우리를 지키시는 방패, 주님을 의지해.
> 전쟁은 주님의 것, 찬양도 주님의 것.
> 영광의 진주문에 우리 들어가는 날,
> 승리한 우리, 영원히 주님만 의지하리.

1957년 2월
에콰도르 키토에서
엘리자베스 엘리엇

어휘 소개

마쿠마(Macuma) 유데리안가의 본부기지이자 히바로 부족 중에 있는 정글지부.

샨디아(Shandia) 피트 플레밍과 짐 엘리엇이 처음 삼림지대에 들어가 사역한 지부. 맥컬리가도 한동안 그곳에 살았고 후에는 엘리엇가만 살았다.

쉘메라(Shell Mera) 정글 가장자리에 위치한 에콰도르 선교사 비행협회(MAF)의 작전기지. 키토와 육로로 닿아 있다. 세인트가의 집.

아라후노(Arajuno) 동부 정글에 폐기된 쉘 석유회사 기지. 맥컬리가 사역했던 지부이자 구조대가 발대했던 기지이기도 하다.

아우카(Auca) 동부 정글에 거주하는 야만 인디언의 한 집단. 아우카란 키추아말로 '야만인'이라는 뜻이다. 지금은 사용되지 않으며 대신 와오라니(Waorani)라는 말이 쓰인다.

앗슈아라(Atshuara) 히바로 인디언의 한 집단. 로저 유데리안이 그곳에 지부를 세웠다.

쿠라라이(Curaray) 다섯 선교사가 교두보를 설치했던 강.

키추아(Quichua) 잉카 부족에게 정복당한 다수의 에콰도르 인디언 집단 중 어느 부족에나 해당된다. 현재 이 부족들이 사용하는 언어를 뜻하기도 한다(정복 세력이 그들에게 그 언어를 강요했다). 이 책에서는 동부 삼림지대에 사는 저지대 키추아 부족들을 가리킨다. 짐 엘리엇, 에드 맥컬리, 피트 플레밍이 그곳에서 사역했다.

키토(Quito) 에콰도르의 수도.

푸유풍구(Puyupungu) 엘리엇가가 연 지부로, 후에 플레밍가의 집이 되었다.

히바로(Jivaro) 인간 두상을 잘라 가공 보존하는 고대 관행으로 유명한 인디언 집단. 에콰도르 남동부 정글에 살고 있다.

에콰도르 아우카 지역 세부지도

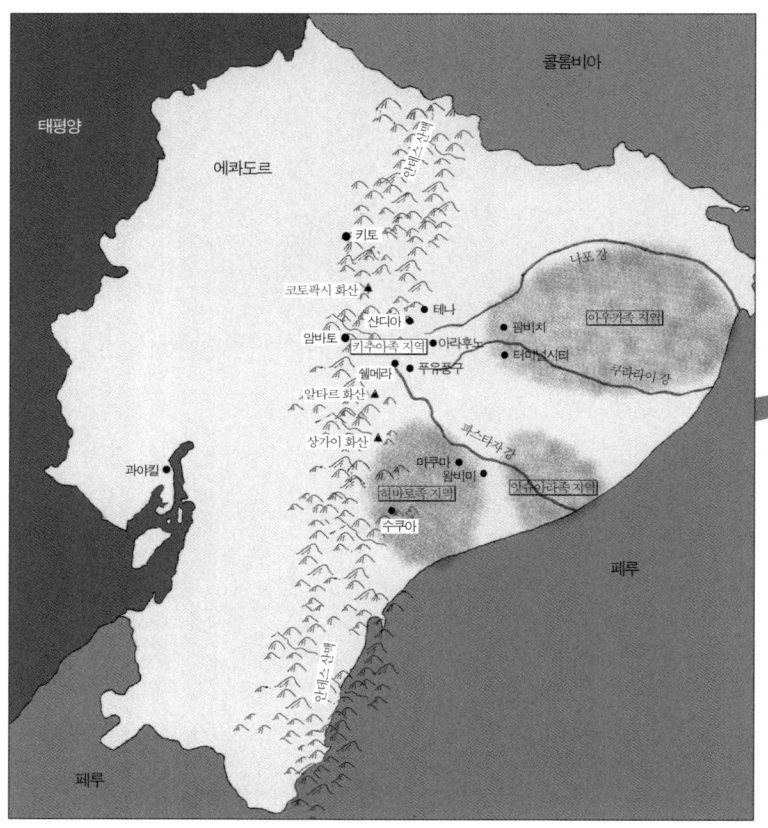

남아메리카 북서부 해안에 위치한 에콰도르

1. 감히 국내에 남을 수 없어

"짙은 안개 속으로 쏟아지는 환한 별빛, 반달, 배 꽁무니를 따라오는 진한 매연, 순풍에 돛단 듯 머나먼 뱃길, 산타화나호는 달리고 있다."

화물선의 작은 선실 안은 더웠다. 후에 내 남편이 될 짐 엘리엇은 일기장으로 사용하던 헝겊표지의 낡은 공책에 적어 내려갔다. 1952년 2월의 밤이었다. 옆 책상에는 짐의 동료 선교사 피트 플레밍이 앉아 있었다. 짐의 일기는 이렇게 이어진다.

"어린 시절의 모든 부푼 꿈이 지금 내게 이루어졌다. 바깥을 보니 사면의 바다 속으로 하늘이 점점 빨려 들고 있다. 초등학교 때부터 나는 바다를 항해하고 싶었다. 도서관에 있는 미리암-웹스터 대형 사전에서 돛의 종류를 다 외우던 기억이 지금도 생생하다. 그런 내가 지금 이렇게 바다 위에 있는 것이다. 물론 승객 자격이기는 하지만 어쨌든 바다 위에 있다. 에콰도르를 향해 가고 있다. 유년의 꿈이 하나님의 뜻 안에서 지금 이렇게 이루어지다니 기분이 묘하다.

　우리는 오늘 오후 2시 6분에 캘리포니아 샌페드로의 외항부두 선착장을 떠났다. 어머니와 아버지가 부두 옆에 서서 함께 보고 계셨다. 배가 선착장을 빠져나갈 때 시편 60:12 말씀이 떠올라 두 분께 소리쳐 말했다. '우리가 하나님을 의지하고 용감히 행하리니.' 부모님은 우셨다. 하나님이 나를 어떻게 만드셨는지 이해가 안 간다. 기쁨, 순전한 기쁨과 감사가 밀려와 나를 가득 채운다. '형제여, 놀라운 일일세!' '이렇게 좋았던 적은 없다네!' 나는 연신 피트를 바라보며 그렇게 말하지 않을 수 없었다. 하나님은 내가 바라던 모든 일을 내가 구한 것보다 훨씬 넘치게 하셨고 또 하고 계신다. 하늘의 하나님과 그 아들 예수님께 찬양, 찬양을 돌린다. 그분께서 '내가 너를 떠나지 아니하며 버리지 아니하리니'(수 1:5) 하셨기에, 나는 담대히 '내가 무서워 아니하겠노라…'고 고백할 수 있다."

　짐 엘리엇은 펜을 내려놓았다. 그는 큰 키에 떡 벌어진 가슴, 숱 많은 갈색 머리카락과 청회색 눈동자를 지닌 스물다섯의 청년이었다. 그는 에콰도르로 향하고 있었다. 평생의 사역을 놓고 하나님의 인도를 구해 온 오랜 기도의 응답이었다. 앞길이 구만리 같은 청년이 정글 원시부족 속에서 평생을 보내기로 작정한 것을 이상하게 생각하는 이들도 있었다. 짐의 대답은 1년 전 그의 일기에 적혀 있다.

　"내가 에콰도르에 가는 것도, 베티(엘리자베스 엘리엇)를 떠나는 것도, 국내에 남아 미국 신자들을 일깨워야 한다는 주변 모든 사람들의 조언을 거부하는 것도 모두 그분이 훈계하신 일이다. 그것이 그분의 훈계인 줄 어떻게 아는가? '밤마다 내 심장이 나를 교훈하기' 때문이다. 내 심장이 하나님을 위해 나를 교훈함을 안다는 것, 얼마나 귀한 일인가!…환상도 없고 음성도 없지만 하나님을 갈망하는 내 심장의 훈계가 있다."

그 순간 짐의 기분은 곧 피트의 기분이기도 했다. 훤칠한 이마에 검은 곱슬머리를 한 피트는 짐보다 키가 작았다. 둘은 오래 전부터 서로 이해하고 존중하는 법을 익혀 왔다. 그들에게 에콰도르 동행은 하나님이 던져 주신 '덤' 가운데 하나였다. 피트 역시 에콰도르에 간다는 발표에 사람들은 눈썹을 치켜 올리며 정중히 묻곤 했다. 문학 석사인 피트는 대학교수나 성경교사가 될 것으로 기대를 모았다. 그런 그가 무지한 야만인들에게 인생을 던진다니 사람들은 이상하게 여겼다.

불과 한두 해 전만 해도 남미대륙 북서쪽 돌출부에 있는 에콰도르의 문제들은 멀게만 느껴졌었다. 두 젊은이는 현지에서 일한 몇몇 선교사들과 대화를 나눴다. 선교사들은 교통, 교육, 자원 개발 등 엄청난 문제들을 지적했다. 선교사역은 그 나라의 원시정글들과 현대 도시들 간의 천년의 문화적 간격을 잇는 데 큰 도움이 돼 왔다. 그러나 진척은 딱할 정도로 느렸다. 복음주의 진영은 두상을 잘라 가공 보존한다는 히바로족을 상대로 25년간 사역해 왔고, 안데스 고지의 키추아족, 몸을 붉게 칠하는 서부 삼림의 콜로라도족을 상대로도 일해 왔다. 북서부 하천지역의 카야파족에게도 복음이 전해졌고, 콜롬비아 국경 코판 부족에도 곧 개척이 이루어질 참이었다.

그러나 백인의 모든 접근을 끈질기게 물리쳐 온 일단의 부족이 남아 있었으니 바로 아우카족이었다. 그들은 고대 정글 인디언의 잔여 부족으로 외세에 정복당하지 않고 고립돼 반(半)유목민으로 살고 있다. 세월이 가면서 탐험가들, 농장 소유주들, 포획된 아우카 사람들, 포로로 잡혔거나 부족 내 살상을 피해 탈주해야 했던 아우카 사람들과 대화한 선교사들을 통해 아우카족에 대한 정보가 정글 밖으로 새어 나왔다. 짐과 피트는 그런 활발한 기록을 통해 그들에 대해 어느 정도 배울 수 있었고, 그래서 당시 아우카라는 이름만으로도 그들은 젊은 피가 끓어올랐다. 언제나 그들은 아우카족에게 그리스도를 전할 수 있게 될 것인가?

아우카 땅에 들어간 첫 선교사—예수회 사제 페드로 수아레즈—가 나포 강과 쿠라라이 강 합류점 부근의 고립 지부에서 창에 살해됐다는 것을 둘은 알고 있었다. 1667년의 일이었다. 그를 살해한 인디언들은 현 아우카족의 선조일지도 몰랐다. 그로부터 200여 년간 백인들은 인디언들을 평화로이 살도록 두었다. 그러다 천연고무 채집자들이 이 정글지역 역사의 한 페이지를 어둡게 장식한다. 약 50

년간—1875년경부터 1925년까지—그들은 정글을 헤집고 다니며 인디언 가옥들을 약탈하고 불태우며 강간과 고문을 일삼고 부족민들을 노예로 삼았다. "법을 모르는 열등 종자"의 개념이 거의 보편적으로 통용되던 시대였다. 아우카족이 백인을 전혀 좋아하지 않는 것도 충분히 이해할 만한 일이었다. 그리스도인의 사랑은 과거 배반과 포악의 기억을 씻어 낼 수 있을 것인가? 이것이 그 원시부족에게 하나님의 사랑과 구원의 메시지를 전하고자 했던 짐과 피트의 도전이었다. 그들은 둘 다 어려서부터 그 도전과 인도를 받아들일 준비가 돼 있었다.

하나님은 소년기부터 정말 짐을 인도하셨다. 오리건 주 포틀랜드 고향에서 짐은 책 중의 책은 성경이며 그 가르침대로 사는 삶은 반드시 안전 지향의 고리타분한 삶일 필요가 없음을 배웠다. 지금 선실에 앉은 그의 마음은 눈 덮인 후드 산을 마주 보던 언덕 위의 고향집으로 내달렸다. 스코틀랜드 출신으로 머리카락이 붉고 턱이 다부진 인상을 주던 짐의 아버지는 아침마다 식후에 네 자녀를 모아 놓고 성경을 읽어 주었다. 그 책대로 살아야 한다는 것과 거기 나온 삶이 행복하고 보람된 삶임을 그는 늘 보여주려 했다. 아이들은 좁다란 부엌 구석 의자에서 몸을 비틀어 댔지만 진리는 더러 가슴속에 박히기도 했다. 엘리엇가 아들 중 셋째인 짐은 곧 예수 그리스도를 구주와 주님으로 영접했다.

고등학교에 들어간 짐은 사도 바울을 본받아 "그리스도의 복음을 부끄러워하지 않았다"(롬 1:16). 교실에 들어갈 때면 그의 교과서 더미 위에 언제나 성경이 있었다. 학업 면에서 초창기 그는 건축설계에 관심이 있었다. 짐은 그 분야에 재능이 남달랐다. 교사는 그의 설계도들을 챙겨 두었다가 이후 수업의 모델로 쓰곤 했다. 그러나 벤슨 폴리테크닉 고등학교를 마치기 전 그는 인생 방향을 선교지 쪽으로 돌리기 시작했다.

일리노이 주 휘튼 대학에 다닐 때 짐은 비본질적인 것에 빠져 인생의 본질적인 것을 놓칠까 우려해 과외활동을 제한했다. 그는 학생회의 여러 임원 자리에 출마하라는 요청을 거부했다. 그러나 레슬링은 나서서 했다. 그 선택을 그는 어머니에게 보낸 편지에 이렇게 설명했다.

"제가 레슬링을 하는 것은 전적으로 운동을 통한 신체 근육 긴장으로 힘과 협응력을 기르기 위해서이며, 궁극적 목표는 좀더 쓸 만한 몸을 산 제사로 드리는 것입니다. 그 점 하나님도 아십니다. 비록 그분이 힘든 일을 허락하셨지만 동기는 하나님의 영광에 있습니다. 그분은 제 믿음을 귀히 봐주십니다. 그분은 우리에게 단순한 마음과 불안을 벗은 자유를 기대하실 뿐 아니라 그 둘 다 은혜로 누리게 하십니다."

대학 2학년 중에 짐은 하나님께서 자신을 라틴아메리카 국가에

가, 한번도 복음을 들어 보지 못한 이들에게 복음을 전하기 원하신다는 결론에 이르렀다. 이 결정은 즉시 행동으로 이어졌다. 그는 개인적으로 스페인어 공부를 시작했다. 또 성경을 구전언어로 번역하기 위한 준비로 헬라어를 전공으로 택했다. 정확하지는 않았지만, 교수들은 그가 늘 크세노폰, 투키디데스, 교부문서 등 옛 고전을 번역하던 열정을 기억한다. 영어밖에 모르던 그가 신약의 옛이야기를 처음 헬라어로 읽던 일은 감격이었다.

그는 부모에게 이렇게 썼다. "오늘 처음으로 요한복음 19장 십자가 이야기를 원어로 읽었습니다. 어찌나 단순하고 애절한지 울 뻔했습니다. 영어로 읽을 때는 전혀 몰랐던 것입니다. 정녕 놀라운 사랑 이야기입니다."

1947년 11월 짐이 부모에게 보낸 편지에 그의 야망이 어디 있는지 잘 나타나 있다. "주님은 제게 의와 경건에 대한 갈급함을 주셨습니다. 그분만이 채우실 수 있는 것입니다. 이런 갈급함은 그분밖에 채우실 수 없습니다. 그러나 사탄은 사교생활, 명성, 요직, 학문적 성취 따위의 온갖 시시한 것들을 동원해 속이려 합니다. 그런 것들이야말로 '이방인의 정욕'의 대상이 아니고 무엇이겠습니까? 그들의 갈망은 왜곡되고 뒤틀려져 있습니다. 예수 그리스도의 아름다움을 본 영혼에게 그런 것은 진실로 전혀 무의미합니다…. 물론 제가 학교에서 우등상 받는다는 소식을 접하시게 될 것입니다. 하지만 그것도 같은 부류일 뿐입니다. 따라서 지하실의 낡은 트렁크에 그것을 넣어, 제가 벤슨 고등학교에서 4년간 공부해 받은 '루비'가 박힌 금색 B자형 장식핀 옆에 둬봐야 오래 못 갈 것입니다. 해 아래 모든 것은 헛되며 '바람을 잡으려는' 것입니다(전 1:14). 인생은 이곳에 있지 않고 그리스도와 함께 하나님 안에 감춰져 있습니다. 제 기쁨은 거기 있습니다. 그 기쁨을 생각하며 저는 찬양합니다."

짐과 내 남동생 데이브 하워드는 똑같이 휘튼 1949년도 졸업반이었다. 나도 휘튼을 다녔지만 짐을 만난 것은 1947년 크리스마스 무렵 데이브가 방학 동안 짐을 우리 집에 데려왔을 때였다. 나중에 나는, 짐이 자기 부모에게 "예쁘지는 않지만 성격이 특이해 제 흥미를 끄는 키 크고 야윈 여학생"에 대해 편지를 썼다는 것을 알고 웃었다.

대학 3학년을 마치고 짐은 부모에게 이렇게 썼다. "벌써 4학년이 코앞에 다가왔다니 믿어지지 않습니다. 정녕코 제가 기대한 것은 성취의 만족감이 아닙니다. 이생에 성취란 없습니다. 오매불망 바라던 자리에 이르는 순간, 인간은 다시 욕심을 한 단계 높여 더 높은 성취를 찾습니다. 그 과정은 결국 죽음의 간섭으로 중단됩니다. 삶이란 진정 모락모락 피어나 덧없이 사라지는 안개와 같습니다. 끝을 내다보며 사는 삶이 무엇인지 주께서 우리에게 가르쳐 주시기 원합니다. '나의 달려갈 길〔을〕…마치려 함에는 나의 생명을 조금도 귀한 것으로 여기지 아니하노라'(행 20:24) 한 바울처럼 말입니다."

여름 동안 짐은 보호구역의 한 인디언 집단에 복음을 전하고 와서 이렇게 썼다. "냉담한 이교 인디언들에게 우리 하나님의 더할 나위 없는 은혜의 복음을 전할 기회를 주셔서 기쁩니다. 예수님의 이름을 한번도 들어 보지 못한 이들에게 복음을 전할 기회를 주시기만을 바랍니다. 이생에 그것 말고 귀한 일이 또 무엇이겠습니까? 그보다 나은 일을 들어 보지 못했습니다. '주여, 저를 보내주소서!'"

그해 여름 일기에는 이렇게 썼다. "'그는 그의 사역자들을 불꽃으로 삼으시느니라.' 나는 불붙을 수 있는 자인가? 하나님, 저를 '이물질'이 가득 섞인 비참한 불연성 석면 상태에서 건져 주소서. 활활 타오르도록 성령의 기름을 흠뻑 적셔 주소서. 하지만 불꽃은 잠깐이며 대개 단명이다. 내 영혼아, 너는 단명을 견딜 수 있는가? 내 안에는 위대하신 단명의 주님의 영이 살아계신다. 하나님의 집을 향한 열정이 그분을 삼켰다. '저를 주의 연료 삼으소서. 하나님의 불꽃 되게 하소서.'"

이 말을 기록한 남자는 은둔자가 아니었다. 그는 미국 대학 졸업반, 교내 레슬링 챔피언, 단골 우등생, 학생 해외선교회(FMF) 회장, 아마추어 시인, 학생회 학년대표였다. 짐은 동료 학생들의 따뜻한 칭송을 받았다. 그는 캠퍼스의 "가장 뜻밖의 인물 중 하나"로 통했다. '술집 마룻바닥의 얼굴'과 로버트 서비스의 '샘 맥지의 화장(火葬)' 같은 시를 외울 줄 알던 그가, 동시에 급우들보다 성숙한 영성의 소유자로 인정받기도 했다. 조지 맥도널드는 "하나님의 임재 안에서 두려워 웃지 못하는 자는 아직 그분을 확신하지 못하는 심령이다"라고 했다. 짐은 "하나님과 농담하는" 이야기를 했다. "수시로 나는 뭔가를 구한다. 어쩌면 작은 것이다. 그러면 뭔가가 응답된다. 나만 그러는지 모르지만, 뭔가가 응답된다. 지나고 보면 내가 구한 것이 어찌나 웃겨 보이는지 웃음이 절로 난다. 하나님도 나와 함께 미소짓고 계신 것 같다. 최근에도 그런 일이 여러 번 있었다. 웃음의 대상이 되기를 지독히 싫어하는 나의 '다른 자아'를 그분과 나 둘이 실컷 놀려 댄다."

자신이 그 아들 예수 그리스도를 믿음으로 하나님께 속한 자라는 확신만큼이나, 짐은 자기를 구원하신 하나님이 자기를 인도해 주실 것도 확신했다. 그는 "나는 그분의 구원을 확신하는 만큼 그분의 인도도 확신한다"고 말하곤 했다. 4학년 때 일리노이 대학교에서 해외 선교 사역에 관심 있는 학생들을 대상으로 대규모 선교대회가 열렸다. 짐은 하나님이 자기에게 원하시는 길을 보여 달라고 기도하며 참석했다.

선교대회를 마치며 짐은 이렇게 썼다. "이번 주 동안 주님은 제가 구했던 일을 해주셨습니다. 무엇보다 나는 인디언 개척사역에 대해 마음에 평안을 원했었지요. 지금 내 심정을 살펴보건대 남미 정글의 부족사역이 내 선교 취지의 전체적 방향임을 담담히 고백할 수 있습니다. 아울러 하나님이 내게 독신으로 정글사역을 시작하기 원하신 다는 확신도 듭니다. 이런 굵직한 이슈들이 한 주간 동안 최종 정리됐습니다. 그래서 지금 기쁩니다."

1950년 여름이 막바지에 이를 무렵 짐의 전체적 방향은 구체화됐다. 짐은 에콰도르에서 사역했던 한 퇴역 선교사를 만났다. 그는 짐에게 현지의 필요를 들려주며 무서운 아우카족의 만만찮은 도전도 빼놓지 않았다. 이때가 하나님의 인도를 구하던 몇 해의 절정이었다. 짐은 그것이 정말 자신을 향한 하나님의 뜻인지 확인하려고 열흘간 작정기도를 했다. 새 확신을 얻은 그는 부모에게 에콰도르행(行) 의향을 알렸다. 짐을 잘 아는 다른 이들과 마찬가지로 그의 부모도 혹 미국 국내사역이 짐에게 더 효과적이지 않을까 생각했다. 그럴 만도 했다. 미국에도 성경의 참 메시지를 잘 모르는 사람들이 너무 많았다. 그러나 짐은 이렇게 답장했다.

"저는 뻔히 멸망하는 키추아족을 두고 감히 국내에 남아 있을 수 없습니다. 고국의 살진 교회에 도전이 필요하면 어떻게 하지요? 그들에게는 성경과 모세와 선지자와 그 밖에 많은 것들이 있습니다. 그들을 향한 정죄는 은행통장과 성경책 표지의 먼지 속에 쓰여 있습니다."

이런 감정은 대학친구 에드 맥컬리와 함께 일리노이 주 남부에서 열었던 복음집회에 관한 일기 내용에 잘 나타나 있다. "열매 없는 날들이다. 스파르타에서 32일간 밤마다 '중고생 집회'를 열었다. 공립

학교 체육관에 50-60명쯤 나왔다. 별 관심들이 없다. 이런 식으로 전도될 학생들이 극히 적다는 것을 비로소 깨닫는다. 하나님의 진리로 문화를 만나는 이 문제가 무엇보다 가장 어렵다. 우리는 사회를 혁신하고 조절하는 자로 오지만, 사회는 조절당할 마음이 전혀 없다. 인간의 강퍅한 마음은 복음 전파의 '여리고 성'이다. 하나님이 흔드셔야 한다. 그렇지 않으면 흔들리지 않는다.

이 일로 내게 낙심과 회의가 밀려온다…. '혼돈이 자기 형상대로 이 진흙 덩어리를 지었다'는 철학이 세차게 나를 잡아끈다. 잡다한 신학논쟁을 늘어놓고 싶기도 하다. 다시금 나는 예수 그리스도의 부활에 붙들린다. 예수님은 인간들에게 자신을 보이시며 초자연적으로 죽음을 이기신 것을 입증하셨다. 그 믿음이 없다면 나는 저 우중충한 하늘에 모든 것을 집어던지고 당장 미시시피 강으로 래프팅에나 나설 것이다. 그러나 진실은 견고하고 단단하고 확실하다. 그 무엇도 아닌 진실이 나를 붙들며 답이 있다고 속삭인다. 아직 찾지 못한 그 답을 나는 기다려야 한다."

일단 하나님의 인도가 확실해지면 여간해서 돌아보지 않는 것이 평소 짐이었다. "인도"는 에콰도르였고 따라서 모든 생각과 행동이 그 방향으로 모아졌다. 일기의 한 대목이 보여주듯 짐은 자신이 전한 대로 실천했다. "어디에 처하든 네 전 존재가 거기 있어야 한다. 하나님의 뜻이라고 믿거든 어떤 상황에든 철저히 승부하라."

짐은 선교지에 함께 나갈 동지를 보내 달라고 하나님께 한동안 기도해 왔다. 언제라도 부족사역에 같이 나설 수 있는 독신남자를 구했다. 한동안 그는 에드 맥컬리가 그 사람이 아닐까 생각했으나 1951년 6월에 에드가 결혼하자 짐은 다른 사람을 달라고 기도하기 시작했다. 8월에 그는 옛 친구 피트 플레밍을 만났다. 막 석사학위를 취득한 피트는, 마침 자신의 평생사역을 놓고 하나님의 인도를 구하던 중이었다. 짐은 나중에 피트에게 이렇게 썼다.

"하나님이 형제를 설득해서 함께 가게 해주신다면 너무 기쁘겠지요. 하지만 추수할 주인께서 형제님을 움직이시지 않는다면 차라리 그냥 국내에 남아 있기를 바랍니다. 내게 있어 에콰도르는 그리스도의 단순한 말씀에 대한 순종의 차원일 뿐입니다. 그곳에 내가 일할 자리가 있으니 나는 당연히 나갑니다. 하나님이 형제님을 인도하실 것과 그 신호를 놓치지 않게 하신다는 것, 그것만은 확신합니다. 강한 바람과 지진이 다 지난 후에 들려오는 '세미한 음성'만이 궁극적인 하나님의 말씀이 될 것입니다. 그것을 간절히 기다리길 바랍니다. 에이미 카마이클의 말이 기억납니까? '하나님의 서원이 내게 있으니 내 일을 다 마치고 그분께 보고를 올릴 때까지 나는 이 땅의 꽃이나 꺾으며 그늘 속에 놀고 있을 수 없다.'"

1952년 피트와 함께 샌페드로를 출항하던 날 짐의 희망은 이루어졌다.

성경공부에 관심 있는 시애틀과 포틀랜드의 청년 그룹들이 간혹 함께 모여 집회도 열고 등산도 다닐 때 짐과 피트는 조우한 적이 있다. 그후 6주간 함께 여행하면서 둘은 전보다 깊은 동지가 됐다. 전국을 횡단해 북서부로 돌아오던 길에 짐은 이렇게 썼다.

"피트는 누구보다도 멋진 여행 파트너입니다. 내가 바라보는 모든 것에 피트도 관심이 있습니다. 하나님이 서부에 가지각색으로 흩어 놓으신 지리, 식물, 역사, 하늘 할 것 없이 좋은 것이라면 다지요."

피트는 1928년 워싱턴 주 시애틀에서 태어나 일찍부터 성경의 가치를 배워 말씀을 자기 삶과 행동의 최고 기준으로 삼았다. 십대 후반과 이십대 초반의 그를 알던 사람들은 그의 해박한 성경 이해와 폭넓은 신앙 지식에 감탄했다. 13세 때 한 맹인 전도자의 간증을 듣고 회심한 후 피트는 에녹처럼 "하나님과 동행했고" 그로 인해 동료 고등학생들 눈에 단연 돋보였다. 그는 농구와 골프 우수선수가 됐고, 사교클럽 회원들은 그에게 신앙 지도를 부탁했다. 졸업식 고별사에서 그는 이렇게 말했다. "우리는 어디를 봐야 합니까? 어디로 가야 합니까? 저는 우리가 성경으로 돌아가 닻을 찾을 권리가 있다고 믿습니다. 우리의 확실한 기초가 거기 있습니다…. 그 위에 세웁시다."

그런 확신은 1946년 그가 철학 전공으로 워싱턴 대학교에 들어갔을 때 큰 도움이 됐다. 그는 예리한 지성의 소유자였다. 철학 공부는 그에게 인생관과 세계관을 전면 재검토할 것을 도전했다. 한동안 그는 모순된 사고의 늪에 침몰하는 듯했으나 막판에 하나님은 그를 진리의 항구인 그분의 영원한 말씀으로 다시 끌어올려 주셨다. 그가 오래 전부터 "자기 영혼을 맡겼던" 그 하나님께서 말이다.

피트는 시간제로 일하고 열심히 공부했으며 대학기독학생회 회장도 맡았다. 그는 한시도 자신을 가만히 두지 않는 사람이었지만, 그 바쁜 와중에도 시간을 내어 기도하고 성경을 공부했다. 1951년 그는 멜빌의 「신용 사기꾼」에 대한 논문으로 석사학위를 받았다.

그러던 중 그는 짐을 만나고 서신을 교환하며 평생사역에 대한 결정을 내렸다. 그는 하나님이 자신을 에콰도르로 부르신다는 발표로 친구들을 놀라게 했다.

언젠가 그는 당시 약혼녀였던 올리브 에인슬리에게 이런 편지를 보냈다. "제 생각에 선교지로 가라는 '부르심'도 다른 어떤 인도 방법과 다르지 않습니다. 부르심이란 하나님의 뜻에 대한 순종 이상도 이하도 아닙니다. 하나님은 어떤 식으로든 당신이 택하신 방식으로 그 뜻을 영혼에게 보여주십니다."

피트는 어려서부터 올리브를 알았다. 둘은 주일이면 같은 부서에 속해 예배드렸다. 그러나 에콰도르로 가라는 하나님의 부르심에 응답할 때 피트는 가정생활의 책임 없이 그분을 섬길 뜻으로 나갔다. 적어도 한두 해는 그렇게 지낼 참이었다.

1951년 9월 6일 그는, 에콰도르에서 12년간 사역했고 미국의 여러 기독교 단체에서 강연한 바 있는 영국인 선교사 윌프레드 티드마쉬 박사에게 이렇게 썼다.

"선교사님이 다녀가신 후 저는 에콰도르행 문제를 놓고 아주 간절히 기도해 왔습니다. 정말이지 지금까지 어떤 문제로도 주님께 이렇게 간절히 기도해 본 적은 없습니다. 짐과 저는 몇 차례 편지를 주고받았는데, 저는 가고 싶은 열망이 점점 커진다고 말했고 하나님이 그 확증으로 제게 들려주시는 듯한 성경구절들도 나누었습니다. 성경을 볼 때나 안 볼 때나 그리스도께서 제자들에게 주신 엄한 말씀들이 자꾸만 제 마음에 와닿습니다. '내가 너희를 보냄이 양을 이리 가운데 보냄과 같도다…'(마 10:16). '아비나 어미를 나보다 더 사랑하는 자는 내게 합당치 아니하고…'(37절). '자기 십자가를 지고 나를 좇지 않는 자도 내게 합당치 아니하니라'(38절). '자기 목숨을 얻는 자는 잃을 것이요 나를 위하여 자기 목숨을 잃는 자는 얻으리라(39절). 에콰도르같이 힘든 선교지의 엄격한 요건은 참 제자들에게 주어진 엄격한 요건과 영적 수준이 맞먹는 것 같습니다. 에콰도르는 하나님의 원리와 약속을 극한 시험에 붙이라는 하나님이 주신 기회라 생각됩니다.

제가 장래문제로 주님을 찾고 있을 때 마침 이 문이 열리는 듯해서 이것은 제 기도에 대한 주님의 응답입니다."

배에 올라 고국을 떠나기 직전 그는 한 대학친구에게 이렇게 말했다. "고린도전서 3장 마지막 몇 절을 잊지 말게. '만물이 다 너희 것임이라…너희는 그리스도의 것이요 그리스도는 하나님의 것이니라.' 우리 존재 전체가 하나님 것일세. 우리 자아 전체를 하나님이 지으셨기에 자기 창조주가 누군지 깨닫는 것은 큰 기쁨이지. 삶의 모든 영역과 차원에 그 깨달음이 배어들어야 하네. 미와 산과 음악과 시와 지식과 인간과 과학의 묘미 속에, 심지어 사과 한 알의 시큼한 맛 속에도 하나님이 계시네. 그분의 임재의 기쁨을 보여주는 것이지. 하나님은 범사에 그분의 뜻을 깨닫고자 하는 신자들 속에 거하시네."

2. 목적지 샨디아

바다에서 18일을 지낸 후 짐 엘리엇과 피트 플레밍은 에콰도르 과야킬에 도착했다. 피트는 이렇게 썼다. "과야스 강을 반쯤 올라가자 비로소 여기가, 바로 여기가 에콰도르라는 실감이 났다. 처음으로 가슴이 두근거렸다. 배가 항구로 들어서는 동안 짐과 나는 조용히 '환난과 핍박 중에도'를 불렀다.

성도의 신앙 따라서
죽도록 충성하겠네."

배에서 내린 두 청년은 가득 쌓인 짐 사이를 비집고 지나 과야스 강 옆 말라콘 강변도로의 뜨거운 햇살 아래로 들어섰다. 밀물이 들면서 물살 한가운데 거대한 부초 군락이 상류 쪽으로 급히 쓸리고 있었다. 눈부실 듯 하얀 청과물 배가 닻을 내린 채 서 있고 그 옆에 짐배들과 바나나 상인들의 길고 늘씬한 마상이 카누들이 북적거렸다. 여객선에서는 땀에 젖은 무리가 밀짚가방이며 옷 보따리며 닭이며 바구니를 들고 소란스레 몰려나왔다. 짐과 피트는 무리가 사방으로 흩어질 때까지 걸음을 멈추고 그들의 얼굴을 지켜보았다. 그리고는 돌아서 길을 건넜다. 인도를 덮은 차양이 그들을 열대의 태양에서 가려 주었다. 둘은 희한하기 짝이 없는 물건들이 전시된 쇼윈도를 물끄러미 바라보았다. 스웨터, 타자기, 프라이팬, 자동차 타이어, 히바로 인디언들이 가공해 만든 모조품 두상, 카마이 비누 등 가지가지였다. 골목길에는 매듭으로 엮은 적갈색 카펫처럼 코코아 콩을 널어 말리고 있었다. 말쑥한 흰색 정장에 파나마 모자를 쓴 사업가들이 두 시간의 점심시간을 맞아 건물에서 쏟아져 나왔다. 캐딜락과 당나귀가 서로 앞서거니 뒤서거니 지나는 모습이야말로 옛날과 현대가 공존하는 이 땅의 전형이었다.

인구가 점점 늘어 30만이 넘는 과야킬은 에콰도르 최대 도시이자 널찍한 도로와 대규모 사무실 건물을 갖춘 가장 현대적 도시다. 수많은 수출입상의 사장들, 매니저들, 직원들이 사업차 부산하게 움직이느라 거리는 북적댄다. 과야킬은 세계의 바나나 수도다. 이곳은 또 2차 세계대전 후 해마다 3백만 자루가 넘는 커피, 7천만여 파운드의 코코아, 30만 파운드 이상의 쌀이 수출시장으로 선적되는 곳이

기도 하다. 번영의 기운이 충천하며 생산은 꾸준히 증가 추세다. 이 항구도시는 국가 무역의 가름대가 되고 있다.

피트와 짐은 삼류 여관에서 첫 밤을 보냈다. 더위, 모기, 간혹 들려오는 당나귀 울음소리, 인근 댄스악단의 라틴 리듬이 어우러진 잊지 못할 밤이었다. 이튿날 그들은 비행기를 타고 키토로 갔다. 비행기는 북으로 고도 4천m의 안데스 산맥을 가로질러 에콰도르 수도에 착륙했다. 키토는 해발 2,800m에 위치해 있으며 서쪽으로 피친차 화산이 솟아 있다.

여기 "철저히 승부할" 새로운 기회가 있었다. 벽돌집들과 높다란 흙담과 자갈길과 화려한 교회들과 붉은 제라늄과 유카리나무가 있는 이 고대도시가 이후 6개월간 그들의 집이 된다. 에콰도르 동부의 정글지역이자 그들의 지칠 줄 모르는 준비와 계획의 최종 목적지인 동부지방으로 가려면 그전에 에콰도르 국어인 스페인어를 배우는 마지막 관문이 남아 있었던 것이다.

그들은 완벽을 요구하는 한 젊은 여교사에게 스페인어 강습을 받았다. 그들은 또 다섯 자녀를 둔 에콰도르인 의사의 집에 세를 들었다. 언어 연습에 그보다 더 좋은 기회는 없었다. 그들은 어쩔 수 없이 스페인어로 말할 수밖에 없었다. 그 집 아이들은 두 손님의 실수와 버릇을 거침없이 지적했다.

"짐 아저씨, 아저씨 얼굴은 왜 항상 빨개요?" 초롱한 눈동자의 여섯 살 난 장난꾸러기 모케틴이 물었다. 짐은 "그러는 네 얼굴은 왜 항상 갈색인데?" 하고 되받았다. 뜻밖에도 대답은 "그게 훨씬 멋있으니까요"였다.

"언어는 좌절을 몰고 다니는 폭군이다." 언젠가 피트가 한 말이다. 그러나 그들은 언어를 배워야만 했다. 그렇게 공부하며 지내던 시절 피트는 일기에 이렇게 썼다. "나는 지금 아우카족에게 다가갈 날만 고대하고 있다. 그들에게 예수님 이름을 전할 영광을 하나님이 내게 주신다면 말이다…. 그 당당하고 영리하고 똑똑한 사람들의 무리가 탁자에 둘러서 예수님을 높이는 모습을 볼 수만 있다면 내 목숨이라도 기쁘게 내놓으리라. 기쁘게, 기쁘게, 기쁘게! 인생이 그 이상 무엇을 바랄 수 있으랴.

지난 6개월은 온통 좋은 일들뿐이었다. 아직 본격적 책임도 맡기지 않으셨고 현지인 가정과 함께 살 돈과 자유도 주셨으니 하나님이 허락하신 특별한 특권이다. 틀림없이 우리는 평생 선교사 생활에 큰 도움이 될 것들을 배웠다. 함께 기도하며 하나님이 우리에게 믿음을 더하시는 것을 보았다. 스페인어 성경에서 건지는 것이 갈수록 많아진다. 스페인어가 점차 더 쉬워져 매번 굳이 생각하지 않아도 될 정도로 관용구들이 마음속에 새겨졌다. 모두가 얼마나 놀라운 복인가. 좋은 것들뿐이었다. 우리는 많은 것을 배웠다. 각 상황에 대처하는 법, 특정 주제에 입을 다무는 법, 현지인들과 어울리는 법, 선교사들을 보는 그들의 시각…하나님은 여러 방법으로 우리에게 스페인어를 주실 것이며 키추아 언어도 마찬가지다."

드디어 짐과 피트가 키토를 떠날 날이 왔다. 그들은 버스로 사용되는 펑퍼짐하고 꼴사나운 차량 꼭대기에 자기네 짐이 던져 올려지는 것을 보았다. 미제 트럭 바닥 위에 양 옆이 튀어나온 상부 구조물을 얹은 것으로, 그 안에 승객이 족히 서른 명은 탈 수 있었고 겁 없이 바깥에 매달리는 사람들도 많았다. 관광객 못지 않게 선교사의 필수품이기도 한 카메라를 들고 둘은 다른 승객들 사이로 찡겨 들어가 각자 자리를 찾았다. 자리래야 25cm 넓이의 판자였는데 다음 줄과의 사이에 그런 대로 다리를 둘 공간이 있었다. 그나마 통로가 있는 버스에 탄 것은 행운이었다. 승객들이 신나게 앞좌석 등받이를 기어 넘어 자기 자리로 가는 차량들도 있었다. 게다가 둘은 똑바로 몸을 펴고 앉아서도 낮은 창으로 밖을 내다볼 수 있었다. 무릎이 턱에 닿다시피 해 몹시 불편한 자세였지만 교대로 통로 쪽에 앉아 다리를 펼 수도 있었다.

"출발!" 운전사가 외쳤다. 짐과 피트는 버스가 정시 출발하는 줄 알고 기뻤다. 그러나 그것까지는 바랄 수 없는 행운이다. 여기는 마냐나(내일)의 나라인 것이다. 어디를 가나 이유 없는 지체가 있다. 외부인에게 가장 고역스런 일은 아무도 이유 해명에 일말의 관심조차 없어 보인다는 사실이다. 묻는 사람도 없다. 침묵뿐이다. 다행히 그날의 지체는 10여 분으로 끝났다. 운전사가 예고도 없이 발동을 걸자 버스는 비틀대며 출발했다.

시내를 벗어난 버스는 고원 평지로 올라갔다. 쌀쌀한 가랑비가 드넓게 뻗은 갈색 초장의 황량함을 더해 주었다. 가끔씩 말을 탄 인디언이 강풍에 빨간 모직외투를 날리며 질주해 지나갔다. 두꺼운 모직 치마와 수놓은 블라우스를 입은 여자가 안데스 고지 인디언들의 통상적 걸음걸이인 종종걸음으로 지나갔다. 똑같은 복장에 중절모까지 쓴 아기가 포대기로 등에 둘려 들썩대고 있었다. 그 와중에도 어머니의 손은 뜨개바늘로 털실을 짜느라 재게 움직였다.

3,600m 고지에서 짐과 피트는 고지 키추아족의 아담한 초가집을 볼 수 있었다. 그들은 소와 양을 치고 감자와 곡식을 재배하며 근근히 생계를 이어 가고 있었다. 광경은 곧 1949년 지진의 도시이자 동부의 관문인 암바토 주변의 불모지로 바뀌었다. 거기서 버스가 정차했다. 양은대야에 접시별로 돼지고기 튀김, 제육 부침, 시원한 음료수 잔, 파인애플 조각을 잔뜩 담은 아낙네들이 순식간에 버스를 에워쌌다. 저마다 특이한 가락으로 물건을 사라고 외쳤다.

여정은 다시 이어졌다. 눈 덮인 준령 사이를 오르던 버스는 어느새 앞으로 기운 채 내리막길을 어지러이 꼬불꼬불 돌아, 안데스 산맥 동쪽을 관통하는 파스타자 강의 거대한 협곡으로 들어서서 원뿔모양의 사화산 퉁구라화를 지났다. 서부 경사면의 불모지와 높다란 산길은 눈 깜짝할 사이에 아슬아슬한 동부 내리막의 푸른 초장으로 바뀌었다. 오른쪽은 낭떠러지 왼쪽은 가파른 암벽이 솟아 있는 좁은 통행로를 버스는 덜컹덜컹 뒤뚱뒤뚱 지나갔다. 길섶에는 자주색 난초들이 나부꼈다. 뉘엿뉘엿 해가 넘어갈 무렵 버스가 또 한번 커브 길을 돌자 눈앞에 파스타자 강이 펼쳐졌다. 강물은 검은 모래사장 위로 길다란 띠처럼 흘렀다. 거기가 광활한 아마존 분지의 서쪽 끝이었다. 아마존 분지는 동쪽으로 5천km를 더 뻗어 강이 대서양으로 흘러 드는 지점에서 끝난다. 소읍을 한두 곳 더 지나자 드디어 쉘메라가 나왔다. 한때 시추사업으로 활기를 띠며 쉘 석유회사 기지로 쓰이던 그곳에 지금은 황폐한 목조건물들만 볼품없이 늘어서 있다. 길 한편에는 가옥들과 호텔 하나와 가게들이 있고 반대편에는 군 기지와 선교회 후원의 성경학교가 있다.

선교사 비행협회(MAF) 에콰도르 기지는 마을 최남단에 있었다. 거기서 짐과 피트는 에콰도르에 오기 전 편지를 주고받았던 선교사 티드마쉬 박사를 만났다. 그리고 곧 그와 함께 비행기 편으로 쉘메라 북쪽으로 향했다. 비행기는 푸른 정글을 지나 안수크 강을 따라 나포 강 원류인 아툰야쿠로 향했다.

그들은 티드마쉬 박사가 부인의 건강 때문에 철수해야 했던 키추아족 선교지부 샨디아로 향했다. 둘은 지부를 다시 열 계획이었다. 티드마쉬 박사도 그들이 정착할 때까지 함께 머물기로 했다. 당시 산디아에는 활주로가 없었으므로 일행은 인근 다른 지부로 가야 했다. 그들은 거기 착륙해 도보로 정글 길에 올랐다. 그들이 출발한 시각은 늦은 오후였다. 보통 걸어서 세 시간 거리임을 알았기에 일행은 열대의 갑작스런 땅거미를 피하려 서둘렀다. 풀뿌리에 미끄러지고 간혹 깊은 진창을 간신히 허우적거리며 지나 그들은 앞으로 수개월간 집이 될 곳으로 잰 걸음을 옮겼다. 앞날을 생각하며 기대감에 부풀면서도 동시에 지금 지나는 울창한 아마존 다우림의 아름다움에 취하기도 했다.

처녀림이었다. 뿌리가 축대처럼 버티고 선 나무들이 하늘 높은 줄 모르고 뻗었는데 대개 우듬지 외에는 가지가 없었다. 그것을 우산 삼아 밑으로는 그야말로 천태만상의 식물들이 무성했다. 나무에 붙어살고 있는 칡 종류며 기생식물이며 각종 버섯 때문에 짐과 피트는 나무의 본래 가지를 통 분간할 수 없었다. 지천의 난초들이 짙은 신록에 은은한 빛깔을 더해 주었다. 버섯 종류는 색깔이 진하고 모양도 희한했다. 주홍색이면서 치마주름처럼 생긴 것도 있었고, 옥색이면서 조개처럼 생겨 썩은 통나무 밑에 반쯤 숨어 있는 것도 있었다.

숲 위로 달이 떠오를 무렵 홀연히 세 사람은 개간지에 들어섰다. 산디아였다.

그때 일을 피트는 이렇게 썼다. "어느새 인디언들이 주변에 모여들었다. 티드마쉬 박사가 보내 준 사진에서 보았던 얼굴이 두엇 기억났다. 그들의 얼굴을 알아봤다는 사실이 나는 내심 자랑스러웠다. 처음 든 생각은 '그래, 난 이들을 사랑할 수 있어'였다. 여자들 얼굴에 잉크로 색칠한 문양이 흥미로웠고, 빛 바랜 파란 치마로 만든 볼품없는 커튼도 그랬다. 많은 아이들이 모여들어 수줍게 웃었다. 아기들은 철렁대는 큰 젖가슴을 빨고 있었고, 사내아이들은 호기심에 찬 앳된 얼굴로 우리를 올려다봤다. 티드마쉬 박사가 키추아어로 대화하는 것을 처음 들었다. 나는 언제나 저렇게 말할 수 있을까."

같은 시각 짐은 이런 기록을 남겼다. "1950년에 결단했던 목적지에 드디어 도착했다. 나는 지금 기쁨이 충만하다. 그때 하나님의 인도를 거부했더라면 얼마나 어리석은 일이 됐을까. 그분의 뜻에 따름으로 내 인생 노선은 얼마나 달라졌고 얼마나 큰 기쁨이 임했는가!"

개간지 끄트머리에 티드마쉬 박사가 살던 작은 초가집이 있었다. 대나무를 잘라 엮어 벽을 쳤고 바닥에는 널빤지가 깔려 있었다. 통풍이 잘되도록 집을 말뚝 위에 올렸는데, 덕분에 축축한 땅에도 닿지 않고 벌레의 침입도 막을 수 있었다.

피트는 일기에 이렇게 썼다. "첫눈에 집이 넓고 편해 보였다. 이런 집이라면 올리브와 함께 얼마든지 쉽게 살 수 있을 것 같다. 기쁨과 지식과 기대로 말이다. 나중에 우리는 약간 정리하고 흙 묻은 발을 얼음장같이 찬 나포 강물에 씻고 주변을 한바퀴 둘러본 뒤 저녁을 먹었다. 식사는 쌀로 만든 수프, 바나나, 카사바, 밥이었고 커피도 있었다. 지금은 식탁에 앉아 등잔불 옆에서 이 글을 쓰고 있다…. 피곤하지만 아버지의 인도하심에 감사가 넘친다. 사실 이것은 끝이 아니라 시작이다."

3. 만물이 너희 것이라

산디아에서 짐과 피트는 처음으로 본격 선교사가 됐다. 그들은 키추아족에게 하나님 말씀을 전하러 왔고 그럴 준비도 돼 있었지만 먼저 키추아족의 신뢰와 사랑을 얻어야만 가능한 일이었다. 그래서 둘은 그들 가운데 섞여 그들과 똑같이 살면서 상호 신뢰의 기초를 쌓았고, 그렇게 함으로 기독교 메시지에 인디언들의 마음과 생각을 열고자 했다. 짐과 피트는 자신들이 키추아족과의 경험을 통해 얻는 모든 지식이 현대문명과 더 격리된 다른 부족들을 섬기는 데 좋은 준비과정이 되리라는 것도 알았다.

두 젊은 선교사는 키추아족이 약간의 수렵, 약간의 농경과 더불어 이따금씩 인근 농장주들을 위해 일한다는 것을 곧 알았다. 그들은 갖가지 질병과 지독한 기생충에 시달리고 있었다. 그들은 두 문화 사이에 끼어 있었다. 한쪽에는 사라져 가는 조상들의 문화가 있었고 다른 한쪽에는 떠오르는 백인들의 현대세계가 있었다. 그들은 사람을 사냥하는 남쪽 히바로족, 공포의 대상인 북쪽 아우카족 등 인접 부족들과 달리 유순했다. 인디언들의 생활, 건강, 언어, 교육, 출산, 죽음은 무엇 하나 빼놓을 것 없이 짐과 피트의 당면 관심사가 됐다.

밤마다 둘은 작은 오두막에 앉아 정글이 들려주는 한밤의 오케스트라를 들으며 일기와 편지에 그날의 경험을 기록했다. 등잔불 주위로 나방과 파리 떼가 들끓어 종이에 똥을 떨구고 펜촉을 막히게 했다. 등불의 열기 때문에 땀에 번들거리는 둘의 얼굴로 커다란 딱정벌레들이 날아와 부딪쳤다. 저녁마다 가무잡잡한 웃는 얼굴들이 그들을 둘러쌌다. 선교사들이 하는 일을 구경하려 찾아온 남학생들이었다.

한 아이가 키추아어로 티드마쉬 박사에게 말했다. "백인들은 종이가 지겹지도 않나요? 이 두 사람도 항상 종이만 쳐다보고 종이에 쓰기만 하잖아요. 우리 아빠가 그러는데 백인들한테선 종이냄새가 난대요. 학교 갔다 돌아오면 나한테서도 종이냄새가 난다고 화내요."

피트 플레밍은 티드마쉬의 통역을 들으며 웃었다. 단 5분도 집중하기 어려웠다. 하지만 그는 이 키추아 소년들을 사랑했다. 그들을 위해 희생의 길을 택하지 않았던가. 한때 그토록 좋아했던 고독과 침묵의 묵상도 그래서 버리지 않았던가.

그때 나는 에콰도르 서부 정글에 있었다. 짐은 정글 우편 서비스의 범위 내에서 최대한 자주 내게 연락했다. 샨디아에 도착하고 얼마 안되어 그는 이렇게 썼다. "아침 6시 티드마쉬 박사가 석유풍로에 면도물 데우는 소리로 하루가 시작됩니다. 현관 구석에 우리가 세면대 받침으로 쓰는 곽이 있습니다. 벽에 빗물 홈통이 있어 그 밑 도랑에 물받이 대야를 놓습니다. 도랑은 집을 빙 둘러 흐르지요. 아침식사는 대개 한두 사발의 바나나 수프나 옥수수 가루, 신선한 바나나, 커피 한 잔입니다. 지금까지는 매일 아침 7시 15분 근처 다른 선교지부들과의 무전연락 때문에 식사가 끊기곤 했습니다. 식사시간에 우리는 스페인어로만 말합니다. 아침식사가 끝나면 스페인어로 다니엘서를 읽고 아침기도를 드립니다.

지금까지 제 아침시간은 티드마쉬 박사의 진료를 지켜보거나 공부하거나 이런저런 간단한 장치를 만들어 물건들을 좀더 쓰기 편하게 만드는 데 온통 소요됐습니다. 가끔씩 활주로에 내려가 인부들의 작업을 감시하기도 합니다. 오늘은 강 상류에 멧돼지 떼가 나타나 인부들이 대부분 부리나케 사냥하러 가는 바람에 여남은 명만 일하고 있습니다. 활주로를 개간하다 바나나 나무들이 있는 곳에 이르자 그들은 한사코 나무를 자르지 않으려 했습니다. 제가 나무들을 쓰러뜨려 그들의 작업 착수를 거들었습니다. 그들에게는 양식을 베어 내는 것과 같은 일이고 저도 조금 마음이 아프지만, 바나나 나무는 다른 데도 많이 있어도 활주로는 하나뿐이지요.

침실은 쾌적하기 그만입니다. 큰 창으로 멋진 전경이 들어오지요. 우리 방과 거실 사이에는 수도사의 옷으로 만든 커튼이 쳐져 있습니다. 작은 융단이 두 개 깔려 있고 알루미늄 의자도 두 개 있어 아주 문명화된 곳처럼 보입니다. 인디언 베난시오가 날마다 빗자루로 흙먼지나 죽은 바퀴벌레를 쓸어 냅니다."

전형적 키추아 사람인 연로한 베난시오는 티드마쉬 박사의 오른손 같은 사람이었다. 그는 백인처럼 평상복 바지와 셔츠를 입었다. 그의 부모는 오랜 전 '쿠시마'라는 키추아족 전통복장을 벗었다. 특별한 날에 위신의 상징으로 신발을 신는 이들도 더러 있기는 했지만, 때로 무릎까지 파묻히는 진흙을 밟으며 정글 길을 돌아다니는 베난시오에게 신발은 오히려 거추장스러웠다. 그의 구겨진 셔츠 앞자락에는 눈에 띄는 부위에 안전핀이 달려 있었다. 언제라도 손쉽게 발에서 종려가시를 빼기 위한 것이었다. 정글을 다닐 때 그는 닳고닳은 벌채칼을 가지고 다니며 아무렇게나 나무에 휘둘렀다. 가파르거나 미끄러운 둔덕이 나오면 그 칼로 발가락을 디딜 계단을 파낸 후 올라갔다. 덩굴이 길을 가로막아도 칼만 한번 휘두르면 됐다. 그의 아내 수산나는 아기를 옆구리에 띠로 두른 채 냄비며 닭이며 담요며 바나나가 담긴 큰 바구니를 메고 남편 뒤를 터덕터덕 따라갔다. 바구니는 정글의 '밧줄'인 띠 모양 나무껍질이나 길고 질긴 잎사귀로 감아 수산나의 이마에 걸었다. 그녀도 벌채칼을 들고 다니며 주식인 카사바를 캐 껍질을 벗기기도 하고, 자기 손톱도 다듬고, 앞문 주변의 잡초를 쳐내기도 했다. 벌채칼은 그들이 가장 아끼는 연장이었고 실은 유일한 연장일 때가 많았다. 그것은 괭이, 삽, 도끼, 칼, 가위를 비롯해 무슨 역할이든 척척 해냈다. 짐과 피트는 그것이 정글의 필수품임을 곧 알게 됐고, 미국에서 벌채칼 없이 어떻게 살았는지 의아할 정도였다.

베난시오는 계란을 담아 두는 작은 바구니, 물고기를 잡는 나팔 모양의 덫과 그물, 가로세로로 얽어 만든 체, 원숭이 가죽 드럼을 만드는 데 많은 시간을 보냈다. 정글의 나무와 수풀을 잘라 개간지를 만들고, 작물을 심고, 물과 장작을 나르고, 강가 바위에서 옷을 빨고, 하나에 족히 45kg이나 되는 바나나 우듬지를 끌어 나르는 등 모든 중노동은 그 아내의 몫이었다.

베난시오의 침대는 말뚝 몇 개에 대나무를 듬성듬성 깔아 놓은 것이었다. 의자로는 12-16cm 높이의 나무둥치를 썼다. 그는 불가에서 그 의자에 웅크리고 앉았다. 그의 식기는 국접시와 숟가락이 전부였다. 마실 때는 박을 절반으로 자른 바가지와 질그릇을 썼다. 베난시오와 키추아족 사람들의 주식은 치차라고 하는 음료였다. 치차는 녹말이 많은 감자 모양의 카사바로 만든다. 날마다 여자들은 카사바를 캐어 숙달된 벌채칼 솜씨로 껍질을 벗긴 다음 질그릇 솥에

만물이 너희 것이라 47

넣고 찐다. 다 익으면 나무공이로 카사바를 간다. 으깬 감자처럼 바짝 갈지만 그보다는 걸고 굵다. 그것을 여자들은 한 움큼씩 입에 넣고 씹어서 접시에 뱉는다. 그렇게 시작된 발효는 전체를 다시 잿빛 질항아리에 넣어 두는 동안 계속된다. 넣어 두는 기간은 하루나 이틀이며, 진한 치차를 마시려면 일주일씩 넣어 두기도 한다. 키추아족은 한평생 글자 그대로 그것을 먹고 산다. 거기에 형편에 따라 들짐승 고기, 생선, 약간의 정글 과일, 계란이 보충된다.

하루하루 인디언 개인들과 집단을 관찰하면서 짐과 피트는 새로운 생활방식에 점차 적응해 갔다. 하루는 밤에 그들 둘과 선배 사역자 티드마쉬 박사가 남학생들과 함께 작은 대나무 집에 앉아 있는데 밖에서 누가 뛰어오는 소리가 들렸다.

"티드마쉬 박사님, 계신가요?"

"오, 들어오너라."

"우리 형수가 죽어가고 있어요!"

키추아어로 그것은 두통부터 뱀에 물린 것까지 무슨 일에든 해당될 수 있었다. 건강이 아주 좋으면 "살아있다"고 하고 나머지는 다 "죽어간다"로 표현된다.

"너희 형수가 어떻게 됐니?"

"아기를 낳고 있어요. 와주시겠어요?"

사태가 심상치 않는 한 출산 때문에 선교사를 부르는 경우는 별로 없었다. 이 경우 티드마쉬 박사는 그 여자가 다섯 아기를 유산했음을 알고 있었다. 그는 의학박사가 아니라 철학박사였지만 그래도 기초의학을 공부한 바 있었다. 그래서 그는 그런 비상시를 위해 갖춰둔 간단한 장비를 챙겨 들고 피트와 함께 강 쪽으로 내려갔다. 안내원인 베난시오가 어둠 속에서 앞길을 열었다. 그들은 진흙길을 비추는 작은 빛의 반경을 넓혀 보려 회중전등을 빙빙 돌렸다. 약 15m 넓이의 얕은 시내인 탈락 강을 두세 번 건너야 했다. 마침내 집에 도착했다. 쪼갠 대나무로 지은 직사각형 건물로, 지붕은 야자수 잎을 맵시 있게 가지런히 엮어 올렸다. 좁은 문간으로 들어서 돼지며 닭이 들어오지 못하게 쳐둔 낮은 문턱을 넘자 연기 사이로 몇 군데 은은히 타오르는 불이 보였다. 연기는 늘 집 안을 가득 메우며 지붕의 잎에 타르를 입혀 벌레를 쫓아내기도 했다. 한쪽 구석에 한 남자가 앉아 끈으로 낚시투망을 짜고 있었다. 집에서 만든 바이올린을 켜고 있는 사람도 있었다.

피트는 나중에 일기에 이렇게 썼다. "여자는 대나무 판자에 누워 있었다. 사람들 눈에 대충 안 보이게 담요 두 개가 얼기설기 걸려 있고 '산파'가 곁을 지키고 있었다. 연기 불이 꺼져 잿더미가 되면서 점차 온 집 안이 어두워졌다. 가족들도 자려고 자리에 누웠다. 어린아이들은 부모와 같이 누웠고 좀 큰 아이들은 남녀 따로 각각 한쪽 구석에 누웠다. 그들은 티드마쉬와 내게 침대를 하나 내주었다. 아기가 태어날 조짐이 없어 우리도 누웠다. 진통은 여전히 7분 간격이었다. 사람들은 흔히 대나무가 유연한 줄 알지만 실은 전혀 그렇지 않아 딱딱했고 게다가 강을 걸어오느라 신발과 바지가 아직 젖어 있어 우리는 곧 냉기를 느꼈다. 얼마 후 우리는 일어나 자꾸만 꺼져 가는 연기 불 주변의 작은 통나무 의자에 앉았다. 뼈만 앙상한 두 마리 지저분한 개와 함께 앉아 우리는 귀뚜라미 울음소리, 거위처럼 우는 이상한 청개구리 소리, 간혹 아이가 깨서 우는소리, 누군가 몸을 뒤척일 때마다 대나무 삐거덕거리는 소리, 이따금씩 새되고 짤막한 비명으로 울리는 산모의 신음소리를 들었다.

점차 진통이 잦아지고 심해지자 여자는 무릎걸음으로 일어나 천장에 매달린 덩굴 줄을 잡더니 손으로 덩굴을 돌돌 감아쥐고는 진통이 올 때마다 몸을 일으켰다. 고개 위로 높이 올라간 조그만 갈색 손과 힘줄이 빳빳해진 팔은 내게 그들의 단순한 출산법과 아울러 풍습의 속박으로 다가왔다. 양수가 나온 후 진통이 잦아들면서 마침내 아기가 내려오기 시작했다. 산파의 한마디 말에 다들 깨어나 졸린 눈으로 구석으로 옮겨 가 서서 커튼을 넘겨다보았다. 프라이버시란 단어도 개념도 없었다. 그들은 나무늘보의 갈고리발톱을 긁은 가루를 물에 타서 산모에게 마시게 했다. 분만을 촉진하는 방법인 듯했다.

그때 우리 요리사 베난시오가 들어와 여자의 어깨를 잡고는 세게 흔들기 시작했다. 그 동작은 아기가 나올 때까지 계속됐다. 아기 몸은 절반은 바나나 잎사귀 위에 절반은 흙바닥 위에 떨어졌다. 창자 같은 탯줄로 이어진 희고 작고 가녀린 아기는 깜박이는 등잔불 아래 미동도 하지 않았다. 두어 번 트림 끝에 요란하게 울더니 그제야 정상 호흡이 시작됐다. 티드마쉬가 들어가 탯줄을 묶자 산파는 날카로운 대나무 날로 탯줄을 잘랐다. 이어 산파는 아기를 안고 쇠솥에서 물을 한 모금 머금더니 아기 몸에 내뿜어 씻었다. 그리고는 아기를 낡고 더러운 천에 싸서 여자의 수놓은 벨트로 묶어 한 벌거숭이 아이에게 건네자 아이는 아기를 안고 뒤뚱대며 방 안을 왔다갔다했다. 한 여자가 아기를 받아 대나무 판에 올려놓았고 그로써 다들 아기를 잊은 듯했다. 그동안 산모는 계속 예의 그 순교자 같은 자세로 자궁이 수축될 때마다 질겁하며 몸부림쳤다. 티드마쉬는 기도로 아기를 주님께 드렸다."

서서히 짐과 피트는 언어에 더 익숙해졌다. 그들은 어디를 가나 검은색 작은 공책과 연필을 지니고 다녔다. 키추아말은 글자가 없었기 때문에 들은 대로 발음을 쓴 다음 어떻게든 뜻을 알아내 외우는 수밖에 없었다.

  짐은 집에 이렇게 써 보냈다. "키추아말은 흥미롭습니다. 교재의 도움 없이 화자의 입만 보고 말을 깨치는 참신한 과정이 그렇게 신기할 수 없습니다. 요즘 저는 특히 의성어 단어들에 재미가 들렸습니다. 예를 들어 팔목이 부러져 자유자재로 흔들리는 것은 '월랑월랑'이라고 합니다. 우리의 이해력 내에서는 사전적 의미가 없는 말입니다. 또 깜박거리는 등잔은 '리핑리핑, 티웅티웅' 하다 꺼진다고 합니다. 급히 삼키거나 꿀꺽 넘기는 것은 '투클룩투클룩'이라고 합니다. 그 밖에도 무수히 많습니다."

피트와 짐의 언어 실력이 자람에 따라 그들에 대한 인디언들의 신뢰도 자랐다. 그들은 자기네 생활풍습의 더 많은 부분에 선교사들을 청해 동참시켰다. 동족들 사이에 높은 지위의 상징으로 늘 헬멧모자를 쓰고 다니던 도도한 젊은 인디언 와차는 이렇게 말했다. "당신들은 우리보다 키추아말을 더 잘합니다. 우리가 말할 때도 잘 들어줍니다. '저 사람들 못 알아듣는 모양이군' 하며 우리끼리 얼버무릴라치면 그때 당신들은 대답합니다!"

티드마쉬 박사는 결국 정글을 떠나 산지의 가족들에게 돌아갔다. 그러나 돌아가기 전 그는 짐과 피트에게 환자 수발에 대해 몇 가지 간단한 지침을 주었다. 둘만 남은 그들은 의학서적들과 기도의 도움으로 어떻게든 힘닿는 대로 진료를 베풀어야 했다. 환자를 손쓰지 않고 그냥 둘 수는 없었다. 1월의 어느 밤, 한 아버지가 자기 아기가 아프다며 허둥지둥 달려왔다.

"주사 좀 놓아 주세요." 그는 애원했다. 인디언들은 빈발하는 열대성 감염을 고치는 데 항생제가 특효임을 어느새 알아차렸고, 그래서 언제부터인가 주사를 놓아주지 않는 한 선교사가 한 일이 아무것도 없다고 생각하기 시작했다. 벌레에 심하게 물린 경우 페니실린으로 치료가 안된다고 아무리 선교사가 설명해도 소용없었다. 인디언들 생각에 내복약은 주사약만큼 효험이 없었다. 그러나 이번 아기의 병은 폐렴인 듯 보였고 그래서 짐은 페니실린 주사를 놓았다. 부모는 거기에 만족했으나 아기는 즉각 차도를 보이지 않았다. 그러자 부모는 자신들이 아는 최고의 힘인 마법사를 의지했다. 짐은 남아서 의식을 구경해도 되느냐고 물었다. 나중에 그는 이렇게 회고했다. "그들은 내게 나무줄기 침대를 가리켜 보이며 앉게 했다. 그리고 자기들이 아야와스카를 마시는 동안 침대에서 움직이지 말고 전등도 켜지 말라고 했다.

8시 반에 불이 다 꺼졌다. 방 저편에서 아야와스카 약초를 마실 인디언 셋의 말소리가 간간이 들렸다. 자는 시늉하다 깜빡 졸던 나는 내 옆 방바닥에 자고 있던 구경꾼 하나가 일어나는 바람에 깨서 바짝 귀를 기울였다. 약 그릇이 돌려졌고 곧 '밋밋한 타령'이 시작될 참이었다. 마른 잎 다발이 흔들리는 소리처럼 뭔가 빠르고 고르게 내리치는 소리가 들렸다. 같은 곳에서 나는 소리인지 확실치 않지만 어디선가 키추아족 특유의 3음계로 된 휘파람 선율도 들렸다. 그 소리 사이사이로 침 뱉으며 토악질하는 소리, 언젠가 보았던 것처럼 환자의 머리 위로 연기를 불 때 이상하게 탁탁 터지는 소리가 새어 들었다. (나는 저녁식사 무렵 페니실린 주사를 한번 더 놓겠다고 했으나 저지당했다.) 내리치는 소리와 입김소리와 휘파람소리에 간간이 심하게 코고는 소리가 섞였다. 나는 잠에 곯아떨어졌다.

11시에 한 인디언의 바이올린 소리에 깨어났다. 우리는 얘기를 주고받았다. 자정에 나는 아기를 살펴보았다. 그들은 약을 충분히 마시지 못해 타령이 짧아져 마법이 효력을 못 낸다고 했다. 아기는 열이 좀더 높아진 듯했고 호흡과 전반적 용태도 달라지지 않았다. 1시쯤 나는 다시 잠들었다. 아기의 어머니와 한 할머니가 깨어 계속 잎과 담배를 발랐다. 등잔과 호롱이 있어 그나마 전보다 덜 으스스해 보였다. 나는 3시에 사망의 곡소리를 듣고 깼다. 아기는 고통의 몸부림 없이 그냥 숨이 멎었다고 했다. 오늘 아침 세번째 작은 관을 짰다."

이런 일들을 통해 짐과 피트는 키추아족의 삶을 배웠다. 그들은 미신과 두려움에 꽉 붙잡혀 있었다. 두려움에서 벗어나 마음의 평안을 얻고 악령들로부터 해방되고 싶은 키추아족의 소원에 신약성경은 답이 될 것인가? 선교사들은 기도하며 그런 문제를 의논했으나 여전히 자신들이 외국인으로 느껴졌고 언제나 외국인일 것 같았다. 인디언들 자신이 답이 돼야 한다. 그들이 성경을 배우고 가르침을 받아 직접 동족을 가르쳐야 한다. 이 목표를 위해 피트와 짐은 티드마쉬 박사가 부득이 닫아야 했던 샨디아 선교사 학교를 다시 열었다. 이 단칸 교사(校舍)에서 현지 아이들은 마침내 스스로 성경을 읽을 수 있는 날을 위해 읽고 쓰는 법을 배웠다.

그러나 이 소년들이 날마다 듣는 이야기를 아직 단 한번도 들어볼 기회가 없었던 다른 인디언들이 있었다. 하나님은 짐과 피트를 아우카족에게 보내 메시지를 전하게 하실 것인가?

피트는 이렇게 썼다. "그때는 생각만 해도 두려웠으나 이제 준비가 돼 있다. 우리는 기적을 행하시는 하나님을 늘 믿었고 아우카족도 그에 해당될 수 있다. 믿음에 뒤따르는 기적이라야만 한다. 그 이하의 어떤 수단도 지름길일 수 없다. 오 하나님, 인도하소서!"

4. 무한한 적응력

대학 때부터 줄곧 짐 엘리엇과 에드 맥컬리는 언젠가 둘이 함께 선교지에서 일할 날이 있을까 생각했었다. 1952년 12월 에드가 아내 마릴루와 아마색 머리털의 걸음마쟁이 스티비와 함께 키토에 도착하던 날, 그들의 소망은 성큼 현실로 다가섰다. 맥컬리가는 키토에 남아 필요한 스페인어 공부를 마친 뒤 샨디아의 짐과 피트와 합류할 계획이었다. 1953년 6월 에드는 가족을 키토에 두고 정글 속 미래의 자기 집으로 짧은 탐사를 다녀왔다. 그는 보고 온 광경에 대해 미국 가족들에게 이렇게 썼다.

"저지대 키추아 인디언들이 사는 정글에서 짐 엘리엇과 피트 플레밍과 함께 12일을 보낸 후 방금 막 키토에 돌아왔습니다. 주께서 허락하신다면 우리도 몇 달 후 거기로 이주하기 원합니다. 이번에 12일간 학교 인디언 학생들과 진찰받으려고 끝없이 줄지어 선 사람들을 보고 마법을 거는 이상한 주문과 절망에 찬 사망의 곡소리를 들으면서, 저는 우리를 이 땅에 보내 이들을 위해 일하게 하신 하나님을 찬양했습니다. 우리가 소명에 충실하기를, 그리고 하나님께서 우리를 쓰셔서 많은 인디언들을 당신께 불러 주시기를 기도합니다.

동부 정글에서 18세 인디언 남자의 병상에 설 기회가 있었습니다. 그가 피를 토하며 몇 분 만에 죽는 것을 보았습니다. 그 순간 더러운 오두막 바닥의 대나무 깔판에 누운 그의 생명 없는 시신을 지켜보며 저는 '이는 소망 없는 다른 이와 같이 슬퍼하지 않게 하려 함이라' 한 바울의 데살로니가전서 4:13 말씀의 의미를 정말 실감했습니다. 이틀 밤낮 가슴을 치며 애도하던 이교도들의 울부짖음과 곡소리를 쉬 잊지 못할 것입니다. '소망 없는' 가련한 모습이었습니다. 오늘밤 저는 특별한 기도를 드립니다…. 우리가 그들의 언어로 그들에게 소망과 영생과 구원의 메시지를 전할 수 있을 때까지 하나님이 이 인디언들의 목숨을 부지시켜 달라고 말입니다."

중서부 밀워키에서 제과회사 간부의 맏아들로 태어난 에드 맥컬리는 주님의 일을 위해 희생할 줄 아는 가정에서 자랐다. 에드의 아버지는 미국 전역을 순회하며 열심히 전도했다. 그는 도처의 기독교 단체에서 설교했고 사업 동료들에게도 기회 있을 때마다 그리스도를 전했다. 에드는 1945년 휘튼 대학에 들어갔는데 처음부터 해외 선교사가 되려던 것은 아니었다. 그는 경영학과 경제학을 전공으로 택했다.

키 188cm에 몸무게 86kg의 에드는, 우승 경력의 휘튼 풋볼팀에서 곧 발군의 실력을 발휘했다. 거구에 비해 주력도 남달라 육상선수로도 뛰었다. 그의 육상코치이며 1마일 경주 전국 챔피언인 길 다즈는 에드가 4학년 때 있었던 일을 이렇게 회상한다. 열 명의 400m 종목 선수가 보스턴 특별대회를 앞두고 연습하고 있었다. 열 명 중 다섯 명만 선발돼 출전하게 되어 있었다. 에드는 보스턴에 가고 싶었다. 그래서 자신이 100m와 200m 선수로서 한번도 400m 종목을 뛰어 본 적이 없음에도 선발에 가담해도 되는지 물었다. 역시 에드답게 그는 0.1초 차이로 릴레이팀에 뽑혔다. "위급할 때 그는 언제나 불가능한 일을 해냈다." 다즈의 결론적인 말이다.

에드는 강단에서 최고의 진가를 발휘했다. 대중연설에 공식훈련을 전혀 받지 않았음에도 그는 밝은 얼굴과 청중을 향한 단도직입적 접근으로 1949년 샌프란시스코에서 열린 전국 허스트 웅변대회에서 우승했다. 1만 명 이상의 학생들이 겨룬 대회였다. 알렉산더 해밀턴에 대한 그의 원고는 급우들도 다 외우다시피 했다. 수업시간마다 그들은 에드에게 다시 웅변을 시켰다. 에드가 절정에 이르러,

"그 미지의 혀의 억양은

은빛 나팔소리처럼 울렸다"

는 대목에 이르면 온 학급이 일시에 일어나 에드와 함께 소리쳤다.

"더 높이!"

4학년 회장 에드가 만들어 낸 분위기는 그런 것이었다. 그가 회장에 선출된 것에 대해 내 동생 데이브는 이렇게 썼다. "에드는 경쟁자 없이 환호성만으로 선출됐습니다. 솔직히 말해 아무도 감히 그 자리에 딴 사람을 추천할 생각조차 못했을 것입니다. 만장일치로 기정사실로 받아들여진 결론이었습니다."

이듬해 에드 맥컬리는 법조계 쪽으로 생각을 바꾸어 마케트 대학교 법학부에 들어갔다. 그후 2학년 초 그는 공부하며 시간을 보낼 작정으로 호텔 프론트 야간부에 취직했다. 그러나 당신이 택하신 자들을 지명하고 그 안에서 역사하여 당신의 영원한 뜻을 이루시는 하나님은 다른 계획이 있었다. 1950년 9월 22일자 편지에 에드는 휘튼의 급우 짐에게 거기에 대해 이렇게 말했다.

"여기 취직한 뒤로 변화가 생겼네. 난 자유시간을 이용해 말씀을 공부하곤 했는데, 밤마다 주님께서 나를 조금씩 더 붙드시는 것 같았네. 그저께 밤에는 느헤미야를 읽고 있었지. 다 읽고 나서 다시 한 번 읽었네. 느헤미야는 지위에 관한 한 모든 것을 버리고 남들이 감당 못할 일을 하러 갔지. 그리고 그가 감으로 인해 예루살렘에 남아 있는 모든 유대인들이 주님께 돌아올 수 있었네. 방해와 장애물이 걷히고 큰일이 이루어졌네. 짐, 난 거기서 벗어날 수 없었네. 주님께서 나를 다루고 계셨네. 어제 아침 집에 오는 길에 한참 걸으면서 결정에 도달했네. 주님께로부터 온 결정임을 알지. 주님 앞에서 가장 솔직히 말하건대 그분과 말씀 외에는 누구도 무엇도 내 결정에 전혀 영향을 미치지 않았네. 이제 내 소원은 하나뿐일세. 모든 것을 아낌없이 버리고 주님을 위해 살면서 그 삶에 내 모든 에너지와 힘을 쏟아 붓고 싶네. 그분은 나를 예수 그리스도의 이름이 알려지지 않은 곳으로 보내실지도 모르지. 짐, 난 주님을 말씀 그대로 받아들이며 그분이 말씀을 입증해 주실 것을 믿네. 한 바구니에 계란을 몽땅 담는 것과 같지만 우리는 이미 구원문제에도 그분을 믿었으니 인생에 관해서도 그렇게 못할 것이 없지 않은가. 이 영생사업에 아무것도 없다면 우리는 당장 모든 것을 버리고 내세의 삶과 더불어 이생까지 집어치는 것이 낳을 걸세. 하지만 그 일에 뭔가가 있다면 주님의 다른 모든 말씀도 똑같이 진실일 수밖에 없지. 날 위해 기도해 주게, 짐.

학교에 등록하기 딱 하루 전에 주께서 나를 붙드셨으니 한번 생각해 보게! 돈도 마련해 뒀고 공부할 준비가 다 돼 있었네. 오늘이 등록일이라 나는 학교에 가서 자퇴 사유를 밝혔네. 사도 바울이 에베소 교인들에게 부탁한 대로 '나의 입을 벌려 담대히 말하게' 해달라고 기도했지. 잘 알고 지내던 모든 친구들한테 얘기했네. 그리고 많은 생각 끝에 한 교수를 보러 갔지. 내 계획을 말했더니 그는 내가 떠나기 전 눈물을 보였네. 다른 교수를 찾아가 똑같이 말했네. 내게 돌아온 거라곤 냉담한 인사와 행운을 빈다는 말뿐이었네.

그게 전부일세. 이틀 전 나는 법학도였으나 오늘 나는 무직 실업자일세. 짐, 나를 위해 기도해 줘 고맙네. 강건하게. 형제여, 떠날 준비를 하고 있는 자네를 위해 나도 간절히 기도하고 있네. 나도 같이 갈 수 있다면 얼마나 좋겠는가."

에드의 신병훈련 기간은 1951년 겨울 짐 엘리엇과 함께 일리노이 주 체스터에 갔을 때 찾아왔다. 그 소읍에 복음을 전하려고 천막집회와 어린이 학교를 연 것 외에도 에드와 짐은 교대로 주간(週刊) 라디오 방송에서 자주 설교했다. 사도 바울이 "헬라인이나 야만이나 지혜 있는 자나 어리석은 자에게 다 내가 빚진 자라. 그러므로 나는 할 수 있는 대로 로마에 있는 너희에게도 복음 전하기를 원하노라. 내가 복음을 부끄러워하지 아니하노니 이 복음은 모든 믿는 자에게 구원을 주시는 하나님의 능력이 됨이라"(롬 1:14-16)고 한 것처럼 에드도 그렇게 믿었고 그렇게 전도했다.

1951년 5월 16일의 라디오 메시지에서 에드는 세상 법률을 예화로 들었다. 나중에 힘을 합해 아우카 작전에 임하게 될 다섯 선교사 모두의 믿음은 최고의 신학적 진술보다 오히려 에드의 설교에 더 잘 표현돼 있다.

에드는 말했다. "범죄자의 운명은 유죄선고가 떨어진 대로 처벌받는 것입니다. 경우에 따라 그것은 수년간의 징역살이일 수도 있고 종신형일 수도 있고 사망일 수도 있습니다. 모든 죄인에 대한 하나님의 유죄선고는 사망입니다. '죄의 삯은 사망이요…' 선고도 하나요 믿지 않는 자들이 받을 벌도 하나입니다.

그러나 여러분의 말대로 하나님은 사랑의 하나님이십니다. 그분은 아무나 다 영원히 벌하시지 않습니다. 그분이 사랑의 하나님이심은 진리입니다. 그 사실은 그분이 유죄선고를 하셨다 해서 조금도 달라지지 않습니다. 하나님은 여러분이나 제가 마땅히 받아야 할 벌을 받지 않기를 원하십니다. 그래서 그분은 우리에게 탈출구를 열어 주십니다. 우리가 받아들이기만 하면 됩니다. 하나님은 자기 독생자를 값으로 치르시고 용서를 베푸십니다.

이것이 그분의 책 성경에 나오는 단순하고 알기 쉽고 분명한 하나님 말씀입니다. 하나님은 말씀하십니다. '내 아들을 믿는 자는 유죄선고를 받지 아니하는 것이요 믿지 아니하는 자는 내 독생자를 믿지 아니하므로 벌써 유죄선고를 받은 것이니라.'"

주께서 친히 이 땅을 걸으시던 때와 마찬가지로 결과는 대단치 않았다. 더 자세히 알고 싶다며 라디오 방송국에 편지를 보내 온 사람이 몇 있었고, 학교강당과 천막에서 열린 집회 결과 회심을 고백한 이들도 소수 있었다. 그러나 에드는 그 몇 달간의 사역 중에 자신이 하나님께 순종했음을 알았다. 체스터에 가기 직전 에드는 미시간 주 폰티액의 한 청년연회에 강사 초청을 받고 수락했었다. 하나님의 생각은 에드의 상상을 초월했다. 바로 그곳, 자신이 설교하던 교회에서 에드는 검은 머리카락의 예쁜 화가 마릴루 호볼트를 처음 만났다. 체스터에 머물던 몇 달 동안 에드는 분명 수년간 다른 모든 사람에게 부친 것보다 더 많은 편지를 마릴루에게 보냈다. 서신교환 초기에 그는 이렇게 썼다.

"저는 구체적으로 두 가지를 놓고 기도하고 있습니다. 첫째, 우리 관계와 심지어 편지를 주고받는 일에도 주께서 지혜를 주시기 원합니다. 둘째, 우리가 서로 조금이라도 상관이 있을진대 주님과의 사이가 더 깊어지도록 서로에게 좋은 영향을 미치기를 원합니다. 그렇다고 우리가 서로 설교해야 된다는 말이 아닙니다. 다만 우리의 서로 끌리는 마음이 우리를 주님께 더 끌리게 하는 계기가 됐으면 합니다. 당신도 그렇게 느낄 줄 압니다."

둘의 우정은 빠르게 무르익어 4월에 에드와 마릴루는 약혼했다. 며칠 후 에드는 그녀에게 이렇게 썼다.

"기도할 때 이렇게 기도해 주십시오. 주께서 우리 삶을 어디서 보내기 원하시는지 확실히 보여 달라고. 그리고 우리가 그 뜻에 기꺼이 따를 뿐 아니라 그렇지 않고는 못 견디게 해달라고 말입니다."

에드는 결혼 상대인 마릴루를 전심으로 사랑했다. "누군가 말을 걸어오면 나는 대화에 집중하느라 사력을 다해야 합니다. 정말 붕 뜬 기분입니다! 사랑에 대한 시와 노래 가사가 모조리 믿어지기 시작합니다!"

1951년 5월 29일 그는 이렇게 썼다. "오늘로부터 한 달 후면 당신은 모든 자유를 잃고 내 냉혹한 정치, 내 집요한 법칙, 내 잔혹한 명령에 예속될 것입니다. 재고할 시간이 정확히 31일 남았습니다. 남은 평생 정말 나를 견딜 수 있다고 생각합니까? 쉽지 않을 것입니다. 도대체 어쩌자고 나와 결혼했는지 의아해질 때가 많을 것입니다. 재고해 보았습니까? 다시 고백하지만 저는 전심으로 당신을 사랑합니다."

마릴루는 재고하지 않았다. 둘은 6월에 마릴루의 모교회인 미시간 주 폰티액 제일침례교회에서 결혼했다.

에드는 해외 선교사가 되기로 결정하고 로스앤젤레스 선교사 의술학교에 들어가 1년간 열대성 질환과 치료법, 산부인과, 치과 분야의 기초를 집중적으로 공부했다. 인디언들을 돕기 위해서만 아니라 자신과 가족들의 건강도 지키기 위해서였다.

1952년 12월 10일 에드와 마릴루는 8개월 된 아들 스티비를 데리고 에콰도르를 향하는 길에 올랐다. 그들의 삶을 보낼 곳으로 하나님이 보여주신 나라였다.

정글에서 짐과 피트는 맥컬리가가 합류할 날을 고대하고 있었다. 둘은 다른 선교 건물들과 함께 에드의 집도 짓고 있었다. 그 즈음 맥컬리가는 키토의 단아한 주택에서 한 에콰도르 가정과 함께 살며 스페인어를 배우고 있었다. 쉽지 않은 삶이었다. 그들은 절망도 느꼈고 자신이 쓸모없는 존재라는 기분도 들었다. "우리는 공부에 재능과 정확성을 주시고 은혜로 '난관'을 잘 견디게 해달라고 기도하고 있습니다. 그래야 대화가 가능할 뿐 아니라 생명의 말씀을 전할 수 있습니다." 에드는 자기 가정을 위해 기도해 주기로 약속한 친구들에게 그렇게 썼다. 에드와 마릴루는 독립하여 정글에 들어갈 날, 그토록 사모하던 일에 착수할 날을 간절히 고대했다. 어느 날 에드는 단파 무전기의 호출을 받았다.

"메시지가 잘 들리지 않습니다. 모든 건물이라고 했습니까? 오버." 에드는 물었다.

"샨디아 모든 건물이 홍수에 쓸려 갔습니다. 샨디아 모든 건물이 홍수에 쓸려 갔습니다. 짐과 피트는 당신이 최대한 빨리 와주기를 바라고 있습니다. 오버."

"오케이. 오케이. 바로 간다고 전해 주십시오."

에드 맥컬리는 마이크를 단파 조작자에게 다시 넘겼다. 메시지는 쉘메라에서 그에게 중계된 것이었다. 짐과 피트는 샨디아에서 보도로 여섯 시간 거리에 있는 선교지부 도스리오스에 사람을 보냈고 그곳 선교사들은 무전기로 쉘메라에 홍수 소식을 알렸다.

에드는 망연했다. 그는 창가로 걸어가 키토 계곡을 가로질러 안티사나 쪽을 내다보았다. 몇 주 전 다녀왔던 작은 선교지부와 이곳을 막고 있는 거대한 눈 덮인 산이었다.

샨디아 선교지부는 홍수에 유실됐다. 하루종일 물이 급속도로 불고 긴긴 밤 악몽이 계속되더니 사나운 강물이 모든 것을 쓸어 갔다. 새 집과 새 진료소와 새 학교주방을 지으려고 쌓아 둔 500장의 널빤지가 밤사이 자취를 감추었다. 남자 한 명이 온종일 일하고 손으로 대패질해야 겨우 한 장 만들 수 있는 널빤지였다. 개인 소지품은 대부분 건졌으나 짐과 피트의 소중한 키추아 어휘원고는 온 지면에 흩어져 진흙 범벅이 됐다. 활주로 종단부도 100m나 유실됐다. 선교사들에게 현 '도성'의 일시성을 뼈저리게 일깨워 준 사건이었다.

그들이 본능적으로 에드의 도움을 구했듯이 이제 에드는 마릴루를 향해 말했다. "여보, 샨디아 지부가 몽땅 홍수에 쓸려 갔어요!"

마릴루는 믿어지지 않았다. 에드는 아내에게 재난소식과 아울러 짐과 피트가 자신에게 정글로 와줄 것을 부탁했다는 말도 전했다. 그녀는 의당 그래야 한다며 즉시 동의했다.

"하지만 당신과 스티비는 어떻게 하지요?" 에드가 물었다.

마릴루는 대답했다. "우린 괜찮아요. 우린 계속 여기 있을 테니까 당신 계획을 무전으로 알려 주세요. 다 잘될 거예요."

늘 그렇듯 에드는 아내의 활기에 힘을 얻고 곧 떠날 채비를 갖추었다. 그는 어느 날 짐에게 이렇게 말했었다. "엘리엇, 난 정말 수완 좋은 아내와 결혼했다네. 아내는 계획을 짜고 나까지 계획을 짜게 해주지. 그리고는 함께 해낸다네!"

마릴루는 최단시간에 남편을 준비시켰다. 그로부터 얼마 후 에드는 짐과 피트가 샨디아에 쳐둔 텐트 안 헝겊의자에 앉아 있었다. 낙심은 계획으로 바뀌었고 젊은 선교사들은 재빨리 선교지부 재건에 돌입했다. 맥컬리가를 맞을 준비도 빼놓을 수 없었다. 에드는 최대한 서둘러 키토에 나가 가족을 데리고 이사왔다. 다우림에서 맞은 첫 며칠의 심경이 에드의 일기에 나타나 있다.

"1953년 9월. 이제 우리는 거의 정착이 됐다. 사고 팔고 환자들 돌보고 등유와 석유 기구들 고치고 언어를 익히는 등 삶의 일과에 자리가 잡혔다. 언어공부할 시간을 내기가 사투다. 성경을 묵상하고 기도하는 시간도 마찬가지다. 이 많은 일을 감당하기도 어렵고 기뻐하기도 어렵고 고마움을 모르는 인디언들을 사랑하기도 어렵다. 부차적인 일들에 너무 치이다 보니 일차적 목표를 늘 염두에 두기가 어렵다."

선교사의 삶은 무한한 적응력을 요한다. 전국 웅변대회 우승에서 글자 없는 언어와의 씨름까지, 대학 풋볼경기장의 실력 발휘에서 인디언 아이들에게 배구를 가르치는 일까지, 북미 도시의 법조계 유망주에서 남미 정글의 삶까지 말이다. 큰 교회 음악지도자였던 마릴루는 인디언 아이들에게 조심스레 천천히 두 줄짜리 노래들을 가르치기 시작했다. 에드와 둘이서 직접 키추아말로 작사한 것이었다. 이 모든 것들 속에서 그들은 준비돼 있었다. "그리스도를 위해 미련한 자"가 될 만반의 각오가 돼 있었다.

선교사 비행협회(MAF) 본부기지인 쉘메라의 활주로. 우측 하단에 MAF 본부건물, 세인트 가정이 살던 집, 격납고가 보인다. 왼쪽에 보이는 것이 파스타자 강이고 사진 위쪽은 안데스 산자락.

MAF의 연노란색 파이퍼크루저로 위험한 정글지역을 비행하고 돌아와 활주로에서 비행기를 이동하고 있는 네이트 세인트. 그의 다섯 살 난 아들 스티비(왼쪽)가 친구와 함께 지켜보고 있다.

아우카 작전에 돌입하기 전인 1953년 세 선교사가 보보나자 강을 따라 탐사여행을 다녀왔다. 왼쪽부터 에드 맥컬리, 피트 플레밍, 짐 엘리엇. 길들인 앵무새는 우호적인 키추아 사람들한테서 받은 선물이다.

아우카족 사람들에게 비행기에 탄 친구들의 면면을 익히게 해주려 창공에서 떨어뜨린 로저 유데리안의 사진. 다른 선교사들도 비슷한 사진을 떨어뜨렸다. 조금이라도 동질감을 느끼게 해주려고 로저는 아우카족한테서 받은 깃털모자 선물을 들고 있다. 또 사진 오른쪽에 비행기 그림도 그려 넣었다.

다섯 선교사 중 조종사인 네이트 세인트. 그는 비행기에서 지상으로 바구니를 달아 내리는 방식을 개발했는데 그 덕분에 선교사들과 아우카족의 선물교환이 가능했다.

푸유풍구에서 피트 플레밍이
추장 아타나시오에게
성경을 키추아어로 번역해 주고 있다.

네이트 세인트가 쉘메라에서
용접 일을 하다 잠시 쉬고 있다.

짐 엘리엇이 한 인디언 자매에게 세례를 주고 있다.

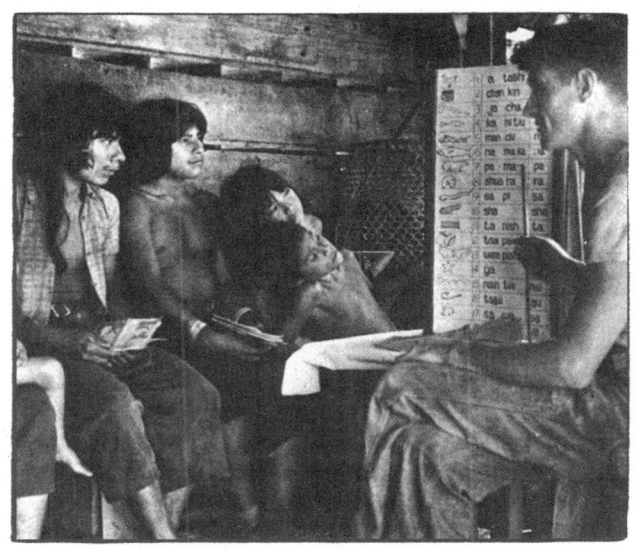

선교사들이 개발한 언어패도를 사용해 로저 유데리안이 히바로 인디언들에게 자기네 말로 읽는 법을 가르치고 있다.

아라후노 선교지부의 에드 맥컬리와 마릴루와 아들 스티비. 지붕으로 쓴 알루미늄판은 네이트 세인트가 비행기로 공수해 온 것이고 벽의 널빤지는 버려진 쉘 석유 부락에서 건져 재활용한 것이다. 왼쪽에 보이는 드럼통에 빗물을 받았다.

5. 하나님의 소모품

"비행기 소리다!"

인디언들이 외친 이 말은 짐과 에드와 피트를 비롯한 동부 선교사들에게 선교사 비행협회의 밝은 노란색 파이퍼가 지부 활주로에 곧 착륙할 것임을 알려 주었다. 정글에서 가장 반가운 소리는 비행기 엔진이 윙윙거리며 다가오는 소리였다. 그 소리만 나면 선교사들은 오전 업무로 아기 습진을 치료하거나 기생충 약을 팔거나 성경을 가르치거나 건축용 널빤지를 톱질하다가도 놓아두고 나왔다. 활주로를 치우는 일대 소동이 벌어진 뒤 선교사들이 오가며 지면을 최종 점검한다. 이윽고 개와 아이들이 안전거리에 있음이 확인되면 비행기가 풀밭으로 활강한다. 프로펠러가 멈추고 문이 활짝 열리면 햇볕에 그을린 남자가 싱긋 웃으며 뛰어내린다. 엷은 갈색 머리칼에 서글서글한 푸른 눈을 지닌 네이트 세인트다. 그의 비전은 정글 선교사들의 삶을 바꿔 놓았다.

네이트는 아내 마즈가 미리 작성해 둔 목록을 큰소리로 대조해 가며 각 지부에 해당 짐을 내려놓는다.

"봅시다. 밀가루 한 부대, 디젤 석유 15갤런, 고기, 채소, 빗자루 두 개, 그리고 우편물. 페니실린은 우편물 행낭 안에 있습니다. 다된 것 같군요. 요즘 어떻습니까, 에드?"

두 남자가 비행기 옆에서 대화하는 동안 인디언들이 우르르 몰려든다. 선 채로 그들은 한 다리로 다른 다리 장딴지를 계속 문질러 파리를 쫓아낸다. 아기가 울거나 개가 아이 손에서 달아나도 아무것도 인디언들의 시선을 비행기에서 돌릴 수 없다. 전에 아무리 많이 보았어도 상관없다.

그때 갑자기 조그만 알람소리가 들린다. 네이트의 시계다! 매사에 꼼꼼한 네이트는 해지기 전에 집에 당도하려면 지부에서 보낼 수 있는 시간이 정확히 얼마인지 계산해 두었다. 다른 지부로 비행 스케줄이 더 있는 경우에도 이륙시간을 정확히 알고 있었다. 그는 쉘메라 본부에서 다시 사용할 빈 디젤 석유통들을 비행기 뒤쪽에 쌓아묶고 목록을 다시 점검한 다음 비행기에 올라타 안전벨트와 어깨띠를 두른다. 그리고는 손을 흔든 뒤 이륙했다. 고립된 선교사들에게는 한 주간 중 새 힘을 얻는 시간이었다.

"네이트 같은 사람도 없다니까." 에드는 집으로 돌아가면서 마릴루에게 말하곤 했다.

과연 네이트 세인트가 파이퍼를 타고 찾아오면서 정글지역의 고립 선교지부들에 새로운 생활방식이 도래했다. 그전까지만 해도 선교사 가족들은 수개월씩 바깥세상과 완전히 단절돼 지내곤 했다. 위험한 정글 길에서 약이나 기타 도움이 두절된 채 4일, 6일, 8일씩 애타게 마음 고생하기 일쑤였다. 그러다 정글에 하나둘씩 활주로가 열리고 무전 송수신기가 설치됐다. 바지런히 걸어 하룻길을 비행기는 5분 만에 주파했다. 주택도 몰라보게 개선됐다. 해충이 득실거리는 대나무와 수명이 짧은 이엉 대신 기계로 잘라 대패질한 널빤지들이 공수됐다. 네이트는 비행기 하단에 특수 시렁을 짜 거기에 알루미늄 판을 운반했다. 덕분에 올리기 쉬우면서도 내구성 있는 지붕이 가능해졌다. 발전 장비와 그것을 돌리는 데 필요한 석유, 등유 냉장고, 파일 캐비닛, 곤로, 전기톱, 시멘트, 이 모든 것이 정글생활을 더 안전하고 건강하고 짜임새 있게 해주었다.

네이트와 그의 아내 마즈는 1948년 9월 동부지방에 도착했다. 그가 처음 한 일은 쉘메라에 그들 둘이 머물 숙소를 짓는 일이었다. 작은 목조 건물을 짓는 몇 주간은 텐트로 족했다. 그 집은 곧 창고 겸 기숙사 겸 공구실이 됐다. 그러나 세인트 부부는 자기들이 편히 정착할 때까지 선교사들을 섬기는 일을 미뤄 둘 수 없었다. 네이트는 선교사 비행협회(MAF) 조종사로 왔는데, 해군 출신의 두 조종사가 설립한 그 국제기관의 목표는 복음주의 선교사들과 그들의 물품과 환자를 벽지 거주지로 또는 거기서 밖으로 운송하는 것이었다. 원시적 환경 때문에 선교사들이 져야 하는 물리적 짐을 그렇게 MAF가 덜어 줌으로써 선교사들은 더 많은 시간과 에너지를 영적 사역에 투입할 수 있었다.

네이트의 일은 어느새 시작됐다. 그는 비행기로 선교사들과 그들의 짐을 운송하고 수시로 특별비행을 제공하며 비행기 정비도 손수 도맡았다. 마즈에게도 쉘메라를 거쳐 가는 모든 선교사들과 방문객들을 대접하는 일이 시작됐다. 오는 사람들은 많았지만 인근 지경에 그들을 대접할 수 있는 안주인이라고는 마즈뿐이었다. 저녁을 준비할 때마다 마즈는 두 명이 먹을지 열두 명이 먹을지 알 길이 없었다. "게다가 그들은 추수철 일꾼들처럼 먹어요. 저는 보통 사람들이 먹겠다 싶은 양의 두 배로 음식을 준비하지요." 마즈의 말이다.

엄격한 요건이 필요한 독특한 일에 네이트와 마즈는 꼭 맞았다. 마즈의 역할을 고마워하는 네이트의 마음이 편지에 표현돼 있다. "항상 내 곁에서 일하는 당신이 있어 얼마나 기쁜지 모르오. 나는 질주에 필요한 '콧김'과 주력이 내게 충분한 줄 알았는데, 하나님은 장기간 꾸준히 달리려면 속도조절 바퀴가 필요함을 아셨지요."

비행에 대한 네이트의 일차적 관심은 안전성, 효율성, 경제성이었다. "먼길을 걷곤 하는 선교사들은 불필요한 물건을 절대 지고 다니지 않습니다. 오늘, 비행기 안에도 우리는 불필요한 물건은 절대 싣고 다니지 않습니다. 선교부에서 비행기를 구입했을 때 푹신푹신한 고급좌석들이 있었습니다. 그러나 좌석마다 무게가 큰 4kg에 달했습니다. 그래서 우리는 무게가 0.5kg밖에 되지 않는 딱딱한 좌석을 쓰기로 했습니다. 그리고 음식과 화물을 3.5kg 더 실었습니다."

이런 형태의 비행기는 단 몇 그램도 중요하다. 유선형 바퀴 커버에 흙이 달라붙는 것을 안 네이트는 커버를 떼버렸다. 그리고 역시 네이트답게 거기서 영적 예화를 건졌다. "인생의 비행이 끝나는 날 우리는 종착지에 짐을 내려놓습니다. 불필요한 무게를 제한 사람들이 가장 귀한 짐을 주님께 드릴 것입니다."

네이트는 언제나 자신을 그리스도를 위한 "소모품"으로 생각했다. 선교사 라디오 방송국 HCJB―키토 안데스의 소리―에서 전한 짤막한 설교에서 그는 자신의 믿음을 이렇게 나누었다.

"지난 전쟁 동안 우리는 목표를 달성하려면 기꺼이 소모품이 돼야 한다고 배웠습니다…. 지금 이 순간에도 수많은 군인들은 이름보다 군번으로 통하는 소모품 인간입니다…. 자유의 대가를 분담해야 한다는 국가의 요청에 답은 하나뿐임을 우리는 압니다. 그러나 주 예수 그리스도께서 우리에게 세계 복음화의 대가를 치르라고 하실 때 우리는 대개 아무 말도 없습니다. 우리는 갈 수 없습니다. 대가가 너무 크다고 말합니다.

하나님은 우주를 지으실 때 친히 법칙을 정하셨습니다. 그분은 대가가 무엇일지 처음부터 아셨습니다. 하나님은 독생자를 아끼지 않고 내어주셔서 우리 실패와 죄의 대가를 치르셨습니다.

선교사는 끊임없이 자신이 소모품임을 인식합니다. 예수님은 말씀하셨습니다. '나와 및 복음을 위하여 집이나 형제나 자매나 어미나 아내나 아비나 자식이나 전토를 버린 자는 금세에 있어…백 배나 받되 내세에 영생을 얻지 못할 자가 없느니라'(막 10:29-30)."

그러나 네이트가 자신을 소모품으로 믿었다고 해서, 일등 비행사인 그의 몸에 밴 조심성이 줄어든 것은 아니다. 반대로 그의 두뇌에는 비행기의 안전성을 높이는 아이디어가 끊이지 않았다. 그는 이렇게 썼다. "나는 장치를 위한 장치는 피하려 한다. 그럼에도 불구하고 내 머릿속에 스쳐 가는 장치들은 어쩔 수 없다. 그중 가치 있을 만한 것은 가려내려 한다."

그가 실시한 정말 가치 있는 장치 중 하나는 대체 급유장치였다. 그는 항공학 분야에 오랜 경험을 지닌 항공회사 조종사인 자신의 형 샘에게 자기 아이디어를 종종 시험해 보였다.

네이트는 샘에게 이렇게 썼다. "정글 위를 날다가 고장신호로 달갑지 않은 소리가 들려오면 수년 전 멕시코에서 연료 라인이 내 손으로 떨어지던 일 같은 소소한 일들이 마음속에 떠오릅니다. 튜브 한쪽 끝의 조명장치가 부러졌지만 용수철 본래의 장력 때문에 간신히 제자리에 붙어 있었지요. 연료 배출구를 막는 순간 흙받이가 급히 작동하던 것도 생각납니다. 물론 나는 통계적 '사실'을 믿지만 혹시 정글 위를 날다 연료가 떨어질 경우 내 몸은 고사하고 승객들에게 미칠 무시무시한 결과도 무시할 수 없습니다."

급유장치의 고장을 봉쇄할 방법을 궁리하던 중, 어느 날 쉘메라 격납고에서 일하던 네이트에게 안데스 고지의 암바토로 가는 한 트럭이 눈에 띄었다. 그 지역에 트럭이 흔치 않았기에 유난히 시선을 끌었다. 한 소년이 운전실 지붕에 매달려 5갤런들이 기름통과 빨대관을 들고 있고, 좀더 나이든 소년이 앞 흙받이에 앉아 반쯤 열린 후드 밑 카뷰레터 쪽으로 빨대관 아래쪽 끝을 대고 있었다. 정식 급유장치가 어떻게 고장났는지는 모르지만 트럭은 소년이 고무호스로 엔진에 기름을 채워 주는 상태로 1,800m 산길을 오르려 하고 있었다! 대부분 기어를 자주 바꿔 가며 2-3단으로 가야 하는 길이었다.

상상력이 풍부한 네이트는 즉시 이 급유방법을 자기 상황에 대입했다. 그는 비행기 엔진덮개를 열고 복잡한 흡입기관에서 온도계 부품을 뜯어 낸 다음 석유를 뿜어 넣었다. 석유가 든 튜브를 누를 때마다 엔진의 힘이 살아났다. 실험에 고무된 그는 부엌에 들어가 마즈의 식용유 깡통을 하나 빌려 3갤런들이 보조탱크로 사용했다. 탱크에 유선형 구조를 갖추고자 그는 인디언 소년을 보내 발사나무 한 토막을 가져오게 했다. 소년은 2.5m짜리 발사나무를 베어 토막을 구해 왔다. 곧 네이트는 탱크와 유선형 나무를 왼쪽 날개 밑 받침대에 묶었다. 재활용 부품들과 조임띠와 나사형 밸브로 장치를 마무리했다. 네이트는 밸브를 방화벽에 올리고 조종간을 계기반까지 연장했다. 거기까지는 좋았으나 날이 어두워지는 바람에 그는 손수 만든 안전장치의 시험을 아침까지 기다려야 했다.

그는 자신의 아이디어가 전혀 비실용적인 갖가지 이유를 떠올리며 밤잠을 설쳤다. 하지만 그 트럭은 정식 급유장치 없이도 2단 기어로 작동하지 않았던가. 오랜 정비공 경력을 통해 그가 알고 있는 것이 또 있었다. 현대의 복잡한 카뷰레터는 저속에서 고속으로 원활히 가속할 필요성 때문에 생겨났다. 게다가 공중에서 엔진이 죽으면 프로펠러가 고속으로 회전해 위험한 저속 상태를 피한다고 네이트는 혼잣말했다.

이튿날 아침 일차시험 결과 대체 급유장치가 지상에서 무사히 작동할 수 있음이 입증됐다. 이제는 공중에서 시험할 차례였다. 그는 그 경험을 이렇게 기술했다.

"활주로 600m 높이에서 나는 혼합 조종장치를 정지-차단 상태에 놓았다. 그동안 다시는 듣고 싶지 않은 소리를 너무 오래 들어온 나로서는 전혀 새로운 경험이었다. 그러나 계기반 위의 새 작은 T자형 핸들을 돌리자 엔진이 총 마력으로 원활히 돌아가면서 느낌이 아주 좋았다. 이후 20분간 정식 급유장치는 완전 차단됐다. 카뷰레터를 완전히 무시했는데도 엔진은 꺼지지 않았다. 불연소음 없이 프로펠러 상태에서 힘이 살아났다.

나는 다양한 마력 상태에서 비행기를 가능한 모든 자세로 돌려보았다. 한번도 주춤거리지 않았다. 비상 T자형 핸들을 사용한 최상의 혼합 상태에 대한 '감'은 정상 혼합 조종장치로 엔진을 기울일 때 정도로밖에 어렵지 않았다. 똑같았다.

탱크와 나머지를 포함해 전체 장치의 무게는 2kg도 채 안된다. 이 장치와 항공기 급유장치의 유일한 공통점은 엔진이다. 배출구가 막힌다든지 라인이 끊어지는 등 모든 통상적 문제는 이 장치로 해결된다. 이렇게 간단하고 비용도 안 드는 물건인데, 굳이 여러 부위에 위험을 안고서 탱크에서 엔진까지 대체방안도 없이 유일한 급유방식에만 의존하여 비행할 까닭이 무엇인가? 이중 점화장치라면 너나없이 다들 좋아하면서 비상시를 위한 대체 급유장치는 왜 안중에 없는가?"

현재 모든 MAF 비행기는 정부의 인가로 네이트의 대체 급유장치를 장착해 보다 안전한 기체로 정글을 날고 있다.

네이트의 또 다른 독창적 발명품은 많은 항공계 사람들을 놀라게 했다. 그는 완전히 비행중인 항공기에서 지상에 있는 사람의 손으로 헝겊 바구니를 내려뜨리는 방법을 개발했다. 그가 '나선형 투하법'이라 부른 이 방법 때문에 후에 아우카족과의 첫 직접 접촉이 가능했다. 헝겊 바구니를 약 450m 길이의 줄에 달아 비행기 뒤쪽으로 내놓는다. 비행기가 빠듯하게 회전하면 바구니는 원 중앙으로 이동한다. 줄의 구심력이 바구니를 밖으로 밀어내려는 원심력을 이기는 것이다. 바구니는 중심으로 이동하면서 점차 내려가 결국 묶인 끈 밑에 미동도 없이 달려 있게 된다. 지상 사람들은 우편물과 약과 작은 소포를 받을 수 있을 뿐 아니라, 더 중요한 것은 바구니에 메시지나 물건을 담아 비행기로 다시 올려 보낼 수도 있다. 간혹 네이트는 줄 대신 전화선을 써 바구니에 야전 전화기를 담기도 했다. 그런 식으로 그는 활주로가 없는 지역의 모래톱이나 정글 개간지에 있는 선교사와 전화로 말할 수 있었다.

중요한 안전점검의 한 방법은 항상 무전으로 비행기와 접촉을 유지하는 것이었다. 이것은 마즈의 일이었다. 비행기가 떠나 있을 때마다 마즈는 무전기 옆에 대기하여 꾸준히 위치와 고도와 유량을 점검했다. 그녀는 쉘메라의 날씨 상태를 알렸고, 네이트가 향하고 있는 지부의 선교사와 연락해 그쪽 상황도 점검했다. 각 선교지부에는 송수신기가 설치돼 있었다. 매일 아침 7시에 선교사들은 쉘메라에 무전을 쳤다. 전일 연락 이후 위급한 환자가 발생한 경우 도움을 청하면 환자를 검진할 비행 편이 마련됐다. 일상물자를 주문하면 그 접촉에 의해 비행기 스케줄이 짜여졌다. 그러려면 무전기 옆에 몇 시간이고 앉아 있어야 했는데, 마즈는 네이트가 비행을 자기 일로 믿는 것 못지않게 그 일이 제 몫의 선교사역이라는 확신이 있었다. 따라서 어느 날 아침이든 쉘메라에 온 방문객은 이런 대화를 들을 수 있었다.

"여기는 쉘메라. 마쿠마 나오라, 마쿠마. 오버."

"여기는 마쿠마. 우리 짐이 도착할 때 활주로에 짐 나를 사람이 몇 명이나 필요한지 알고 싶습니다. 오버."

"안녕하세요, 마쿠마. 두 명이면 될 것 같습니다. 오버."

"오케이, 고맙습니다. 우리가 진료소로 보낸 아이는 어떻습니까? 오버."

"제가 진료소에 전화해 아이가 목요일 비행 편으로 집에 갈 수 있는지 알아보겠습니다. 그래서 말이지만 목요일에 그쪽에 손님이 방문할 거예요. 한 선교사가 버스로 막 도착했는데 전형적인 정글지부를 둘러보고 싶답니다. 오버."

"오케이, 마즈. 반갑게 맞이하겠습니다. 다만 이번 주에는 우리의 평상시 주문보다 식료품을 좀더 많이 보내 주십시오. 오버."

"오케이. 오케이, 마쿠마. 여기는 쉘메라. 샨디아 나오라, 샨디아. 이쪽으로 나와야 될 사람이 있나요? 오버."

"여기는 샨디아. 없습니다, 마즈. 오버."

그렇게 식료품과 인디언 학교들 비품과 양호실 약품을 주문받고, 지부와 지부 간에 대화하는 동안 대기하고 있다가 선교사들의 메시지

하나님의 소모품 87

를 의사에게 전하고, 전화로 의사의 대답을 받아 다시 선교사에게 전하고, 정글을 날고 있는 네이트의 비행기 '56헨리'를 불러 5분 간격으로 비행기 위치를 꼼꼼히 적어 두는 사이 마즈의 오전은 지나갔다.

미국 가족들은 늘 안전을 걱정하는 네이트에게 웃으며 이렇게 말했다. "어쨌거나 선교사는 주님을 믿어야 하지 않는가!"

네이트는 집에 이렇게 써 보냈다. "제 이론이 정말 이교도적일지 모릅니다. 전에도 그런 말을 들었으니까요. 저도 기적을 믿습니다. 하나님께 기적이야 사실 아무것도 아니지요. 그러나 문제는 하나님이 우리에게 따르도록 정해 주신 원리를 찾는 것입니다. 주님을 믿지 않는다면 저는 이 자리에 있지 못할 것입니다. '주님이 책임지신다'는 말로 대충 얼버무리는 이들일수록 시내 구조대 사역의 박테리아 위험에 좀처럼 자신을 노출하지 않는 자들일 소지가 높습니다. 제 말이 너무 강하다면 용서하십시오. 저는 안전을 걱정하지만 그것 때문에 하나님 일에 몸을 사리지는 않습니다. 이륙할 때마다 저는 하나님께 빚진 제 생명을 그분께 바칠 각오가 돼 있습니다. 저는 우리가 당면한 일을 수행함에 있어 모든 가능한 개선책을 신속히 활용해야 된다고 봅니다."

정글 선교사들의 사역을 지원하는 일 외에도 네이트는 자기 집 부근에서 직접 에콰도르인들에게 영향을 끼쳤다. 그는 결코 서두르는 법이 없어, 많은 본토인들이 그를 찾아와 이런저런 이야기를 털어놓았다. 그에게서 하나님을 향한 사랑과 다정다감한 마음을 보고 마음이 끌렸던 것이다. 그의 스페인어 실력은 꾸준히 좋아졌고 그는 그 노력을 인해 존중받았다. 거리집회, 주일학교, 문맹퇴치 교실, 개인적 대화, 이 모두가 네이트를 조종사 못지 않게 선교사가 되도록 해 주었다.

자기 가족의 편의와 기쁨을 더해 주기 위한 작은 고안품들도 그의 관심거리였다. 그는 지붕의 빗물을 받는 콘크리트 물탱크를 만들었다. 자녀들—1949년생 케이티와 1951년생 스티비—이 대형 탱크로부터 흘러넘치는 물 속에서 첨벙거리며 놀 수 있도록 낮은 외벽도 설치했다. 또 무전기 곁을 지키는 마즈의 헛걸음을 덜어 주고자 세탁기에 벨소리가 나는 타이머도 달았다. 습기는 쉘메라의 큰 문제였다. 그래서 네이트는 부엌 뒤쪽에 건조실을 만들었다. 우선 등유 냉장고를 부엌 벽에 연이어 설치하되 발열장치를 작은 건조실 안으로 향하게 했고 온수기도 들여놓았다. 그렇게 빨래와 기타 장비를 건조하게 유지할 수 있었다.

이렇게 발명에 독창적 재능이 있고 최신기술도 뛰어난 사람이 어떻게 에콰도르 원시정글로 오게 됐을까? 에드와 피트와 짐처럼 네이트도 삶의 중심원리가 성경의 가르침에 깊이 뿌리박은 가정에서 배출됐다. 어려서부터 그는 신약성경이 개인의 삶에 주는 의미를 깨우

쳤고 그리스도를 구원의 희망의 유일한 근거로 믿었다. 1923년 네이트가 태어난 필라델피아의 세인트가에는 영화와 춤이 금지돼 있었고 동전 던지기부터 포커 게임까지 도박도 일절 허용되지 않았다. 그렇다고 집이 수도원인 것은 아니었다. 아이들은 낚시며 덫사냥도 가고 겨울이면 썰매도 탔다. 야영 같은 모험도 허용됐다. 네이트는 모형비행기, 선박, 자동차를 설계하고 만들었다. 그의 "작은 엄마"와도 같았던 누나 레이첼은 그에게 아프리카, 일본, 인도, 남미의 선교사 전기들을 읽어 주었다. 그런 이야기는 네이트의 생각 속에 깊게 박혀 언젠가 그는 이렇게 말했다. "나는 목사가 될 것 같지는 않지만 언젠가 꼭 예수님에 대해 들어 보지 못한 사람과 얘기하고 싶다."

그의 맏형 샘은 네이트가 일곱 살 때 비행기를 태워 주었다. 네이트는 너무 작아 좌석에 올라서서 복엽기 조종실 밖을 내다봐야 했다. 그때부터 줄곧 그는 비행기와 드넓은 창공에 사로잡혔다.

열세 살 때 그는 다리에 심한 골수염을 앓았다. 거동이 불가능해진 그는 생각에 잠겼다. 하나님이 혹 그에게 선교사가 되라고 하시는 것은 아닐까?

후에 그는 이렇게 기록했다. "고등학교 시절 내내 모든 일은 비행기의 관점에서 평가됐고 모든 감정은 상상 속의 비행 모험에 맞춰졌다. 나머지 모든 것은 참을 수 없이 답답했다. 사실 하루라도 하늘을 볼 수 없는 곳에 있어야 하는 직업이라면, 그것은 생각만 해도 내게 견디기 힘든 고초다."

마침내 교실 사방의 벽을 더 이상 견딜 수 없게 된 네이트는 3학년 때 용접 작업장에 취직한다. 그는 낮에 거기서 일하면서 야간학교에 다녀 고등학교 과정을 몇 달 만에 마쳤다. 다음 6개월간 작은 공항에서 일하면서 그는 소형 비행기 조종법을 배웠다. 그후 항공사 정비소에서 일하며 정비사 면허를 땄다. 다음 단계는 공군 조종사 생도 과정에 입학하는 것이었다. 그는 "2,500달러 어치의 조종사 훈련! 그야말로 독수리가 황금알을 낳으려는 것 같았다!"고 말했다. 그때쯤 그는 이미 40마력 경비행기를 80시간 조종한 터였으나 강력한 대형 군용 비행기를 조종하는 것이 그의 오랜 꿈이었다.

군에서 첫 비행교육을 신고하기 전날 밤 그는 옛 골수염 상처 부위에 통증을 느꼈다. 부랴부랴 바지를 걷어올리자 진상이 드러났다. 염증이 생긴 것이다. 본격 비행의 찬란한 기회를 간절히 기다려 온 지난 어린 시절의 모든 야망이 순식간에 무너져 내렸다. "나는 룸메이트에게 한마디도 하지 않은 채 침대에 들어가 말없이 불을 껐다. 내 마음의 좁고 어두운 감옥에 나 자신을 가두었다. 감옥은 지하 독방으로 변했다. 뒤척이고 끙끙거리고 탄식하고 숨쉰 것 외에, 아무도 나를 삼킬 듯한 그 고통을 몰랐을 것이다. 과장이 아니라 정말 가슴이 찢어지는 것 같았다."

"소형 엔진"을 벗어나 진짜 비행기를 조종할 기회를 잃은 충격에 네이트는 삶의 낙을 잃고 완전 무기력에 빠졌다. 병원에서 퇴원한 그를 공군은 정비반 선임으로 임명했다. 그 일은 자유시간이 있었다. 그는 그간 소홀했던 성경을 읽었다. 땅에 묶인 지 1년 후, 그는 곧 생산될 신종 대형 엔진을 공부하기 위해 디트로이트 파견대로 전출됐다. 거기서 송구영신 예배를 드리다가 그는 주님께서 자신의 마음을 선교지로 돌리시는 것을 느꼈다. 그는 후에 이렇게 회고했다. "예배 내용은 중요하지 않았다. 어차피 내 귀에는 아무 소리도 들어오지 않았다. 예수께서 우리에게 약속하신 평안과 나 사이를 가로막는 것이 있었다. 나는 철저한 무력감 속에 하늘 아버지께 답을 구했다. 사람들이 하나님의 음성을 들었다는 얘기를 누구나 들었을 것이다. 남들은 어떤지 모르지만 그날 밤 나는 모든 것이 달라 보였다…. 휙…순식간이었다. 내 머릿속 스크린에 전혀 다른 슬라이드가 끼워진 것 같았다. 최대한 일찍 나는 건물 밖으로 나와 걷기 시작했다…. 그냥 사람들 없는 곳에 있고 싶었다. 눈이 내리고 있었다. 땅 위에는 이미 첫눈이 수북히 쌓여 있었다. 눈이 수북할 때면 도시의 차량 소음도 그 속에 묻힌다. 얼마나 기쁘고 감사한지 걸을 힘이 없을 정도였다. 예수님의 죄사함을 처음 받아들인 밤 이후 한번도 느껴 보지 못한 기쁨이었다. '나를 따라오너라. 내가 너희로 사람을 낚는 어부가 되게 하리라'는 말씀이 그때 처음 제대로 들려왔다. 일시적인 것들을 좇던 이전의 삶이 전혀 무의미해 보였다."

네이트는 비행기와 작별하고 2년간 대학에서 선교지에 나갈 준비에 전력해야 할 것 같은 생각이 들었다. 그러나 바로 그때 그는 선교사 비행협회 이야기를 듣게 된다. 그는 어머니에게 이렇게 썼다. "항공업계는 '큰 일꾼'을 잃었고 주님은 '작은 일꾼'을 얻으신 것 같습니다."

유럽 전승기념일 직후 그는 캘리포니아 주 설리나스로 전속돼 공군 4군 정비반장으로 일했다. 거기서 그는 MAF를 설립한 해군 출신의 두 조종사를 만났다. 마치 주문을 받아 맞춘 것처럼 네이트 세인트에게 꼭 맞는 자리였다. 그는 고철덩어리가 다 된 낡은 40마력 비행기를 입수해 수리한 뒤 짬이 날 때마다 비행에 나섰다. 연습 또 연습이었다.

군에 있을 무렵 그는 마즈 파리스를 만났다. 그는 후에 편지에 그녀를 이렇게 묘사했다. "모든 복 중 최고의 복입니다. 마즈는 캘리포니아 주 자격시험을 막 마치고 현재 거기서 공인 간호사로 일하고 있습니다. 캘리포니아 대학교 로스앤젤레스 캠퍼스를 졸업했고 성경공부에 열심이며 잃은 영혼을 뜨겁게 사랑합니다. 마즈는 어머니를 빼고 제 평생 만나 본 가장 이타적인 사람입니다. 신앙심이 깊고 온유하며 추수의 주인을 위해 일할 준비가 돼 있는 여자입니다…."

공군을 제대한 네이트는 다음 행보를 구체적으로 보여 달라고 하나님께 기도했다. 어느새 그에게 MAF 첫 사명이 떨어졌다. 1946년 7월 초, 그는 멕시코에 내려가 착륙중 추락한 한 비행기를 수리해 달라는 부탁을 받았다. 네이트는 말했다. "몇 년 전 내 삶을 취하실 때 하나님은 내 직무를 정해 주시지 않았지만 왠지 이것이 (항공 선교사로서) 내 첫 사명임이 처음부터 분명해 보였다." 일을 수락한 지 2주가 못되어 그는 "어려서 서부극 주인공 론 레인저한테 주워들은" 스페인어 실력으로 과테말라 국경 근처의 턱스틀라 구티에레즈 마을에 가 있었다.

18kg의 연장이 든 배낭에 잡다한 개인 살림까지 들었으니 그 자신의 생각에도 볼 만한 구경거리였다. 세관 통과가 어려울지 모른다는 생각도 들었다. "팔 밑에 2m짜리 비행기 프로펠러를 끼고 다니는 관광객은 없지 않은가."

"부서진 비행기를 상상해 보았다. 그렇게 심하지는 않겠지, 랜딩기어가 깨지고 프로펠러가 갈라진 정도려니 했다. 두 날개가 완전히 박살나 36리터들이 통 안에 담겨 있을 줄은 상상도 못했다." 비행기는 정글 활주로 가장자리의 수풀 속에 추락해 있었다. 날개 받침대와 랜딩기어와 날개 조각들은 네이트가 다시 맞출 수 있도록 턱스틀라 공항에 옮겨져 있었다. 한 멕시코인 가구 제작자의 도움으로 조각들을 다시 붙이는 일에 착수했다. 네이트는 그에게 모든 것을 그림으로 설명해야 했다. 네이트가 받아 온 설계도 비행기와 일치하지 않고 공장에서 제작돼 교환용으로 배달된 날개 뼈대도 설계도나 비행기와 맞지 않아 일이 더뎌졌다. 마침내 부품들을 재조립하자,

이번에는 부서진 비행기가 놓여 있는 수풀에서 날개판들을 활주로 밖으로 끄집어내는 문제가 생겼다. 나무상자에 담아 육로로 보내는 것은 여의치 않았다. 좁다란 협곡 벼랑을 기어올라야 했으므로 상자들의 회전 공간이 없었다. 결국 날개를 모형비행기 세트처럼 조각조각 접착제 없이 맞춰 조각마다 라벨을 붙였다. 그런 다음 다시 전부 분해해 덩어리로 묶어서 비행기에 실어 정글 활주로로 공수했다. 네이트가 비행기 잔해에 가보니 일부 부품은 누가 훔쳐 갔고 흙받이는 연료 라인과 탱크에 박혀 있었다. 장비 데이터가 없어 네이트는 꼬리를 그루터기에 괴어 놓고 눈대중으로 새 날개를 이전 날개에 맞춰가며 조립해야 했다. 어렸을 때 모형비행기를 조립하던 것처럼 말이다. 그렇게 그는 MAF 첫 사명을 완수하고 작업 인가기간 내에 가까스로 비행기를 몰고 나왔다.

나중에 네이트는 로스앤젤레스에 가 간호사 애인과 열흘간 행복한 시간을 보냈다. 작별할 때 그는 말했다. "마즈, 나는 하드웨어만 빼고 다 준비됐습니다!"

1947-1948년 겨울 그는 휘튼 대학에 입학했고, 1월에 마즈는 인근에 간호사로 취직함과 동시에 둘이 함께 고대하던 선교사 생활의 준비과정으로 휘튼에서 성경을 공부했다. 둘은 중고생들을 위한 성경클럽을 시작했다. 네이트는 그 프로그램을 "복음의 다이너마이트가 든 사탕상자"라고 불렀다.

그러나 그들의 훈련 실습기간은 생각보다 짧았다. 에콰도르에 조종사가 필요하다는 소식을 접한 것이다. 그들은 공부를 중단하고 돈을 합해 약혼반지와 모델-A 포드를 산 뒤 어느 한밤중에 1,600km에 달하는 뉴욕 롱아일랜드로 떠났다. 그들은 네이트의 형 샘과 함께 머물며 결혼식을 올렸다. 나흘간의 신혼여행 후 둘은 모든 살림을 뒷자리에 싣고서 낡은 포드를 몰고 서부로 향했다. 엔진에 데운 통조림으로 식사를 때웠다. 이윽고 둘은 캘리포니아에 도착했고 네이트는 MAF에서 에콰도르 사역용으로 구입해 둔 비행기의 최종 점검에 들어갔다. 마즈는 다시 간호사로 취직했다.

9월 8일 비행기 준비가 끝나자 네이트는 다른 MAF 조종사와 함께 에콰도르로 날아갔다. 마즈는 같은 달 얼마 후에 일반 비행기 편으로 뒤따랐다.

쉘메라의 몇 년은 금세 지나갔다. 검은 목재로 지은 집은 커다란 농가로 변했다. 열대의 비를 막기 위해 현관을 넓게 하고 처마도 길게 뽑았다. 부엌과 샤워실에는 알루미늄 지붕의 빗물관과 처마 밑 탱크와 연결된 수돗물 체제를 갖추었다. 지붕을 높여 2층을 들이자 방이 열 개로 늘어나 그곳을 거쳐 가는 많은 방문객들을 수용했고, 마즈가 효율적으로 일할 수 있고 선교사들의 무전장비를 수리할 수 있는 무전실도 생겼다.

다른 조종사 조니 키넌이 사역을 돕고자 두번째 비행기로 도착했다. 네이트는 곧 키넌가가 살 편안한 집을 짓기 시작했고 격납고도 두 비행기가 들어갈 수 있는 규모로 넓혔다. 그는 집 뒤쪽 강에 수력발전기를 설치해 시설의 전기를 충당했다.

그들은 이제 가장 능률적으로 일할 기반이 갖춰졌다. 모든 정글지부에 물품이 공급되고 있었다. 네이트와 마즈는 어떤 새로운 길로 에콰도르 정글에서 그분의 일을 진척시킬 수 있을지 하나님께 묻기 시작했다.

끝없이 무거운 책임을 맡고 있음에도 네이트는 쉘메라에서 불과 100km 거리에 살고 있는 아우카 인디언을 한시도 잊지 않았다. 남미에 도착한 지 얼마 안되어 네이트는 집에 이렇게 써 보냈다. "얼마 전 우리는 아우카라는 살인부족에게 들어가려는 한 선교사와 얘기했습니다. 그들과 우호적으로 접촉해 살아남아서 그 얘기를 알린 백인은 거의 없습니다. 그들에게 복음을 전하는 데 비행기가 중대한 역할을 할 것입니다." 네이트는 자신의 비행기로 아우카 지역에 간혹 탐사비행을 갔지만 버려진 집 한두 채 외에는 한번도 이렇다할 모습이 눈에 띄지 않았다. 그는 그들이 어디 있는지 궁금해졌다. 그러던 중 1954년 7월 아우카인들이 또 한차례 사람을 죽였다는 소식이 정글에 풍문처럼 퍼졌다. 이번에는 네이트도 개인적으로 관여된 일이었다. 그는 집으로 보낸 편지에 사건을 이렇게 설명했다.

"어제 저는 여기서 서쪽으로 70km쯤 떨어진 빌라노에 착륙했습니다. 지상에 내리자마자 심부름꾼이 달려와 아우카 습격소식을 알려 주었습니다. 나중에 키추아족 생존자 둘이 활주로에 도착했습니다. 여자는 대나무 들것에 실려 왔는데 겨드랑이 밑에 중상으로 보이는 창 자국이 있었습니다. 창이 몸 안에서 부러졌다고 합니다. 상대는 다시 찌르려 했으나 여자가 창끝을 잡고 버텨 목숨을 건졌습니다. 여자는 임신 6-7개월 상태입니다. 남자는 심하게 절룩거렸지만 제 힘으로 걸어왔습니다. 가슴에 창 자국이 여럿 있었고 한쪽 허벅지를 완전히 관통한 구멍도 있었습니다. 치명적 일격을 손으로 막으려 한 듯 손에도 구멍이 뚫려 있었습니다. 우리는 두 환자를 비행기에 실었습니다. 이륙한 후 저는 마즈에게 사건을 전했습니다. 우리가 쉘메라에 도착할 때 마즈가 간이침대를 준비해 놓고 다른 여자들의 도움으로, 인디언들이 현지 설비로 허용되는 최고의 간호를 받을 수 있도록 말입니다.

우리는 환자들과 직접 대화할 수 없지만 우리에게 고용된 부부가 키추아말로 그들과 쉽게 소통하고 있습니다. 고용된 남자가 어젯밤 그들에게 스페인어 성경을 읽어 주며 키추아말로 쭉 통역해 주었습니다. 그들은 성경책에 대해 들어본 적이 없었습니다. 오늘 아침 남자 부상자가 제게, 비행기로 그곳에 다시 돌아가 적어도 한 명의 아우카 사람을 자기 대신 죽여 줄 수 있겠느냐고 물은 것으로 보아 아직 진리가 가슴에 가닿지는 않은 듯합니다. 고용된 남자는 우리 관심은 사람을 죽이는 것이 아니라 주 예수 그리스도를 통해 구원하는 것이라고 다시 설명해 주었습니다."

이런 사건이 네이트에게 아우카족 전도의 긴박성을 크게 더해 주었지만 복음을 몰라 선교사들에게 영적 도전으로 다가오는 부족들은 그 외에도 또 있었다. 1954년 네이트에게 정글 오지로 더 깊숙이 들어갈 흔치 않은 기회가 찾아왔다. 그곳에 선교 역사의 새 장을 연 주인공 중 하나는 로저 유데리안이었다.

6. 인간사냥 부족의 선교사

네이트의 노란 소형 비행기가 섬기는 영역인 정글 남부 마쿠마 선교지부에 로저 유데리안과 그 아내 바바라, 두 자녀 베티와 제리가 살고 있었다. 1945년부터 프랭크 드라운이 운영해 온 마쿠마 지부는 미국의 분주한 농장을 연상시킨다. 비행기가 들어오면 활주로에서 닭들이 흩어지고 소들은 아랑곳없이 되새김질을 계속한다. 건물들은 쪼갠 대나무가 아니라 짱짱한 나무판자로 지어져 영내에는 안정성과 영속성의 분위기가 넘쳐 난다. 마쿠마는 히바로 영역에 위치해 있다. 집안 간에 살벌한 싸움이 그치지 않는 히바로족은 인간 두상을 가공 수축하는 풍습으로 세계에 알려져 있다. 그들은 명목상 400년간 나라를 지배해 온 백인과 무관하게 정글 남부의 1만 8천km²에 흩어져 살고 있다.

검은머리가 헝클어진 크고 호리호리한 로저는 1924년 1월 21일

몬태나 주 수마트라 근처 농가에서 일곱째 자녀로 태어났다. 그는 어머니한테서 헌신적이고 철저한 기독교 양육을 받았다. 청소년기의 로저는 활동적이었고 훌륭한 피아니스트가 되려 했었다. 그러나 아홉 살 때 그는 소아마비에 걸려 발을 절게 되는 바람에 음악에 흥미를 잃었을 뿐 아니라 평생 노인처럼 걷고 뛰어야 했다.

몬태나 주 루이스타운의 고등학교에서 그는 농구를 할 만큼 소아마비의 한계를 이겨 냈다. 고등학교 졸업 후 로저는 세 개의 장학금을 받고 몬태나 주립대학에 들어갔다. 그는 농업교사가 될 예정이었다. 1942년 1학년 모범생으로 뽑힌 그는 여름방학 동안 아직 연방토지은행에서 사용중이던 루이스타운 부근 농장들의 지도 그리는 일을 했다. 1943년 10월 로저는 육군에 입대해 결국 낙하산병이 됐다. 그는 영국에 주둔하며 육군 군목 파스칼 폴키스의 조수가 됐는데 군목은 로저의 부모에게 이렇게 썼다. "육군의 기독교 사역은 바깥의 기독교 사역과 크게 다르지 않아서, 지도자는 비교적 소수의 사람들에게 의존해 임무를 수행하고 남들에게 감화를 끼치는 법을 익혀야 합니다. 제가 로저를 그 '든든한 기둥' 중 하나로 여긴다는 것을 부모님께서 아신다면 대견하고 기쁘실 것입니다." 영국에 머물던 시절 로저의 신앙은 깊어지고 강해졌다. 1944년 12월 로저는 어머니에게 이렇게 썼다.

"제 삶에 가장 행복했던 날은 예수 그리스도를 구주로 영접하고 진실로 회개해 죄사함을 받은 날입니다. 하나님의 도우심으로 제가 바라고 기도하기는, 일상생활 속에서 그리스도의 증인과 제자로 하나님 아버지께 영광 돌릴 믿음과 힘을 받고 싶습니다. 성경묵상은 제 소망과 깨달음의 가장 큰 원천입니다. 기도의 온전한 능력은 아직 배워야 합니다. 저는 '세상은 멋진 곳'이라고 말하곤 했지요. 새 믿음을 얻고 나니 그런 기분이 천 배나 더 강해졌습니다. 무한하신 자비와 은혜로 이 세상에 베푸시는 하나님의 풍성한 복을 전하는 것이 어찌나 기쁘고 행복한지 정말 애가 탈 지경입니다."

로저는 1944년의 라인 강 점프에서 살아남아 벌지(Bulge) 전투 무공훈장을 받았다. 로저의 마음속에 인생을 전폭적으로 주님께 온전히 바쳐야겠다는 생각이 뿌리내리고 있었다. 1945년 8월 그는 베를린에서 이렇게 썼다. "어머니, 비밀을 털어놓을 것이 있습니다. 세상 어느 것보다 이 일에서만은 말보다 행동이 앞서기 원합니다. 작년 가을 그리스도를 제 개인의 구주로 영접하고 주님을 따라 그 뜻대로 살기 원하는 마음이 생긴 이후, 저는 군을 제대한 뒤 선교사나 사회사업이나 목회를 해야겠다는 소명을 느꼈습니다. 아직은 어느 쪽일지 모르지만 부디 주님의 증인이 되어 평생 매순간 그분을 따르며 살고 싶습니다."

로저는 1946년 1월 몬태나로 돌아왔다. 선교지로 부름받았다는 믿음은 그해 겨울 동안 확증됐다. 그는 미니애폴리스 노스웨스턴 학원의 인문대학에 입학했고 거기서 바바라 오턴을 만났다. 바바라는 선교지를 마음에 두고 기독교 교육을 공부하던 금발의 얌전한 여자였다. 미시간 주 랜싱의 침례교 가정 출신인 그녀는 유년시절 내내 선교에 대해 듣고 자기 교회에 온 선교사들 간증을 듣고 집에서 그들을 접했다. 지금 그녀는 "어렸을 때부터 주님께서 말씀하셔서 그 길이 내 길임을 알게 하신 것 같다"고 말한다. 1950년 9월 바바라와 로저는 노스웨스턴 학원의 선교사 의료과정에 입학했다. 겨우내 그들은 아홉 명의 다른 학생들과 함께 작은 교실에 나란히 앉아 뼈맞추는 법, 아기받는 법, 주사놓는 법을 배웠다. 둘은 1951년 부활절날 약혼하고 9월에 결혼했다. 그들은 복음선교사연합이라는 초교파 기관의 선교사 후보로 영입돼 곧 6개월의 실습사역을 위해 캔자스시티로 떠났다. 거기서 그들은 스페인어 수업을 듣고, 선교지의 몇몇 실제적 문제에 접근하는 법을 배우고, 차례로 주일예배를 인도하고, 도시 빈민가 아이들을 상대로 일했다.

1953년 1월, 그들은 6개월 된 딸 베스 일레인을 데리고 에콰도르로 향했다. 쉘메라에서 한동안 스페인어를 공부한 뒤 유데리안가는 마쿠마로 갔다. 마쿠마 지부의 선배 선교사 프랭크와 마리 드라운 부부는 8년 전 아이오와 주 시골농장에서 에콰도르에 왔다. 마리가 미국으로 보낸 편지들을 통해 로저는 히바로족 사역에 관심을 갖게 됐었다.

하나님께서 보내신 지부에 정착한 로저와 바바라는 곧 히바로 언어공부에 돌입해 히바로족에게 자기 말로 읽고 쓰기를 가르치는 방법을 개발하는 과정에 일조할 수 있었다. 로저는 나뭇가지에 거꾸로 매달린 나무늘보, 입으로 부는 화살, 나무등걸에 빈들거리는 도마뱀 등 익숙한 광경들을 펜으로 조그맣게 그린 뒤 그림 옆에 히바로 단어의 발음을 표기했다.

로저는 복음을 전하러 왔지만 원시부족과 성공리에 접촉할 수 있으려면 선교사가 이루고 배워야 할 것이 많았다. 언어를 습득하고 살 집을 짓고 인디언의 신뢰를 얻은 후에도 여전히 선교사가 많은 시간을 들여야 할 일이 있다. 관리라는 말이 가장 적합할 것이다. 정글은 놀라운 속도로 자라기 때문에 계속 벌채칼로 쳐줘야만 한다. 대형 지부들에 사용되는 발전기는 짜증날 정도로 고장이 잦다. 열대의 폭우로 지붕은 새기 일쑤다. 이 모든 일에 대처할 수 있는 사람은 선교사 자신뿐이다. 로저는 목공기술이 있는데다가 그런 일을 좋아해 처음 마쿠마에 왔을 때 큰 도움이 됐다. 바바라는 이렇게 썼다. "로저는 마쿠마에서 전성시대를 맞고 있습니다. 두 사람은 널빤지를 톱질하고 두 사람은 대패질하고 두 사람은 홈을 파고 두 사람은 가로 60m 세로 120m 크기로 톱질해 대패질하고 있습니다. 로저는 전기톱을 작동중입니다. 일꾼들은 집의 기초가 될 기둥들을 부었습니다. 로저는 코스타리카 지부에서 가져온 씨앗으로 74그루의 토마

토를 심었습니다."

그러나 로저가 고국을 등진 것은 건축 일을 하기 위해서가 아니었다. 곧 그는 히바로 인디언들에게 복음 전하는 일에 착수했다. 독립성이 매우 강한 히바로족은 호전적 적의와 명랑한 유머감각을 공유하고 있다. 한 선교사는 히바로족을 "그들은 웃고 침 뱉는 것밖에 모른다"고 묘사하기도 했다. 그들은 별것 아닌 일에도 웃는 듯 보이며, 대화중 수시로 요란한 소리를 내며 검지와 중지 사이로 침을 뱉는다. 히바로 사람들도 키추아 사람들처럼 지칠 줄 모르고 선교사 방 방충망에 얼굴을 대고는 안에서 벌어지는 모든 일을 지켜본다. 로저는 얼마 후 거기에 익숙해졌다. 그러나 낮은 소리로 말하며 속으로 낄낄거리다 갑자기 폭발하는 그들의 웃음이 처음에는 마음에 거슬렸다.

반바지, 운동 셔츠, 면 모자, 헝겊 각반, 운동화 차림의 로저는 많은 시간을 들여 히바로 집들을 심방했다. 그가 걷는 굽이굽이 피곤한 정글 길은 진흙이 무릎까지 찰 때가 더 많았다. 그는 간혹 말할 수 없이 달콤한 향기에 취해 걸음을 멈추기도 했다. 꽃향기는 오렌지꽃보다 달콤했지만 숲에 가려 위치를 알아낼 수 없었다. 가장 신기한 꽃들은 온 숲을 뒤덮은 초록색 잎에 파묻히다시피해 저 높이 나무꼭대기에 있었다. 그는 또 정글의 가장 위험한 동물인 뱀을 경계해야 했다. 뱀은 종류가 많으나 보호색 때문에 거의 알아볼 수 없다. 작은 독사는 길 한복판에 있어도 얼룩진 피부무늬가 낙엽에 비친 햇살모양과 너무 잘 섞여 여간해서 사람 눈에 띄지 않는다. 큰 독사는 독주머니에 인간 100명을 죽일 독을 품고 다닌다. 산호뱀은 크기가 작아 더 식별하기 어렵다. 산호뱀의 독은 중추신경계를 공격해 사전 증상 없이 24시간에서 48시간 안에 목숨을 앗아 간다. 갑자기 숲길이 끝나 개간지로 들어서면 로저는 정글의 어슴푸레한 빛을 대신한 직사광선에 눈이 멀 것 같았다. 히바로 집은 한 채씩 따로 개간지에 있다. 긴 타원형 집에 뾰족한 야자수 잎을 엮어 지붕을 덮었는데, 잎에 달린 수염은 거의 땅에까지 닿는다. 집 양쪽 끝에 창문과 문으로 쓰이는 1.5m 높이의 좁은 구멍이 있다.

엄격한 예절수칙이 히바로 집주인과 그의 개간지에 들어서는 손님의 행동을 지배한다. 예의바른 공식인사는 10-15분에 달한다. 이런 식의 말이 이어진다.

"왔습니다."

"왔습니까?"

"예, 제가 이 집에 왔습니다."

"잘 오셨습니다."

집에 사람이 아무리 많아도 새로 온 사람은 일일이 각 사람과 이런 대화를 거쳐야 함을 로저는 배웠다.

키가 180cm인 로저는 고개를 숙여 구멍을 통과해 안으로 들어간다. 집 저쪽 끝에서 여자들이 움직이고 그 뒤로 벌거숭이 어린이들이 쫓아다니지만 내부가 뿌예서 겨우 희미하게 보일 정도다. 집의 바닥은 차지게 다진 흙이다. 9m 길이의 긴 내부에는 띄엄띄엄 작은 불이 타올라 그 연기 때문에 쓴 냄새도 나고 시계도 더 흐려진다. 히바로 집은 남자구역과 여자구역이 엄격히 구분돼 있다. 소읍 주택의 현관처럼 생긴 '탕가마시'라고 하는 앞부분은 남자들이 앉아 계속 몇 시간이고 한담을 나누는 곳이다. 집 뒷부분은 여자들만 사용한다. 여자들은 무릎까지 내려오는 긴 천을 둘러 양끝을 어깨 위에 묶는다. 남자들은 상체는 맨몸이지만 허리에 천을 둘러 묶는다. 키추아족처럼 히바로족의 머리카락도 곧고 길다. 여자들은 머리가 치렁치렁 얼굴을 가려도 어떻게든 정리할 생각이 없다. 남존여비의 지위에 걸맞게 남자들은 머리장식이 정교하다. 허리까지 닿는 머리를 잘 빗어 열대 조류들의 선홍색, 황색, 청색 깃털로 꾸민다.

   가장은 로저를 벽에 나란히 놓인 벤치에 앉게 한 뒤 낮은 의자에 앉아 그를 마주본다. 손님 앞에 위신을 세우려 할 경우 가장은 대화의 시작을 명하기 전 첫 5분간 복잡한 제스처를 거친다. 그의 두세 부인 중 하나가 물 대접을 가져오면 그는 한입 머금어 삼키지 않고 손에 뱉어 젖은 손으로 얼굴을 씻는다. 그 다음에는 천천히 정성들여 머리를 빗는다. 전 과정은 말없이 엄숙하고 신중하게 진행된다. 그제야 그와 손님에게 치차가 내어져 나오고 대화가 시작된다. 그렇게 로저는 많은 시간을 들여 히바로 집에서 그들과 대화하며 점차 그들의 언어를 배우고 그들의 생활방식을 흡수하며, 무엇보다 그들에게 예수님 이야기를 들려주었다.

히바로족의 마음에는 어려서부터 마법과 요술과 증오와 살인이 깊이 뿌리내린다. 밤에 잠들 때 아이들은 마땅히 증오해야 할 자들의 명단을 외워야 한다. 히바로족에 대해 네이트는 이렇게 썼다. "두려움과 악령의 종교가 그렇게 만들지만 않는다면 그들도 잔인한 사람들이 아닙니다. 그들은 그 종교로 어떻게든 자기네 죄 문제가 해결되기를 바랍니다. 예를 들어, 두어 달 전 정글의 다른 지역에서 한 남자무당이 마쿠마 인디언들을 찾아왔습니다. 무슨 이유에선지 그는 어떤 여자에게 화가 나 그녀를 저주했습니다. 대개 히바로족의 문제는 여자를 둘러싸고 벌어집니다. 여자는 남자의 영혼 없는 소유물로 도둑맞거나 물건처럼 거래될 때가 많습니다. 어쨌든 저주받은 여자는 하루 만에 죽었습니다. 그러자 그 남편과 형제들과 아버지는 무당이 대놓고 죽인 것이나 같은 죄를 지었다며 피에 복수할 의무를 느꼈습니다. 그들은 무당 부족에게 가 무당과 또 한 사람을 잔인하게 죽였습니다. 사건이 있은 지 두어 달 지나 지금은 평소처럼 살고 있지만 조만간 또 한번 살육이 있을 것입니다. 그것이 히바로족의 관행입니다. 살육은 끝이 없습니다. 그들은 그것을 빚이라고 부르는데, 안타까운 것은 반드시 살해자 본인을 죽여야만 빚이 청산되는 것이 아니라는 점입니다. 아무나 친척을 죽여도 됩니다. 거기에 대한 두려움이 집을 짓는 방식까지 결정해 집이 흡사 군사 성채를 방불케 합니다. 그들은 수상쩍은 적을 잡으려고 길에 덫을 놓을 때도 많습니다. 얼마 전 히바리아의 한 선교사가 정글 심방사역을 하던 중이었습니다. 히바로족의 한 개간지에 이르렀을 무렵 맨발로 앞서 가던 짐꾼이 갑자기 서서 신음했습니다. 피투성이가 된 발 위로 바늘처럼 뾰족한 야자수 나무못이 뚫고 나왔습니다."

로저는 이 사람들과 1년 넘게 같이 살았다. 그는 마쿠마 지부에서 그들의 언어를 배워 문맹퇴치 프로그램 입문서 제작을 거들었다. 간혹 복수와 살해의 분위기가 로저에게 깊은 영향을 미치기도 했으나 그는 특유의 에너지로 계속 전진했다. 언젠가 네이트 세인트는 로저에 대해 이렇게 말했다. "로저는 영혼 구원사역에 정말 긴박성을 보여주는, 내가 아는 몇 안되는 선교사 중 하나다."

바로 그 긴박성이 로저에게 다음 단계의 고려를 부추겼다. 이 정착된 지부의 사역은 프랭크 드라운 혼자 감당할 수 있음을 알았기에 로저는 사도 바울의 고백처럼 더 넓은 사역 범위를 위해 기도하기 시작했다. "또 내가 그리스도의 이름을 부르는 곳에는 복음을 전하지 않기로 힘썼노니 이는 남의 터 위에 건축하지 아니하려 함이라"(롬 15:20).

7. 정글의 벽을 뚫고

아직 그리스도의 이름을 불러 본 적이 없는 부족들 중 히바로족과 친사촌이면서도 불구대천의 원수지간인 앗슈아라 부족이 있었다. 로저는 이 부족에 문이 열리기를 자주 기도하면서 네이트와 대화하곤 했다. 네이트도 한동안 같은 관심을 품었다. 프랭크와 다른 선교사가 5년 전 접촉을 시도해 본 일이 있었다. 그때 프랭크와 그의 동료는 추장의 집에 거의 다다랐는데 한 소년이 "여기서 당장 돌아서지 않으면 죽습니다"라는 전갈을 가져왔다. 추장의 명성으로 보아 전갈의 정확성에 의심의 여지가 없었다. 선교사들은 돌아섰다.

마침내 로저는 앗슈아라족에 좀더 접근하기로 했다. 1954년 6월 5일 그는 마쿠마를 떠나 남동쪽으로 이틀간 걸어 왐비미로 갔다. 그곳에 쉘 석유회사에서 버린 활주로와 허름한 가옥이 몇 채 있었다.

그는 이렇게 썼다. "이 위치는 (앗슈아라족에게) 들어가는 문턱으로 특히 중요합니다. 주님은 놀라운 역사로 우리에게 이 지부를 준비해 주셨습니다. 그분이 힘 주셔서 우리는 가로 6m 세로 18m 규모의 건물을 새로 지었고, 현지의 작은 기존 가옥들과 연이어 영구 지붕도 올렸습니다. 그분은 이 열하루 동안 우리를 뱀(제가 한 마리를 밟았습니다), 전갈, 독거미, 부상, 못에 찔려 덧난 상처에서 지켜 주셨고, 낡은 건물들을 허는 동안 지붕이 무너지지 않게 해주셨습니다."

활주로는 풀만 조금 깎아 주면 될 정도로 네이트의 비행기가 착륙할 준비가 돼 있었다. 네이트는 이후의 일들을 녹음 테이프에 이렇게 녹음했다. "우리는 바바라와 두 자녀를 싣고 그곳으로 갔습니다. 그들은 살림살이를 정돈한 후 현지 히바로족 사이에서 언어공부와 문맹 퇴치사역과 아울러 전도를 시작했습니다. 로저는 그곳에 있는 동안 어느 선교사와 마찬가지로 의료사역을 수행했습니다. 히바로족을 괴롭히는 병 중 하나는 비강과 코와 목구멍과 입천장이 아픈 일종의 독감인데, 오래오래 질질 끌다 결국 목숨을 앗아 가는 지독한 병입니다. 물론 얼굴이 흉측하게 일그러지는 아주 수치스런 병이기도 해서 인디언들의 두려움은 이루 말할 수 없습니다. 몇 해 전 선교사 의사들이 치료제를 가져왔습니다. '레프로달'이라는 약입니다. 로저도 그 약이 약간 있어 현지 히바로족의 중증 환자 두엇을 고쳤습니다. 각 부족 내부에서는 물론 히바로와 앗슈아라 양 부족 간에 싸움이 끊이지 않음에도 불구하고 서로 길도 맞닿아 있고 왕래도 꽤 있어 그 치료소식이 앗슈아라 쪽으로 전해졌습니다. 앗슈아라 지역의 추장 가운데 산티아쿠라는 사람이 있었습니다(정글의 상황이 으레 그렇듯 이 경우 추장이란 주어진 작은 영역의 남자 우두머리를 말합니다. 히바로족과 앗슈아라족은 부족 전체가 모여 살지 않고 팀북투 전역에 흩어져 있으며 작은 영역에서 가장 힘세거나 무서운 사람이 추장이 됩니다). 추장 산티아쿠도 이 죽을병에 걸렸는지라, 과거의 싸움과 두려움에도 불구하고 결국 왐비미에 모습을 드러냈습니다. 물론 그것은 기도응답이었기에 획기적 사건이자 큰 기쁨의 이유가 됐습니다. 로저는 그를 도와줬습니다. 레프로달로 코 상태가 호전된 그는 나중에 다시 찾아와 로저를 자기 집으로 초대했습니다. 물론 모두가 기다려 온 바였으나 계략으로 유인하는 경우도 있었기에 로저는 선불리 청을 받아들이지 않았습니다. 대신 그는 산티아쿠에게 '좋습니다. 당신이 와서 저를 데려간다면 당신 집에 가겠습니다'라고 답했습니다. 정말 호위하는 사람이 와 로저 유데리안과 프랭크 드라운과 다른 선교사를 앗슈아라 지역으로 호위했습니다.

가다가 프랭크가 기침을 하자 앗슈아라 사람들은 그 자리서 멈췄습니다. 그들이 감기에 걸리는 것을 죽도록 겁냈기 때문에 일행은 거기까지밖에 갈 수 없었습니다. 그들의 목숨을 앗아 가는 것은 분명 감기나 독감입니다. 어렸을 때 한번도 그 병에 노출된 적이 없어 저항력이 별로 없었던 것입니다. 프랭크는 그냥 헛기침이었다고 그들을 설득하느라 진땀을 뺐습니다. 프랭크의 말로, 그날 밤 길섶에서 다들 야영하던 중 다시 목구멍이 간질간질한데 도대체 어찌할 바를 몰라 슬며시 볼일이 있는 척하고 숲 속으로 가 헛기침을 하고 왔답니다. 물론 기침하다가 앗슈아라 사람들 귀에 들려 기대가 산산조각 날까 봐 두려웠던 것이지요.

산티아쿠의 집에 가보니 히바로족 장방형 집보다 세 배나 더 컸습니다. 로저의 말로는 안에 농구코트를 설치해도 될 만큼 컸다고 합니다. 앗슈아라족은 약간 다른 방언을 쓰지만 히바로족의 말을 알아듣습니다. 얼굴 생김새도 다르고 여자들은 히바로족 여자들의 평퍼짐한 엉덩이에 비해 엉덩이가 좁습니다. 프랭크는 도착 후 바로 히바로 언어로 복음 전파에 들어가 그들에게 우리를 위해 죽으신 그리스도의 사랑을 들려주었습니다. 평생 비슷한 얘기조차 들어본 적 없는 인디언들에게 무(無)에서 시작하기란 쉽지 않았습니다. 프랭크는 얘기하다 목이 쉬고 완전히 지쳤습니다. 마침 선교사들에게 태엽으로 작동하는 소형 축음기가 있어 프랭크의 목소리가 돌아올 때까지 히바로 언어로 녹음된 복음을 틀어 주었습니다. 그러면 앗슈아라 사람들은 '좋습니다, 판추(프랭크의 스페인어 애칭). 더 얘기해 주시오'라고 말하곤 했습니다. 그렇게 꼬박 사흘간 앗슈아라 사람들은 마냥 둘러앉아 그리스도 이야기를 들었습니다. 정말 놀라운 기회였고 산티아쿠는 진지한 관심을 보였습니다.

앗슈아라족의 고립된 위치와 인근 히바로족과의 긴장상황을 감안할 때 그곳에 들어가 실제 유익을 끼치려면 아무래도 항공 교통수단이 관건인 듯 보였습니다. 즉시 프랭크는 활주로를 짓자고 제안했습니다. 내가 보기에 그것은 정말 비상하고 대담한 발상이었습니다. 나라면 분명 첫 자리부터 그렇게 제안할 믿음이 없었을 것입니다. 그 생각은 통했습니다. 주님은 그 제안에 복 주셔서 열매를 맺게 하셨고 그들은 당장 활주로 개간에 착수했습니다. 그곳에 있는 동안 선교사들은 그들에게 나무를 자를 위치를 일러 주었습니다. 카사바 밭과 나란히 개간하면 기존 개간된 숲을 자연스럽게 활용할 수 있었습니다. 그리고 나서 선교사들은 돌아왔습니다.

몇 달 후 우리는 앗슈아라족에게 격려가 필요할 것 같아 비행기로 그곳에 내려가 진척상황을 살폈습니다. 활주로용으로 정글이 100m쯤 개간돼 있었습니다. 하지만 주변에 30m, 40m, 50m까지 자라는 나무들이 빼곡이 서 있는 100m 공간이 활주로가 될 수는 없지요. 그래서 우리는 격려의 표로 그들에게 옷가지를 조금 떨어뜨리고는 다시 돌아왔고 그렇게 몇 개월이 더 지났습니다.

얼마 전 우리는 다시 내려가 돌아봤습니다. 숲 속 활주로의 방향이 추장의 큰 집과 일직선상으로 돼 있어 실망했습니다. 활주로 접근로 한쪽 끝에 집이 마주하고 있으니 물론 이상적인 상황이 아닙니다. 게다가 작업도 별 진척이 없어 보였습니다. 여기부터는 그들에게 도움이 필요한 것 같았습니다. 그래서 우리는 돌아가 간단한 작전회의를 열었습니다. 로저는 '그들에게 도움이 필요한 것 같으니 내가 가야겠다'고 말했습니다. 그는 손으로 크랭크를 돌리는 작은 무전기가 있었지만 물자는 충분치 못했습니다. 정말 그로서도 그것은 전혀 생각에 없던 걸음이었습니다. 그래도 그는 벌채칼은 가지고 있었을 것입니다. 어쨌든 필요가 생기고 기회가 열린 그곳은 로저가 걸어서 이틀이면 닿을 수 있는 거리였습니다. 그는 히바로 사람들을 몇 명 구해 무전기 운반과 왐비미에서 앗슈아라 지역까지 길 안내를 맡기기로 했습니다.

우리는 수요일 왐비미의 로저를 떠나와 목요일 그의 무전을 기다렸습니다. 우리는 그가 도중 어딘가에 무전기를 설치했거나 혹 아직 왐비미에 있을 줄로 생각했습니다. 그러나 목요일, 금요일, 토요일이 가도록 그는 소식이 없었습니다. 월요일에는 정말 소식이 있을 줄 알았습니다. 그때쯤이면 그가 앗슈아라 지역에 도착해 무전을 치고도 남을 시간이었습니다. 그러나 역시 무소식이었습니다. 그는 동행 선교사 없이 불량하기로 유명한 히바로 불신자들과 함께 갔습니다. 그들은 대부분 사람을 죽인 일이 있을 것입니다. 살육은 그들의 일상사며 살육 현장에서 살아남은 이들도 있습니다. 그러니 위험한 길에 안심할 수 있는 동행은 아니지요. 어쨌든 월요일에도 무전이 없어 우리는 그곳에 내려가 그가 무사한지 직접 확인키로 했습니다.

그래서 물자와 그에게 전할 쪽지와 음식과 약을 모았습니다. 공중과 지상 간에 통화할 수 있는 전화기도 챙겼습니다. 프랭크와 내가 비행기로 함께 갔습니다. 물론 우리는 필요시 전화를 떨어뜨릴 수 있도록 문을 뗀 채 비행했습니다. 그곳에 도착해 활주로를 보는 순간 마음이 아찔했습니다. 우선 그간의 변화가 즉시 눈에 띄지 않았기 때문입니다. 로저가 그곳에 왔다면 활주로에 뭔가 변화가 있으리라는 것을 나는 압니다. 뭐든 로저의 손에 닿기만 하면 오래지 않아 달라지니까요. 변화가 꼭 필요한 경우라면 특히 더 그렇습니다. 곧 나는 주변의 흰 셔츠를 찾기 시작했습니다. 한동안 불안하게 찾은 후에야 마침내 저 아래 활주로에 로저의 모습이 눈에 띄었습니다. 솔직히 고백해서, 가부간에 사태를 전혀 알 길 없이 로저를 찾는 동안 내가 그의 안전에 얼마나 몸이 달았는지 그 순간에야 비로소 깨달았습니다. 히바로족 안내인과 함께 약간의 물자만 갖고 길떠난 그를 우리가 얼마나 걱정했는지 그제야 알았습니다. 길에는 뱀들이 많습니다. 그러다 그를 보았으니 우리 마음이 얼마나 기뻤겠습니까!

우리는 땅 위로 몇 차례 낮게 지나갔습니다. 우선 우리는 저공비행하며 엔진을 감속해 소음을 낮춘 뒤 로저에게, 비행기에서 떨어뜨릴 물건이 있으니 인디언들을 활주로에서 나오게 하라고 소리쳤습니다. 그는 확실히 알아듣고 인디언들을 물러나게 했습니다. 우리는 네 차례쯤 왔다갔다하며 음식과 도끼머리와 옷을 인디언들의 선물로 떨어뜨렸습니다. 아래쪽 상황을 알아야 했기에 우리는 고도를 높여 이중 케이블이 달린 전화기를 나선형 투하법을 사용해 떨어뜨렸습니다. 전화 케이블을 450m쯤 풀어 내린 뒤 공중을 선회했습니다. 긴 줄에 달린 전화기도 비행기를 따라 선회하다가 점점 중앙으로 이동해 하강하기 시작했습니다. 마침내 전화기는 시간당 10-13km의 수평이동 속도로 약간 들쭉날쭉 주위를 맴돌았고 비행기는 위에서 시속 100km로 돌고 있었습니다. 들쭉날쭉하던 회전을 다소 시행착오를 거치면서 고르게 한 뒤 우리는 결국 전화기를 로저 옆으로 떨어뜨릴 수 있었습니다. '여보세요, 로저. 여보세요, 로저' 하는 프랭크의 목소리가 들려왔습니다. 드디어 지상과 접촉이 됐습니다.

프랭크는 전화기로 10여 분간 로저와 대화하며 데이터를 모았습니다. 필요한 정보를 모두 파악한 후 우리는 고도를 높여 줄을 팽팽하게 했습니다. 한편 로저는 부쳐야 할 편지와 자기 아내에게 보낼 쪽지가 든 우편행낭을 케이블에 묶은 뒤 전화기를 놓았습니다. 비행기가 수풀을 피해 수직 상승하는 동안 전화기는 450m 줄에 매달려 쫓아왔고 그제서야 우리는 줄을 감아 올렸습니다. 우리는 로저에게 손을 흔들어 작별한 뒤 왐비미로 떠났습니다."

왐비미에 착륙하자 프랭크는 로저가 오는 금요일 그곳에 착륙을 부탁했다고 네이트에게 알렸다. 네이트는 "그건 불가능합니다! 활주로가 그때까지 준비되지 않습니다"라고 말했다. 그러나 잠시 후 그는 "그건 내 소관이 아니겠지요. 부탁받은 대로 그곳에 가서 활주로의 착륙 가능성 여부를 판단하는 게 좋겠습니다"라고 덧붙였다.

로저는 지대공 전화기를 통해 약이 필요하다는 말도 했다. 마침 그곳을 지나가던 일단의 군인들에게서 앗슈아라족에 독감이 전염됐다. 로저에게 무전기가 없었던 것도 그래서였다. 무전기를 운반하기로 약속했던 히바로 인디언이 앗슈아라족에 병이 돈다는 소문을 듣고는 독감이 치명적일 수 있음을 알고 그곳에 접근을 꺼렸던 것이다.

네이트의 녹음은 이렇게 계속된다. "금요일이 되자 나는 새 활주로를 개시하는 일로 약간 긴장됐습니다. 흔히들 하는 말로 이것은 아이들 장난도 아니고 주일학교 소풍도 아닙니다. 최대한 정확히 계산하고 모든 것을 재삼 점검한 뒤 주님을 의지해야 하는 매우 심각한 일입니다. 직접 뛰어들어 직무를 다해야 하지요.

스페인어 표현대로 금요일 아침이 깨어났습니다. 비가 내렸습니다. 정오쯤 되자 아무래도 그날은 불가능할 것 같았습니다. 땅이 젖어 있을 텐데, 그러잖아도 불가피한 위험이 뒤따르는 작업에 진흙까지 보탤 수는 없는 노릇이지요. 그래서 그날 비행은 취소했습니다. 오늘은 때가 아니라는 하나님의 지시로 받아들이고 내일로 보류했습니다. 이튿날 아침 준비를 마친 프랭크와 나는 점심 후 왐비미로 내려가 프랭크는 거기서 내렸습니다. 여분의 석유통들을 내린 뒤 나 혼자 석유가 조금밖에 남지 않은 상태로 이륙했습니다. 비행기 안의 내용물은 완전히 치워졌고 오른쪽 의자까지 뗐습니다. 기체를 최대한 가볍게 하고 안전에 필요한 석유를 충분히 확보하기 위해서였지요. 기내에는 90여 분 분량의 안전용 비축 석유가 있었습니다. 왐비미에서 산티아쿠의 집까지 왕복 40분쯤 거리이므로 100% 비축된 셈입니다."

이륙 후 네이트는 마쿠마 강과 파스타자 강 사이 중간쯤에 흐르는 작은 강으로 향했다. 그것이 산티아쿠의 집을 알리는 유일한 지표였다. 강에 닿았을 때 그는 목적지보다 남쪽으로 와 있는 것을 알고 북으로 기수를 돌려 정글 바다 속의 작은 섬 같은 집을 찾아 원근의 지평을 살폈다. 아무것도 보이지 않았다. 갑자기 바로 아래로 작은 집 한 채가 보였다. 울타리가 둘린 정방형 집이었으나 샤크라(숲 속의 농사용 개간지)는 없었다.

네이트는 생각했다. "이상하다. 방금 막 사람을 죽이고 잠시 몸을 피한 인디언의 집인지도 모른다. 아마도 적을 혼란에 빠뜨리기 위해 그의 샤크라는 딴 데 떨어져 있을 것이다."

그는 신기해하면서 계속 갔다. 드디어 저기 보였다! 네이트는 무전으로 마즈를 불렀다.

"여기는 56헨리. 2분 후 지미의 집에 도착합니다. 여기는 56헨리. 2분 후 지미의 집에 도착합니다. 오버." 산티아쿠가 제임스의 스페인어 이름의 변형이므로 그들은 기밀 유지를 위해 그를 제임스의 애칭 지미로 불렀다.

    네이트의 녹음은 계속된다. "이게 웬 일입니까. 2분 후 그곳에 닿아 보니 활주로가 없지 뭡니까! 지미의 집과 똑같아 보였지만 활주로는 없었습니다. 석유가 많이 남아 있지 않았기 때문에 약간 당황했습니다. 그래서 고도를 높여 북쪽으로 좀더 이동하면서 나는 어찌해야 좋을지 생각했습니다. 왐비미로 돌아가는 것이 좋겠다는 판단이 섰습니다. 네시 반쯤 왐비미에 착륙했습니다. 대기가 시원하고 부력이 좋은 오후에 지미의 집에 도착하고 싶어 그때까지 서두르지 않았던 것입니다. 이렇게 불확실한 비행에는 그런 대기 상태가 방향 유지에 좋지요. 프랭크는 너무 일찍 돌아온 나를 보고 약간 놀랐습니다. 도중에 보았던 집 얘기를 했더니 그는 육로로 산티아쿠의 집에 갈 때 지났던 곳이라고 확인해 주었습니다. 그는 내게 석유를 5갤런쯤 내주었고 나는 이륙해 동쪽으로 향해 작은 강을 만난 뒤 남쪽으로 돌았습니다."

    네이트는 푸른 눈으로 유리창 밖을 곁눈질했다. 그날 가시거리는 약 160km로 "지평선 위로 증기선의 연기까지 눈에 잡힐 듯"했다. 그러나 그 광활한 시야에 생명체는 흔적조차 보이지 않았다.

    그는 말을 이었다. "남쪽으로 한참 더 내려갔습니다. 그때까지 아무것도 보이지 않아 슬슬 조바심이 나기 시작했습니다. 이러다가는 정말 가망이 없을 것 같았습니다! 그때 우연히 울타리가 쳐진 강둑의 집 한 채가 눈에 들어왔습니다. 집 주변 정황은 그 위로 직접 날지 않고는 알 수 없게 돼 있었습니다. 다만 숲 속에 처박힌 그 집은 여태껏 내가 본 키추아족이나 히바로족의 집들과는 생김새가 달랐습니다. 왠지 딱히 우호적인 지역이 아닌 듯한 느낌이 들었습니다. 나는 어떤 식으로든 그 상황에 주님의 손길이 함께 하신다고 믿었습니다 (사실 그곳은 이전의 내 모든 탐사비행 때보다 남쪽이었습니다)."

이쯤 되자 네이트는 로저를 찾지 못할까 봐 몹시 초조해졌지만, 그래도 그는 새로 찾은 그 집을 꼼꼼히 내려다보며 머릿속에 위치를 새겨 두었다. "그렇게 한참씩 고립된 지역에 사는 그들도 복음을 들어야 할 테니까요. 우리 힘닿는 한 최선을 다해 각 인디언에게 모든 이름 위에 뛰어나신 이름을 듣고 하나님의 은혜를 알 기회를 주는 것이 주님의 뜻이라고 확신합니다.

그래서 계속 진행했습니다. 그 사람들이 고립돼 있다는 사실 자체의 도전 그리고 그들에게 복음을 전하도록 다른 선교사들을 도와야 한다는 도전이 내 마음을 부풀게 했습니다. 그날 비행에 수반된 위험이 그 상황의 영적 도전으로 상충되고 정당화된 셈이지요."

비행이 계속되는 사이 어느덧 유량이 줄고 있었다. 그때 그는 송신기를 켰다.

"여기는 56헨리. 쉘메라 나와라. 강 위아래를 살폈으나 지미의 집을 찾을 수 없습니다. 이제 기수를 돌리고 고도를 높여 상류로 향합니다. 들립니까, 쉘메라? 오버."

"오케이, 오케이." 마즈의 응답이 들렸다. 앗슈아라 지역에 와 있음이 분명했기에 네이트는 지면의 연기를 살피기 시작했다. 로저가 비행기 소리를 들었다면 모닥불을 피울 것이었다.

바로 그때 언뜻 남서쪽에서 연기기둥이 보였다. 하지만 방향이 잘못된 듯했다. 네이트의 나침반이 고장난 것일까? 아니면 그가 생각과는 달리 방향을 잘못 잡고 있었던 것일까? 상황의 앞뒤가 안 맞아 보였지만 네이트는 생각했다. "가끔가다 그런 상황에 처할 때가 있습니다. 나중에 답을 알고 보면 좀 엉뚱하지요. 그래서 그 점을 감안하고 또 연기가 있는 곳에 불이 있고 불이 있는 곳에 사람이 있다는 사실도 감안했습니다. 나는 주님만 믿고 그쪽으로 건너가 도대체 연기가 어디서 나는지 살펴보기로 했습니다. 가보길 잘했지만 내 기대와는 달랐습니다.

개간된 가파른 둔덕 아래 작은 강이 숨어 있고 근처 숲 속에 조그만 평지가 있었습니다. 바로 그 평지 아래 움푹 파인 곳에 끝이 곡선으로 처리된 커다란 집이 있고 개간지에 인디언들이 가득했습니다." 이번에도 네이트는 향후에 활용할 요량으로 장면을 머릿속에 담아 두었다. 얼른 둘러보고 나니 유량이 더 내려가 있었다. "고도를 높이며 돌기 시작해 왼쪽을 보니 뜻밖에도 거기 강둑에 있던 집보다 훨씬 큰 집이 한쪽에 뚝 떨어져 숨어 있었습니다. 바로 위로 갈 때까지 어떻게 털끝만큼도 보이지 않을 수 있는지 정말 알다가도 모를 일입니다. 건초더미에서 바늘을 찾는 것 같습니다."

네이트는 계속 선회하며 고도를 높였다. 그는 말을 이었다. "고립 지역의 사람들 무리를 내려다볼 수 있을 때까지 충분히 높이 올라가면 좀더 흥미로운 광경이 보일 것도 같았습니다. 나는 잇단 새로운 발견에 자못 흥분되어 열심히 주시했고 전능하신 하나님 품에 온전히 안겨 있다는 전율을 느꼈습니다. 저 아래를 보면 그 점에 전혀 의문의 여지가 없었습니다. 만일 낡은 엔진이 거기서 멈췄다면 나를 구하실 수 있는 이는 하나님뿐이었습니다. 여기서 솔직히 시인하는 게 좋겠습니다만, 나는 그런 지대를 비행하는 것을 좋아하지 않습니다. 그리고 제대로 된 위치 점검이나 내 위치를 파악할 확실한 강이 없는 상태에서 그런 데를 비행하려면 충분히 설득력 있는 이유가 있어야 합니다. 그러나 그들은 그리스도께서 위하여 죽은 사람들이고, 그들에게 복음을 전할 수 있으려면 먼저 위치를 찾아내야 하지요. 그래서 나는 우연찮게 그들을 만난 것이 기뻤습니다.

왐비미 쪽으로 돌아서기 전 나는 마지막으로 살폈습니다. 살피다 보니 동쪽 외딴 곳에 작은 반점이 보였습니다. 딱 1-2분만 그쪽으로 날아가 무엇인지 알아볼 여유가 있을 것 같았습니다. 그래서 갔습니다. 2분 내로 집이 눈에 띄었고 다시 몇 초 만에 개간지가 보였습니다. 수풀 뒤편의 맨 흙바닥과 큰 나무들로 보아 지미의 집이 분명했습니다. 큰 나무들 뒤쪽으로 활주로가 꼭꼭 숨어 있었습니다. 나중에야 알았지만 내가 그 집을 못 찾아 그토록 고생한 것은, 늦은 오후의 태양이 이전에 내가 그 지역을 다닐 때 익숙했던 것과 다른 각도로 낮은 산등성이에 굴절됐기 때문입니다. 어쨌든 개간지를 본 뒤에 나는 무전기를 붙들고 빨리 하강하기 시작했습니다. 낡은 비행기는 정말 빠르게 감속해 수직 속도계를 넘겨다보니 분당 450m를 가리키고 있었습니다. 나는 쉘메라에 보고해 위치를 확인하면서 빠른 속도로 선회 하강했습니다. 개간지를 빙 돌며 활주로를 바라보니 기가 막히더군요. 활주로라 할 만한 것이 전혀 못됐습니다. 힘이 쭉 빠졌습니다. 로저를 거기서 데리고 나와야겠다는 생각이 들었습니다. 로저의 일하는 방식을 알기 때문이지요. 그는 자신을 아낄 줄 모릅니다. 거기 온 지 2주가 다 돼가는 로저는 녹초가 돼 있을 것이 뻔했고 그만 철수해야 할 필요성이 급박했습니다. 그래서 나는 MAF와 MAF가 섬기는 사람들에 대한 우리의 책임 그리고 안전을 십분 고려해 그를 철수시키는 일에 최선을 다하고 싶었습니다.

   선회중에도 나는 고개를 저으며 귀에 들리게 혼잣말했습니다. '안 된다. 저래서는 득이 없다. 불가능한 일이다.' 어쨌거나 일단 로저의 눈에 더 잘 띄어야 했으므로 한두 차례 낮게 지나갔습니다. 한번은 엔진소리를 낮추고 로저에게 '미안하지만 착륙이 불가능하다'고 소리치려고도 했지만 그냥 지나쳐 다시 한번 살폈습니다. 로저는 붕대로 보기 좋게 표시해 두었습니다. 큰 집 쪽 진입방향 50m 지점에 표시한 뒤 '바퀴'라고 쓴 줄을 달아 놓았더군요. '바퀴' 표시지점에서 지상에 내릴 수 있을 것 같았습니다. 활주로 끝에는 250m라고 표시돼 있었습니다. 그때 육감을 무조건 거부해서는 안되겠다는 생각이 들었습니다. 물론 거부할 수도 있지요. 하지만 계산적 수치와 육감이 서로 다를 때 육감이 인명을 구하는 경우도 있습니다. 그래서 나는 생각했습니다. '비행기는 가볍다. 활주로는 250m 남짓이다. 한번 시도해 볼 만하다.' 대기는 정말 바람 한 점 없었고 지면에 접근하면 상황이 나아질지 모른다는 생각도 들었습니다. 그래서 나는 지상에 신호음을 보낸 뒤 수풀 위로 급강하해 대략 시속 160km로 산티아쿠 집 지붕을 지났습니다. 거기까지 내려가자 활주로 가장자리로 나무 한 그루가 삐죽 튀어나와 있었습니다. 나는 누가 듣기라도 하듯 혼잣말했습니다. '이봐 로저, 비행기에는 날개가 달려 있다네.' 나는 다시 상승해 그 문제를 궁리했습니다. 지면은 문제없어 보였습니다. 그 점이라면 나는 로저를 믿었습니다. 그는 무른 부위가 없도록 만반의 준비를 다했을 터입니다. 나와 함께 다른 활주로를 두 곳이나 개통한 적이 있는 그였습니다. 다시 말해 지상은 로저가 준비와 점검을 마쳤기에 나는 안심했습니다.

시간이 많지 않았습니다. 다시 유량이 뚝 떨어져 있었습니다. 그래서 나는 혼잣말했습니다. '자, 간다. 저 나무를 피해 갈 수 있을 것이다.' 바로 그때, 나중에 그곳을 이륙할 수 없을지도 모른다는 생각이 났습니다. 하지만 우리 둘과 인디언들이 함께 일하면 이틀이면 나무들을 잘라 내 이륙이 가능할 것 같았습니다. 기내 무전기가 작동하고 있었습니다. 나는 마즈에게 내 위치를 알렸고 바바라에게 로저가 괜찮다고 보고한 뒤 다시 급히 전했습니다. '오케이. 산티아쿠의 집에 착륙 준비합니다.'

나는 안테나를 감아 들인 뒤 천천히 고도를 내려 수풀 쪽 접근로로 향했습니다. 수풀을 지나면서 보조날개를 완전히 세운 채 급경사로 옆으로 미끄러져 5-6m 차이로 산티아쿠의 집을 지났습니다. 상황을 판단할 때 나는 튀어나온 나무만 아니라 한꺼번에 모든 것을 보며 전체를 판단했습니다. 사실 나는 그 나무를 보지도 못했습니다. 적어도 의식하지는 못했습니다. 그런 상황에서 조종사를 주로 지배하는 것은 잠재의식입니다. 일일이 문제를 생각할 시간이 없기 때문에 일종의 자동 조종사가 넘겨받는 셈이지요. 문제는 상공을 선회할 때 이미 충분히 생각했습니다. 객관적 생각을 통해 나는 안전하게 착륙할 수 있다는 결론을 내렸고, 한 고참이 말한 것처럼 그 뒤로는 '육감에 맡기는' 것이지요.

거기서부터는 최대한 급경사로 활강했습니다. 시속 70km는 족히 됐을 것입니다. 나는 어설픈 활주로 위로 50m쯤 평형을 유지해 가다가 '바퀴' 표시 바로 너머에서 바퀴를 땅에 내린 뒤 남아 있는

250m의 절반을 조금 더 지나 정지했습니다.

우선 무사히 안전하게 착륙하게 해주신 하나님께 감사했습니다. 그런 상황에서 맨 먼저 할 일은 당연히 긴 안테나를 뽑은 뒤 사고나 사건 없이 성공리에 도착했다는 소식을, 기도하면서 무전기에 귀기 울이고 있는 마즈와 다른 사랑하는 이들과 동료들에게 송신하는 것입니다. 그러나 이번에는 그러지 못했습니다. 그럴 생각조차 나지 않았습니다. 너무나 많은 일들이 숨가쁘게 벌어지고 있었습니다.

로저가 달려와 '약 가져왔습니까?' 묻기에 나는 '예, 여기 있습니다' 대답하며 자루를 그에게 던졌습니다. 비행기에서 던지려고 꼭꼭 묶어 두었었지요. '안녕하시오. 다시 만나 반갑소'나 '여, 리빙스턴 박사님 아니신가' 따위의 말은 전혀 없었습니다. 로저는 초췌했고 턱수염이 일주일이나 자란데다 더러운 티셔츠는 온통 구멍이 숭숭 나 있었습니다. 그야말로 딱하고 여윈 모습이었지요. 로저는 자루를 붙들고 필사적으로 물건을 꺼냈습니다. 그리고는 쇳소리 같은 목소리로 활주로의 인디언들에게 목이 터져라 고함지르며 명령하기 시작했습니다. 나는 로저의 그런 행동을 한번도 본 적이 없었습니다. 사태가 긴박할 때 그가 사람들을 닦달할 수 있다는 것이야 나도 알지만, 이 경우 전체 상황을 어떻게 생각해야 할지 막막했습니다. 그래서 나는 로저의 팔을 꽉 붙잡고 '로저, 이제 천천히 해요. 시간이 있으니 천천히 해요'라고 말했더니 그는 퀭한 눈으로 올려다보며 '시간이 없소. 시간이 없소'라고 받았습니다. 그래서 나는 그냥 접어 두었습니다. 그는 내게 페니실린 두 병을 건네면서 '이것 좀 흔들어 주시오' 말했고 나는 그대로 했습니다. 그는 인디언들에게 계속 고함지르며 명령했습니다. 나는 혼자 생각했습니다. '맙소사. 이 사람들이 자기네한테 저렇게 말하는 사람을 어떻게 친구로 생각할 수 있을까?'

모든 사람이 친척까지 다 데려와 주사를 맞고 있다는 것을 한눈에 알 수 있었습니다. 곧 알게 됐지만 그야말로 전원이 독감에 걸려 있었습니다. 우리가 주사를 놓는 동안 그 자리에서 쓰러져 죽을 것 같은 사람들도 있었습니다. 나는 힘닿는 대로 로저를 거들었습니다. 산티아쿠는 금방이라도 죽을 듯 병색이 짙은 모습으로 어깨가 축 늘어져 의자에 앉아 있었습니다. 추장의 면모를 지키려 애썼지만 병이 너무 심했습니다. 로저의 말로 일주일 전 자기가 주사를 놓던 중 벌써 추장 한 명이 죽었다고 합니다. 처음 도착해 로저는 병세가 최악인 사람들에게 모두 주사를 놓았고 그들은 회복됐습니다. 이번에는 병세가 그보다 약했으나 점차 심해지는 이들에게 2차 주사를 놓는 중이었습니다. 약이라고는 전혀 없으니 그들의 심정이 어땠겠는지 상상해 보십시오.

이제 페니실린은 작은 병으로 두 병밖에 없습니다. 생사를 갈라놓는 얼마나 소중한 약인지 모릅니다. 로저가 첫 병을 던졌을 때 나는 '한 방울이라도 남았는지 다시 보십시오'라고 말했습니다. 어머니들은 어린 아기의 엉덩이를 벗겨 로저에게 들이밀었습니다. 그는 면봉에 알코올을 묻혀 쓱 문질렀습니다. 로저는 손을 나뭇잎처럼 떨고 있어 작은 알코올 병을 금방이라도 엎지를 것만 같았습니다. 그는 인디언들에게 '움직이지 마세요' 고함질렀고 그들은 하나같이 그의 명령에 복종했습니다. 차림새는 거지꼴이었지만 그 순간만큼은 로저가 추장이었고 상황의 진짜 지배자였습니다. 의심의 여지가 없었습니다."

로저는 순서대로 다가오는 인디언들의 얼굴을 들여다봤다. 증세가 심하면 주사를 주었다. 그가 개간지 저쪽을 바라보자 가까운 앗슈아라족 친구 티샤가 숲에서 나오고 있었다. 인디언들은 그의 목숨을 살리려 군기지로 업고 오려 했으나 몸이 심히 허약한 그에게 강물이 큰 장애물이 됐다. 그는 때맞춰 도착해 로저의 바늘에 남은 마지막 페니실린 방울로 주사를 맞았다. 로저는 말했다. "주님을 찬양합니다. 믿어지지 않는 일이지만 그가 여기 왔으니 이 주사로 목숨을 건질 것입니다!"

로저는 처음으로 몸을 일으켜 네이트를 보고 웃었다. 그의 어깨에서 짐이 벗겨졌다. 네이트는 시계를 보았다. 그곳을 떠날 시간이 몇 분밖에 안 남았다. 드디어 편안하고 느긋해진 로저가 비행기 쪽으로 걷는 사이 네이트는 당황한 추장에게 달려가 악수를 청했다. "그는 내 손을 어찌해야 할지 몰랐지만 나는 무조건 그의 손을 잡고 영어로 말하기 시작했습니다. 스페인어만큼은 알아듣겠지 생각하고 말입니다. '안녕히 계십시오. 여러분들을 알게 돼 기쁩니다.' 나는 그렇게 말한 뒤 비행기 쪽으로 향했습니다."

로저는 고개를 흔들며 웃었다. "분명 하나님이 일하고 계십니다."

네이트는 로저를 데리고 나올 수 있는 상황임에 안도하며 일단 혼자 이륙했다. 그리고 다시 돌아가 로저를 태우고 돌아왔다. 왐비미로 돌아오는 비행기 안에서 로저는 활주로 작업이 병 때문에 막힌 일, 독감 때문에 인디언 짐꾼이 무전기 운반을 거부한 일, 아무도 할 사람이 없어 자기 혼자 활주로 작업에 매달렸던 일을 이야기했다. 한번은 인디언이 그에게 "조심해요! 발 옆에 뱀이 있어요! 움직이지 마세요!" 소리쳤다. 로저는 얼어붙었다. 그의 발에서 60cm도 안되는 곳에 독사가 똬리를 틀고 공격하려 하고 있었다. 인디언은 막대기를 집어 들었다. 로저는 "막대기가 너무 짧아 소용없어요!" 소리친 뒤 "하나님, 도와주세요" 하며 뱀의 머리에 벌채칼을 휘둘러 단칼에 베었다.

로저는 말했다. "원래 계획대로 금요일에 비행기가 오지 않기를 내가 얼마나 기도했는지 모를 겁니다. 그러다 토요일에는 비행기가 오기를 기도했으나 제대로 찾아올지 걱정되기 시작했어요. 4시가 됐는데도 비행기가 보이지 않아, 나는 기운이 쭉 빠졌습니다. 마침내 오는 듯했습니다. 분명히 오는 소리가 났는데 아니었습니다. 비행기는 돌아가고 있었습니다! 거기서 나는 이미 천 번도 더 죽었습니다. 지칠 대로 지쳤지요. 금요일 빗속에서 온 근육이 욱신거릴 정도로 하루종일 일한 뒤 토요일 온종일 귀를 쫑긋 세우고 기다렸는데…. 그러다 30분 후 다시 비행기 소리가 났습니다. 그러나 이번에도 소리는 점점 커지지 않고 오히려 잦아들었습니다. 인디언들은 개간지까지 달려가 비행기가 사라지는 것을 보았습니다. 그걸로 끝이었습니다. 나는 토요일이 그렇게 갔나보다 생각하고, 집회를 갖고 잠깐 복음을 가르치려고 인디언들을 한데 모았습니다. 막 시작했는데 인디언들이 비행기가 되돌아오고 있다고 소리쳤습니다. '아니오. 괜히 당신 마음속에 들리는 거요'라고 말하는 이들도 있었지요. 그러나 곧 우리 눈에 비행기가 보였습니다. 이 노란색 조그만 물체가 정글 위로 들어오는 것을 볼 때 내가 얼마나 힘이 나는지 당신은 모를 겁니다!"

1세기 그리스도인들의 개척정신에 불타던 두 남자는 20세기의 장비를 사용해 자신들의 신앙의 접경을 한 걸음 더 넓혔다. 로저와 네이트뿐 아니라 짐과 피트와 에드도 언제나 인접한 지평 너머의 지역들을 살피는 개척 선교사들이었다. 바로 저 멀리 산등성이 너머에 아우카족이 있었다. 짐 엘리엇은 이렇게 말했다. "조만간 우리는 그들을 찾아낼 것이며 그때부터 그들은 주목받는 대상이 될 것이다!"

8. 아우카족

네이트 세인트는 언젠가 이렇게 썼다. "오랜 세월 아우카족은 탐험가들의 위험요소, 에콰도르 공화국의 성가신 존재, 복음 선교사들의 도전이 돼 왔다."

동부지방에 도착한 이후 네이트는 종종 아우카 지역으로 날아가 그 훈련된 눈으로 가옥이나 마을을 수색했다. 3만km²가 넘는 빽빽한 정글에서 인구 500-1000명의 부족을 찾아낸다는 것은 쉬운 일이 아니다. 물론 인구조사는 한번도 실시된 적이 없었다. 지역 넓이도 키추아족의 추산에 지나지 않아 아우카족 자신들이 주장할 만한 영토보다 훨씬 넓었음은 물론이다. 키추아족이 그들을 경원했기 때문이다(충분히 이해할 만한 일이다). 정글의 이 지역은 키토에서 동쪽으로 240km쯤 거리에 펼쳐져 있다. 서쪽에 아라후노 강, 북쪽에 나포 강, 남쪽에 빌라노 강 등 삼면의 경계가 강이며 동쪽은 페루 국경과 맞닿아 있다.

이 지역 역사는 먼 옛날 스페인의 에콰도르 정복시기로 거슬러 올라간다. 잉카제국을 멸망시킨 유명한 프란시스코 피사로의 형제 곤잘로 피사로는, 1541년 안데스 동쪽 사면을 탐험하여 산맥을 횡단한 후 모험을 좋아하는 자신의 부관 하나를 시켜 아마존을 따라 강어귀로 나오게 했다. 위험한 탐험으로 부관의 수백 명 병사는 97명만 남고 다 죽었다. 고생으로 죽은 이들도 있지만 적대적 인디언들에게 살해된 이들이 많았다. 그 인디언의 일부는 틀림없이 아우카의 선조였다. 이 정복자들 후로 17세기에 예수회 선교사들이 들어왔으나 역시 적대적 인디언들에게 일부 살해됐다. 17세기부터 19세기 중반까지는 그 지역을 개척하거나 이주하려는 시도가 거의 없었다. 그러다 세계 산업국가들의 고무 수요로 인해 많은 고무나무 도벌꾼들이 당시 세계 최대 고무산지인 아마존 분지로 몰려들었다. 파렴치하고 잔인하고 표리부동한 고무 도벌꾼들은 인디언들을 선물로 꼬여 낸 뒤, 마을을 습격하고 귀중품을 닥치는 대로 약탈하고 건장한 청년들을 잡아다 농장노예로 부리며 보복을 선동할 자를 남기지 않으려 남은 부족민을 모조리 죽였다.

1874년 예수회의 한 후발 선교사가 선교지부를 찾아 쿠라라이 강을 따라갔으나 정작―본인의 보고에 의하면―강탈하는 고무 도벌꾼들로부터 인디언들을 지키느라 시간이 다 지났다. 다른 보고에는 고무 무역상들이 "이교도 야만인을 대적하는 문명화된 야만인"으로 표현돼 있다. 분명 그 뒤로 아우카 전 지역에 증오가 퍼져 나갔고 보복의 유산이 대를 이어 전수됐다. 이 지역의 식민지 건설을 막은 것은 백인들의 행동이었다. 아우카족의 협력으로 지역을 개발할 수 있는 시기가 있었으나 이제 그 시기는 과거가 돼 버렸다. 금세기 초까지만 해도 도처에 농장이 널려 있던 곳이 이제 "닫힌" 지역이 되고 말았다.

백인을 향한 아우카족의 불신 증폭의 예로 동부지역에 전해지는 한 농장주 이야기를 들 수 있다. 세기가 바뀐 직후 아우카 땅에 들어와 산 산토발 씨는 포획된 두 아우카 가정을 일꾼 삼아 정글의 아우카족을 상대로 활발한 고무무역을 용케 이어 갔다. 아우카 사람들이 산토발의 땅 언저리에 고무를 놓고 가면 그는 그 대가로 벌채칼, 칼, 옷가지를 놓았다. 이런 평화로운 무역은 어느 쪽의 폭력도 없이 10여 년간 지속됐다. 포획된 아우카인들은 일 솜씨가 아주 좋아 산토발은 그들에게 자기 부족민들을 찾아가 농장 일을 권해 달라고 부탁했다. 중재인들을 통해 그는 그들에게 공정한 보수, 좋은 생활조건, 의복 등 그들이 원하는 것을 모두 주겠다고 제의했다. 제의는 일언지하에 거절됐다. 아우카족은 백인의 세계라면 아무것도 원치 않으며 지금까지 그랬듯 독립으로 남고 싶다는 회답만 돌아왔다. 산토발은 1917년 죽었다. 그 죽음을 신호로 아우카족의 농장 습격이 시작됐다. 산토발 밑에서 일하던 인디언 일꾼들은 거의 전원 살해됐고, 포획된 아우카족을 포함해 살아남은 자들은 아우카족의 습격 반경 밖으로 영구 이주했다.

1940년부터 1949년까지 동부지방의 석유를 시굴한 쉘 석유회사는 정글의 통상적 위험과 불편은 물론 직원들을 향한 아우카족의 습격과도 싸워야 했다. 1942년 직원 셋이 아라후노 회사 영내에서 살해됐다. 쉘 석유회사 한 간부의 편지에 그 사건이 기록돼 있다.

"가슴아픈 소식을 전합니다. 1월 7일 수요일 아라후노 회사 영내에서 가장 비참한 사건이 발생했습니다. 일단의 적대적 인디언들이 회사 인근에서 일하던 우리 직원들 무리를 습격해 우리 현장주임과 에콰도르인 직원 둘이 창에 살해됐습니다. 이 습격으로 직원들 사이에 공포가 일었고, 이튿날 아침 인디언들이 다시 나타나 회사를 포위하는 듯하면서 공포는 더 커졌습니다…. 아라후노 영내에 충분한 직원을 확보하기가 전보다 더 어려울 것 같아 염려됩니다."

1년 후 회사는 직원 여덟을 잃었다. 부족의 신뢰를 얻고 더 많은 살상을 피하고자 회사측에서 한 아우카 가정을 방문했다. 백인들이 도착했을 때 마침 집에 아무도 없었다. 그들은 벌채칼, 셔츠, 잡지, 빈 병을 선물로 두고 왔다. 아우카 사람들은 포도덩굴로 엮은 바구니를 답례로 길 위에 놓았다. 석유회사 사람들은 여기에 힘을 얻어 이렇게 보고했다. "우리가 바라던 우정이 제대로 되어 가는 듯합니다. 머지않은 장래에 현실이 되리라 봅니다. 우리 직원들이 '사유지를 절대 존중한다'는 행동수칙만 늘 준수한다면 말입니다…. 제가 보기에, 잘못 쏜 총탄 하나도 자칫 선전포고가 되어 우리 쪽에 치명적 결과를 불러올 수 있습니다."

쉘 석유회사 사람들은 비행기에서 선물을 떨어뜨리는 것도 시도했다. 그러나 네이트는 나중에 이렇게 말했다. "낮은 고도로 마을 위에서 굉음을 내는 2천 마력의 수송기를 보면 누구라도 겁에 질릴 것이며 특히 과학지식이 전무한 석기시대 사람들이야 더 말할 것도 없다." 이 모든 준비작업에도 불구하고 쉘 석유회사의 희망은 실현되지 못했고, 더 이상 누구도 아우카족과 진지한 접촉을 시도하지 않았다.

젊은 선교사들로서는 아우카족에 관해 밝혀진 모든 사실을 아는 것이 갈수록 더 중요해졌다. 그들은 쉘 석유회사의 보고서들을 읽었고 아우카족과 한번이라도 접촉한 적이 있는 사람이라면 누구하고나 대화했다. 소중한 정보원은 샨디아에서 비행기로 10분 거리에 농장을 소유, 운영하고 있는 돈 카를로스 세비야 씨였다. 돈 카를로스는 상습적 습격에 쫓겨 아우카 지역을 나오기까지 26년간 그곳에 살았다. 키가 크고 홀쭉한 60대 중반의 에콰도르인인 그는 살아있는 사람 중 아우카족 경험이 누구보다 많은 사람일 것이다. 지금도 그의 몸에는 마지막 충돌 때 아우카족에게 입은 상처가 여섯 군데나 남아 있다.

그가 처음 가까스로 목숨을 건진 것은 그의 일꾼으로 일하던 인디언 일곱과 콜롬비아인 하나가 쿠라라이 강변 '엘카프리초' 농장에서 살해된 1914년이었다. 1919년 세비야는 고무나무를 베던 중 15가정의 인디언들을 추피노 강 캠프에 두고 상류로 약을 구하러 갔다. 돌아오니 팔에 상처를 입은 한 인디언 소년이 그를 맞이했다. 아우카족의 캠프 습격에서 유일하게 살아남은 자였다. 세비야는 키추아인 60명을 긴급 소집해 캠프 학살을 자행한 아우카인들을 수색하러 나섰다. 한 아우카 집에 이르자 한 여자가 카사바 밭에서 평화롭게 일하고 있었다. 그녀는 포획됐다. 그러나 세비야 일행이 집을 포위하는 동안 여자는 감시를 뚫고 소리치며 수풀 속으로 도망쳤다. 그것이 경보가 되어 집 안에 있던 사람들은 일행이 여자를 다시 잡으러 달려간 사이 도망치고 말았다. 그 이야기를 다시 하는 돈 카를로스의 음성에는 긴 세월이 흘렀는데도 여전히 천추의 한이 서려 있다.

그는 아우카족의 전략을 세밀히 관찰할 수 있었다. 공격은 언제나 기습이며 매번 아우카족의 수가 적의 수보다 많은 듯 보인다. 여행자들을 놀라게 하는 한 가지 방법은 카누가 물살에 떠밀려 강기슭 쪽으로 밀릴 때까지 굽이진 곳에서 기다리다가 노 젓는 자들이 정신없이 카누를 다시 강 중앙으로 밀어내려는 순간, 창을 던지며 요란하게 소리질러 피해자들을 혼란에 빠뜨리는 것이다. 모든 면에서 아우카족에게 유리한 상황이다. 미개한 지역을 탐험하는 이들에게 주는 세비야의 충고는 한 카누가 공격받을 때 다른 카누가 엄호 발사할 수 있도록 최소한 두 대의 카누를 타고 가라는 것이다.

1925년 돈 카를로스와 휘하 인디언들은 4개월 사이에 두 번이나 습격당했다. 세비야는 인디언들과 함께 카누를 타고 누쉬노 강 상류로 가던 중이었다. 강이 굽어지는 좁은 목에서 그들은 수십 개씩 날아오는 아우카족 창의 표적이 됐다. 카누가 뒤집히고 인디언 5명이 그 자리서 살해됐다. 세비야와 다른 인디언 하나는 도피했다. 빗발치는 창을 뚫고 나오며 그는 공격자 자신들의 무기로 그중 둘을 거뜬히 죽였으나 자신도 중상을 입었다. 8일 후 안수크 강을 따라 자기 농장에 당도한 그의 몸은 감염으로 썩어 가고 있었고 상처에 벌레들이 득실거렸다.

1934년의 습격으로 그는 결국 그 지역을 떠났지만 다시 들어갈 가능성에 대한 계획은 여전히 꺾이지 않았다.

세비야는 말한다. "너무 늦었다고 보지 않습니다. 최고의 호기를 잃은 것은 사실이지만, 아우카 가옥 바로 인근에 창을 막아 낼 단단한 집을 짓고 주변 개간지를 넓게 하고 늘 망을 보고 총을 절대 사용하지 않는다면 저들도 결국 우리 호의를 받아들일 것입니다."

그러나 동부지방에는 아우카족이 언감생심 절대로 백인들을 자기네 땅에 평화롭게 살게 두지 않을 것이라고 말하는 사람들도 있다. 그곳이 "열린" 땅이었던 시절 고무나 금이나 석유를 찾아 그 지역을 돌아다니던 사람들이다. 너무 늦었다는 것이다. 이들 고참들은 저녁마다 농장 베란다의 깜박이는 호롱불 옆에 앉아 경험담을 되뇌며 아우카족의 근본 동기를 나름으로 헤아려 보곤 한다. 그들은 천성적으로 타고난 살해자들일까? 외부인들로부터 자기네 땅을 지키기 위해서만 살해하는 것일까? 약탈하려고 살해하는 것일까? 아무도 모른다. 살해 이면의 단일 동기를 보여줄 만한 일정한 형식도 없다.

알려진 바로는 살해 후 약탈이 뒤따른 적도 몇 번 있었다. 아우카족은 쓸 만해 보이는 물건들, 특히 벌채칼을 훔쳐 갔다. 사용법을 모르는 다른 물건들은 그냥 두었다. 피해자의 소지품 전부를 손 안대고 그냥 놓아둔 경우들도 있었다. 뜻밖에도 키추아족은 아우카 지역 한복판에서 여름 낚시할 특권이 허용된다. 나포 강이나 쿠라라이 강으로 한번에 몇 주씩 카누를 타고 다녀도 아무 방해가 없다. 그러다 느닷없이 아우카족의 이유 없는 습격이 자행된다. 아우카족은 자기 영토에 들어온 일단의 키추아 어부들을 죽이거나 다치게 하기도 하고, 아예 키추아족 영토로 넘어가 개간지에서 일하고 있는 키추아 가정을 공격하기도 한다. 아우카족이 자기 땅으로 구별한 지역에 발길을 들여놓는 것은 곧 목숨을 거는 행위다.

그러나 살육은 부족 내에서도 일어난다. 분노는 즉시 살육으로 표출된다. 켄터키 주 산지의 햇필드가와 맥코이가 경우처럼 숙원(宿怨)은 끝없이 이어져 한 사람이 죽을 때마다 살아남은 가족들의 복수가 뒤따른다. 살상 연쇄반응이 일어나는 것이다. 이렇듯 사람을 죽이는 것은 아우카족에게 낯선 일이 아니다. 어려서부터 소년들은 3m 길이 나무창의 정확한 사용법을 훈련받는다. 돈 카를로스는 우연히 아우카의 버려진 오두막에 들어갔다가 발사나무를 깎아 만든 실물 크기 인간 형상을 보았다고 한다. 심장과 이목구비가 빨간색으로 분명히 표시돼 있고 형상은 온통 창자국에 패어 있었다. 아우카족의 유명한 살인적 창 솜씨는 전투부대의 총검술 훈련만큼이나 현대적인 방법으로 개발돼 온 것이다.

돈 카를로스의 농장 일꾼 중 몇 해 전 부족 내 살육을 피해 달아난 아우카 여자가 하나 있었다. 집안 간의 전형적 숙원이었는데, 그 와중에 그녀의 양친과 형제자매가 인근 집안에 의해 살해됐다. 당시 10대 중반이던 다유마는 침략자들이 떠날 때까지 샤크라에 숨어 있다 가까스로 도망나왔다. 그녀는 가장 가까운 키추아족 마을로 갔고 그들은 그녀를 돈 카를로스에게 데려다 주었다.

모든 피난민이 그렇듯 다유마도 첫 몇 해는 키추아족과 함께 살면서 최대한 빠르고 철저하게 그쪽 풍습에 적응했다. 가장 적응이 힘들었던 것 중 하나는 키추아족의 음식이었다. 아우카족에 소금이 없다보니 그녀가 양념 음식을 즐기기까지 1년이 걸렸다. 옷도 큰 변화였다. 아우카족은 덩굴로 팔목과 발목과 허리를 꼭 묶는 것 외에는 완전히 벌거벗고 살았다. 이제 다유마는 키추아 여자들이 으레 입는 면으로 된 통옷을 입었다. 아우카 후손임을 감추기 위해 그녀는 머리를 빗어 내려 변형된 귓불을 덮었다. 그 귓불에는 한때 지름이 3cm에 가까운 둥그런 발사나무 귀걸이가 달려 있었다. 농장에서 일하고 동물들 먹이를 주고 부엌일을 거드는 다유마의 모습을 보면 키추아족 동료 일꾼들과 거의 구분되지 않았다. 아우카족도 머리가 똑같이 검고 곧은데다 피부도 똑같이 차(茶) 색깔이며 키도 비슷하게 155cm 가량이다.

다유마는 중요한 인종학적 사실을 많이 알려 줬다. 아우카족은 키추아족과 같은 방식으로 치차를 만들어 마시되 발효시키지 않고 마신다. 따라서 다유마는 바깥세계에 나오기 전에는 취한 모습을 한번도 보지 못했다. 아내를 구타하는 것도 그녀로서는 모르던 일이었다. 아우카 가옥은 긴 타원형이고 바닥은 진흙이며 지붕에 해먹을 매달아 침대로 사용한다. 각 가옥마다 20명에서 50명까지 한 집안이 함께 산다. 여자들은 카사바와 목화 재배지에서 일하고 남자들은 훔쳐 온 벌채칼로 끝을 뾰족하게 깎아 창을 손질한다. 집안의 남자마다 9-10개의 창이 따로 있어 식량을 약탈하거나 습격 원정에 나설 때 들고 간다. 다유마의 말로 아우카족은 발자국을 식별할 수 있다고 한다. 우리가 낯익은 얼굴을 식별하는 것과 똑같이 그들은 발자국을 보고 누가 지나갔는지 정확히 알아낸다는 것이다. 돈 카를로스가 쿠라라이 지역에 남긴 모든 발자국도 아우카족이 알고 있었다고 그녀는 그에게 말했다. 그들은 또 많은 시간을 들여 아라후노 쉘 영내를 정탐했다. 쉘 회사가 거주하던 시절 아우카족은 백인들에게 접근할 것을 고려해 본 적이 있었다. 그들은 두 남자를 척후병으로 보내 그들이 살해되지 않으면 남은 무리가 쫓아가는 방안을 놓고 심각한 토론을 벌였다. 그러나 실제 일어난 일은 정반대였다. 아우카족이 쉘 종업원 세 명을 공격, 살해한 것이다.

아우카족에게는 애완동물이 흔하다. 그들은 앵무새, 원숭이, 어린 멧돼지를 덫으로 잡아 커다란 안채를 둘러싸고 있는 작은 움막들에 둔다. 세상 모든 이들처럼 그들에게도 전설과 옛날이야기가 있다. 아우카족에 이런 전설이 있다. 옛날에 "하늘에서 불이 떨어져" 온 세상에 퍼져 나무를 다 태웠다. 아우카족은 불이 없어질 때까지 고구마 잎사귀 밑에 숨어 있다가 나와서 다시 땅에 거주했다. 모든 정글부족들이 그렇듯 아우카족도 악령을 두려워한다. 그들은 어린이들을 좋아하며 동화로 그들을 즐겁게 해준다. 다음은 다유마가 들려준 동화 중 하나로 주인공은 거북이다.

어느 날 아기 거북이가 길에서 힘센 표범을 만났다.

"하!" 표범이 말했다. "너희 엄마 아빠는 멀리 갔으니 너를 지켜줄 자가 아무도 없구나."

어린 거북이는 두려워 머리를 쑥 집어넣었다.

"머리를 내밀어라." 표범이 호령했다.

쩌렁쩌렁한 목소리에 거북이는 고개를 내밀었다. 그리고는 표범의 포악한 입을 쳐다보며 말했다. "이빨이 아주 멋있어요!"

표범은 우쭐해져서 입을 더 크게 벌리고는 사나운 이빨을 다 보여주었다. 그러자 보기보다 훨씬 빠른 어린 거북이는 표범의 입 속으로 뛰어들어 가 목구멍을 꽉 물었고 표범은 곧바로 죽었다.

어린 거북이는 표범을 놓아두고 인근 아우카족을 찾아가 자기가 표범을 죽여 길에 두고 왔다고 말했다. 인디언들이 보러 가보니 표범이 죽어 있었다. 그들은 몸치장에 쓰려고 이와 발톱을 신나게 뽑아서는 어린 거북이에게 고맙다는 말도 잊은 채 사라져 버렸다. 그래서 어린 거북이는 그냥 정글로 돌아가 자라서 큰 거북이가 되었다!

많은 이들이 다유마에게 아우카족의 살상 이유를 물었지만 그들이 본래 살인부족이라는 대답이 전부였다. 그녀는 힘주어 거듭 말했다. "절대로, 절대로 그들을 믿으면 안돼요. 겉으로는 친한 척할 수 있지만 그러다 돌아서서 죽일 거예요."

그러나 그 말을 최종 판결로 받아들이지 않았고 앞으로도 받아들이지 않을 사람들이 있었다. 아우카족 사람들이 기독교 반경 밖에 머무는 한 평안히 쉴 수 없는 자들이 있었다. 피트 플레밍도 아우카족이 흑암 중에 남아 있는 한 만족할 수 없는 자들 중 하나였다. 그는 일기에 이렇게 썼다. "극도의 증오로 살상하고 죽이는, 그래서 다가갈 수 없는 사람들. 중대하고 엄숙한 문제다. 하나님이 나를 거기에 대해 뭔가 하도록 인도하고 계시다는 생각이 강하게 든다. 내 시간의 대부분을 아우카 부족의 언어자료 수집과 가옥을 수색하는 광범위한 탐사비행에 바쳐야 한다는 강한 생각과 느낌이 마음속에 있다…. 이것이야말로 내 평생 가장 중요한 결정일 수 있음을 알지만 내 내면에 고요한 평화가 있다."

9. 1955년 9월

1955년 9월은 아우카 작전이 본격적으로 시작된 달이요, 주께서 당신의 영광을 위해 다섯 가닥의 실을 하나의 생생한 피륙으로 엮기 시작하신 달이다. 성격이 판이한 다섯 남자가 미국 동부와 서해안과 중서부 주에서 에콰도르로 왔다. 세 곳의 다른 "믿음 선교"(faith-missions) 기관에 속한 이 남자들과 그 아내들은 성경이 하나님께서 인류에게 주신 문자적이고도 초자연적인 완벽한 말씀이라는 공통된 믿음에 하나였다. "너희는 가라"는 그리스도의 말씀에 그들은 "주여, 저를 보내소서"로 응답했다.

아우카 작전에 곧 합세하게 될 선교사들은 그간 몇 차례 시도를 했다. 홍수 후 그들은 샨디아를 재건해 지역본부 격으로 삼고 기타 여러 곳에 지부를 세우기로 결정했다. 다수의 지부를 유지하는 전략은 동부지역에서 특히 중요하다. 앞서 지적한 것처럼 이 지역 인디언들은 대단위 촌락에 모여 살지 않고 광활한 정글 전역에 드문드문 흩어져 살기 때문이다.

선교사들은 푸유풍구에 지부를 세우기로 의견을 모았다. 1953년 8월 짐과 에드와 피트는 보보나자 강을 따라가는 탐사여행 때 그 작은 키추아 마을을 방문했었다. 거기서 그들은 아타나시오 추장을 만났다. 전에 그들에게 아이들 학교를 세워 달라고 부탁한 사람이었다. 그는 물었다. "하나님 때문에 여기 머물러 주지 않겠소? 우리는 당신들이 절실히 필요하오. 여기 있는 아이들은 열셋, 열넷, 그리고 하나 더 있으니까 예, 열다섯이오. 아무도 이 아이들을 가르친 적이 없소. 아이들은 글 읽는 법을 배우고 싶어하오. 우리 집에 고아들도 몇 명 있소. 와주시지 않겠소?"

대개 새 지역에 가면 현지인들의 신뢰를 얻기가 여간 힘들지 않다. 그런데 여기 열린 문 정도가 아니라 노골적 초청이 있었다. 세 선교사는 그것을 복음 확장을 위한 기도응답이라 여겼다. 그래서 계획을 짰다. 맥컬리가는 샨디아로 이주해 키추아어 공부를 시작했고, 아직 독신인 피트는 샨디아에 남아 그들의 언어공부와 정착을 돕는 일을 맡았다. 짐과 나는 함께 푸유풍구에 지부를 개설하기 위해 지금이 하나님의 때라 여기고 결혼을 결정했다.

그리하여 짐과 나는 1953년 11월 카누 네 척에 살림살이를 싣고 푸유풍구에 도착했다. 현지인들은 한참 등을 두드리고 악수하고 웃으며 우리를 맞이한 후에 백인들의 산더미 같은 장비를 높은 강둑으로 날랐다. 그곳에 아타나시오의 두 아내와 한 떼의 자녀들이 기대에 차 기다리고 있었다.

짐은 집과 활주로를 건축하는 일 외에도 바빴다. 함께 인디언 집회를 시작한 우리는 하나님의 아들이 이 땅에 오셔서 손수 피 흘려 인간의 죄값을 치르셨다는, 세상에서 가장 놀라운 이야기를 그들의 언어로 들려주었다. 하나님의 크신 사랑에 대한 깨달음이 인디언들의 마음속에 서서히 밝아 왔다. 그러던 어느 날 우리를 기쁘게 한 일이 있었다. 아타나시오가 짐에게 이렇게 말한 것이다. "나는 아주 늙었소. 너무 늙어 잘 깨닫지 못할 정도요. 하지만 당신들 말이 맞는 것 같소. 그 말만 믿고 죽겠소."

한편 맥컬리가는 산디아에서 언어공부에 좋은 진전을 보이고 있었다. 피트 플레밍은 그들의 대나무 집 근처에 직접 작은 통나무집을 짓고 식사는 그들과 함께 했다. 그는 일기에 이렇게 썼다. "내 집이랍시고 두 칸짜리 작은 집을 짓고 나니 이렇게 기쁘고 즐거울 수가 없다. 너무 좋다. 짓는 데 4-5일밖에 안 걸렸지만 어서 입주하고 싶다. 아주 편한 집이다. 보는 사람 없는 나만의 공간, 침대, 책상, 의자를 갖다니 이만저만한 호사가 아니다. 무엇보다 좋은 점은 훈련된 삶을 영위하는 데 도움이 된다는 것이다. 이제 물건들도 쓰기 편하게 정리됐고 혼자 기도할 수 있는 프라이버시도 생겼다. 신약성경 파일 시스템도 다시 확장하기 시작했다. 미국을 떠난 후 못했던 일이다. 다시 매사에 질서가 잡혀 마음이 뿌듯하다. 아침녘에 꼬박 한 시간 말씀을 묵상하고 저녁 자유시간에는 공부하다 일정한 시간에 잠자리에 드는 것, 내게 맞는 생활방식은 틀림없이 이것이다."

맥컬리 부부가 사역의 방향을 잡아 가는 것을 보면서 피트는 자신의 장래를 좀더 구체적으로 생각하기 시작했다. 진한 눈썹이 엷은 색 머리카락과 푸른 눈에 강하게 대비되는 미모의 약혼녀 올리브 생각도 했다. 둘은 피트가 정글에 와 있던 중 서신 교환을 통해 약혼했었다. 조용하고 세심한 남자 피트는 자신의 결혼과 아우카 "소명"이 혹 상충되는 일인지 평소의 그답게 진솔하게 고민했다.

그는 이렇게 썼다. "어젯밤 네이트와 함께 아우카 문제에 대해 장시간 얘기했다. 이상하게도 내가 결혼한다고 해서 아우카족 전도에 동참할 적임자가 못될 것 같지는 않다. 속마음을 묻는다면 올리브도, 뭔가 위험한 일이 벌어질지 모른다는 생각에 결혼을 무기한 연기하기보다는 차라리 설령 내가 죽게 되더라도 둘이 함께 살기를 원할 것이다. 우리 삶은 하나가 됐다. 하나님의 뜻을 분별하는 과정에서 하나님이 우리를 떼어 놓으실 것 같지 않다."

1954년 6월 피트는 홀가분하게 미국으로 돌아가 올리브와 결혼했다. 피트가 떠난 후 짐과 나는 에드와 마릴루 맥컬리가 있는 샨디아로 다시 이사했다. 푸유풍구가 지부의 틀을 갖추어 우리는 향후 방문일정과 교육기간을 정해 두었다. 학교와 진료소와 작은 가게를 갖춘 샨디아는 이제 우리 사역의 영구기지가 됐다.

모두의 합의에 따라 짐과 나는 샨디아 본부의 책임을 맡고 에드와 마릴루는 독자적 지역, 곧 아직 복음이 전해지지 않은 다른 곳으로 이동할 구상에 착수했다. 맥컬리가는 아우카 지역 가장자리에 버려진 쉘 석유회사 기지 아라후노를 알고 있었다. 탐사비행을 통해 에드는 그 지역 키추아 인디언 인구를 대략 100명쯤으로 추산했다. 석유회사가 닦아 둔 훌륭한 활주로를 활용해 그곳에 들어가 한동안 키추아 인디언들에게 복음을 전하는 것도 좋을 것 같았다. 활주로의 풀을 뽑는 일은 기껏해야 하루로 족할 것이었고 자갈 바닥은 새것처럼 훌륭했다. 아라후노는 현지 석유탐사를 목적으로 한 쉘 석유회사의 여러 사업 중 하나로 어마어마한 돈이 들어갔다. 정글이 잘려 나가고 작은 도시가 건설됐다. 도로가 깔리고 전기와 상수도를 갖춘 벽돌 가옥들이 지어졌다. 호텔과 테니스장과 빵집은 물론 협궤철도까지 프로젝트에 포함돼 있었다. 그러나 1949년에 버려진 건물들은 이제 정글의 부식과 퇴락에 내맡겨져 있었다. 다행히 재활용해 쓸 만한 재료들이 꽤 있었다. 아라후노 지부 개설은 좋은 발상이었다.

에드는 주말 일정으로 금요일마다 네이트와 함께 비행기로 아라후노를 방문하기 시작했다. 에드는 토요일과 일요일에 인디언들 가정을 심방해 집회를 열었다. 그들의 환영에 힘을 얻어 그는 그곳에 단출한 집을 지었다. 버려진 쉘 석유회사 건물 중 하나의 기초를 그대로 썼고 주변에서 건진 널빤지를 사용했다. 드디어 에드는 아라후노에 아주 살기로 결정하고 마릴루와 두 자녀를 데리고 '새' 숙소로 이사했다. 마릴루는 곧 여기저기 손봐 집을 멋지게 꾸몄다. 창 방충망에 밝은 커튼을 달고, 주워 온 벽돌을 쌓아 '소파'를 만들어 매트리스와 비닐시트로 덮고, 대나무 벽에 사진을 걸고, 콘크리트 바닥에 색깔이 화려한 에콰도르 양탄자를 깔았다. 네이트 세인트는 며칠 밤을 들여 도난 경보장치와 전기담장을 설치했다. 맥컬리가도 다른 지부 동역자들도 아우카족 옆에 사는 위험을 십분 인식했기 때문이다. 아우카 지역의 서쪽 경계는 아라후노 강이었는데 새 선교지부는 강의 아우카 쪽에 있었다. 몇 년 전 쉘 석유회사 직원들이 살해된 바로 그 자리였다. 정글에서 창을 던져 재빨리 죽인 뒤 사라지는 아우카족의 돌발적 습격을 인근 키추아족은 두려워하고 신기해했다.

키추아족은 아우카족이 찾아올 가능성을 절대 잊지 말라고 맥컬리가에 신신당부했다. 키추아족은 4시 이후에는 아라후노 강 그쪽 편에 절대 남아 있지 않았다. 그들은 "여기는 아우카 땅입니다"라고 말했다. 집 근처에 아우카족의 발자국이 발견됐다든지 아우카 사람들이 누워서 이방인들을 정탐하느라 잔디가 눌려 있었다는 식의 소문이 자주 돌았다.

창을 정확히 던질 수 있는 반경 너머, 집에서 족히 30m 둘레에 전기담장이 설치됐다. 에드와 마릴루는 늘 권총이나 엽총을 손닿는 데 두었다. 에드는 말했다. "그들이 접근하는 것 같지는 않지만 그래도 담장에 경보장치가 돼 있다는 것을 알면 마음이 놓인다. 우리 집은 밤에도 불이 켜 있으니 좋은 표적이 될 것이다!"

이렇듯 주님은 에드와 마릴루를 아우카 작전의 기지가 될 전략적 거점에 배치하셨다.

한편 피트는 신부 올리브와 함께 미국에서 키토로 돌아와 있었다. 둘은 그 고산지대에 1년간 머물며 올리브는 스페인어를 배우고 피트는 성경을 키추아어로 번역하고 인디언 집회에서 말씀도 전하고 스페인어 실력도 다듬었다. 1955년 가을 피트와 올리브는 동부로와 푸유풍구에서 함께 인디언 사역을 시작했다. 둘은 짐과 내가 지어 둔 작은 초가집에 정착했다. 피트는 거기서 다시 인디언들을 가르치기 시작해, 그들이 전에 배운 것을 하나하나 천천히 복습하면서 그들을 새로운 진리로 인도했다.

올리브의 정글생활 시작에 푸유풍구 거실에서 보인 활화산 상가이의 일대장관을 빼놓을 수 없다. 피트는 이렇게 썼다. "밤에 보면 거대한 횃불처럼 보인다. 거기서 뿜어내는 불길이 길고 우아한 호를 그리며 수백 미터 아래 산자락에 떨어진다. 쌍안경으로 보면 불덩어리 하나하나가 터져 사방에 흩어지는 것이 보인다. 대단한 쇼였다. 용암에서 뭉게뭉게 솟는 김이 눈에 닿으면 일순간 불꽃놀이가 가려졌다가 연기가 걷히면 다시 시작된다."

그들은 축제 때면 많은 인디언들의 술 취한 행동을 보며 마음이 슬퍼졌다. 그런 축일의 결과는 가관이었다. 남자들은 아내를 때렸고 그렇게 부모가 몸을 가누지 못해 인사불성이 되면 불쌍한 아이들은 밤에 아무데나 저 잘 곳을 찾아야 했다. 만취한 어머니가 2주일 된 아기를 깔아뭉개 아기가 질식사한 경우도 있었다. 인디언들은 캄캄한 정글을 뚫고 집을 찾아가다가 대개 진흙탕에 쓰러져 자는데, 몇 시간 후 깨보면 썩은 고기를 먹는 커다란 갑충이 사람을 물으려고 다리 밑을 파고 있을 때도 있다.

그러나 복음의 메시지가 정글의 후예들 마음속에 박히고 있다는 징후들도 있었다. 피트는 일기에 이렇게 썼다. "오늘 푸유풍구를 보며 천사들이 기뻐하고 있다. 우리도 기뻐하고 있다. 하나님은 얼마나 신실하신 분인가. 오늘 아침 많은 인디언들이 그리스도를 믿기로 결단했다. 세례에 대해 말하라는 인도를 느꼈다. 인디언들의 대화를 듣다가 몇 가지 오해가 눈에 띄었던 것이다. 그래서 빌립과 내시 이야기를 들려준 후 믿음과 세례의 차이를 간단명료하게 설명했다. 초기에 빽빽 울어 대는 아기들과 씨름한 뒤로는 집중도 더없이 좋았다. 성령께서 심령들 속에 역사하시는 것이 느껴졌다. 그리스도를 믿는다는 결단이 무엇을 내포하는지 신중히 설명한 뒤 손들어 표시하게 했다. 티토, 베니토, 파스쿠알 등 여러 사람의 손이 보였다. 여기저기 손이 더 올라가기 시작하자 뒤쪽에서 알레호가 불쑥 입을 열어 이 결단은 술과 부도덕한 삶을 끊는다는 의미라고 말했다. 그러자 몇 사람이 손을 내렸다. 나는 기도로 마친 뒤, 정말 회개하는 사람들은 학교 뒷방으로 들어가라고 했다. 좀더 신중히 그들을 대할 수 있는 곳이었다. 열두 명이 왔다. 우리는 그들을 격려하고 권면한 후 금요일 오후로 신자들 모임을 잡았다. 믿을 준비가 거의 다된 사람들도 몇 명 더 있었다. 이 기쁨! 바로 이 일을 위해 여기 오지 않았던가.

지난 26년간 하나님은 얼마나 선하셨고 그분의 길은 얼마나 충만하고 복되었던가. 불가능한 일을 가능케 하사 나를 떠밀어 여기까지 오게 하신 하나님께 늘 쉬지 않고 감사드린다. '떠밀린' 기분이다. 하나님의 떠미심이 얼마나 감사한가."

1955년 9월 "하나님의 떠미심"이 다섯 개척 선교사 가정을 움직여, 지난 수년 수개월간 계획되어 온 일이 공동 행동으로 구체화된다. 정녕 그들은 아우카족에게 하나님 말씀을 전하는 일로 "떠밀리고" 있었다. 아라후노 지부의 맥컬리가가 선봉이 됐다. 짐과 나는 샨디아에 있었다. 플레밍가는 푸유풍구에 있었다. 로저 유데리안 가정은 왐비미 지부에서 복귀해 다시 마쿠마에서 드라운가를 돕고 있었다.

작은 황색 비행기를 맡은 네이트 세인트와 무전을 맡은 마즈는 외딴 정글지부들의 중심지인 영구기지 쉘메라에 남아 있었다.

10. 아우카 작전 개시

1955년 10월 2일 저녁, 네이트 세인트는 낡은 타자기에 노란 종이를 끼우고 이렇게 써내려 갔다.

"아우카 부족 접촉시도라는 최근의 결정에 도달하게 된 경위를 기록하려 한다. 물론 이 글은 개인적 관점으로 상황을 기술한 것이며 과거 다른 선교사들의 접촉시도는 생략한다.

어젯밤 에드 맥컬리와 짐 엘리엇과 조니 키년과 나는 팔꿈치와 무릎으로 거실 바닥에 엎드려 에콰도르 동부 정글지도를 세세히 살폈다. 지금이야말로 아우카 야만부족과 접촉을 시도할 주님의 때라고 막 의견을 모은 후였다. 아우카족은 에드의 키추아 인디언 선교지부인 아라후노 동쪽 어딘가에 위치해 있다.

나중에 한밤중에 부엌에서 코코아를 마시며 우리는 다른 일반인들의 경쟁적 시도 유발을 피하기 위해 우리 시도를 최대한 비밀리에 진행하기로 결정했다. 틀림없이 그들의 시도에는 육로를 이용한 중무장 침투요원이 기용될 것이며, 그렇게 되면 이들 석기시대 부족을 상대로 한 선교사역이 수십 년 후퇴될까 우려된다.

그러나 오늘 오후 상황을 숙고하다 이런 생각이 들었다. 이 일을 비밀에 부치면 유감스럽게도 고국에서 기도하고 후원하는 우리 동역자들이 원활한 새 소식의 축복을 놓치게 된다는 점이다. 그들은 주님의 선하신 손길과 우리의 노력을 그때그때 직접 들을 수 없다. 그래서 내가 기록을 맡아 우선 현 상태를 기술한 뒤 차차 앞으로의 진척상황을 더해 가기로 했다.

이 정글 살인부족의 생활상을 바꿔 보려고 그간 많은 간헐적 노력들이 있었다. 백인들의 무장공격과 반격은 부족민의 수를 격감시키고 기존의 불같은 증오만 부채질한 꼴이 되었다. 복수하려면 나무창을 들고 매복해야 함에도 불구하고 아우카족의 복수욕은 총기가 무섭다고 가라앉지 않는다.

1947년 스웨덴 탐험가 롤프 블룸버그가 한 선교사의 안내로 시도한 탐험기사는 이미 자세히 알려진 바 있다. 일행이 발사나무 뗏목을 타고 아우카 지역에 다가가던 중 뗏목이 물살에 떠밀려 강둑으로 바싹 붙는 지점에 아우카족이 매복하고 있었다. 일행 중 인디언 짐꾼은 즉시 총을 쏜 뒤, 잠수해 헤엄치고 있는 선교사를 따라 강 속으로 뛰어들었다. 이런 경험으로 미루어 우리는, 아우카족에게 사랑이

나 특별한 호의가 없는 이들과의 공동 시도를 경계하고 있다."

　에드 맥컬리는 아라후노로 가족을 이주시킨 후 네이트에게 아우카 지역에 탐사비행을 가자고 했다. 둘은 7년 전 아우카족이 살았던 것으로 알려진 누쉬노 강 계곡을 위아래로 살폈다. 그러나 2년 전 피트와 짐이 탐사할 때 보았던 것 이상은 발견되지 않았다. 뿌연 지평선으로 뻗어 나간 암녹색 수풀의 망망대해뿐이었다. 구릉이 굽이굽이 파도처럼 펼쳐진 지세여서 바다 같은 인상이 한층 더했다. 수풀 사이를 꾸불꾸불 흐르는 연한 커피색 강들만이 여기가 바다가 아니고 육지임을 말해 주었다. 눈이 훈련돼 있는 자만이 녹색 위로 오르는 희미한 연기 한 줄기나 깨알만한 점처럼 보이는 인디언 개간지 등 이 허허벌판에서 인간 거주지를 찾아낼 수 있을 터였다.

　네이트의 일기는 이렇게 계속된다. "실제 탐사는 9월 19일 아침에야 시작됐다. 나는 매주 정규 일정대로 채소를 갖다 주러 아라후노에 내렸다. 아침 8시 반쯤으로 기억되는데 하늘이 유난히 깨끗했다. 가시거리가 120km쯤 돼 평상시 대체로 옅은 안개에 뿌옇게 가려 있던 작은 강 계곡들이 멀리서도 뚜렷이 다 보였다.

　나는 비행기에서 내려 에드에게 인사하면서 '이웃들'을 찾으러 가고 싶지 않느냐고 물었다. 에드는 쌍수를 들고 환영했다. 그래서 우리는 마릴루의 통조림 찬장을 뒤지고 기타 특수 비상장비를 얻어 실은 뒤 반시간쯤 후 이륙했다.

우리는 누쉬노 강 동편을 따라가되 이번에는 북쪽으로 비행했다. 10-12km 범위를 자세히 살필 수 있었다. 에드의 집 동편으로 약 80km 지점 어딘가에서 방향을 정북으로 돌려 나포 강 코카를 향했다. 5분쯤 지나자 수년 전 카사바 밭이었을 것처럼 보이는 장소가 눈에 들어왔다. 어느 정도 정글에 눈이 익은 후인데도 멀리서 봐서는 확인이 어려웠다. 우리는 선회하다가 다시 북향해 나포 강 근처까지 갔으나 아무것도 보이지 않았다. 집 쪽으로 좌회전할 수밖에 없었다. 더 멀리 나가기에는 기름도 충분치 않았고 또 이번 탐사에서 보려던 부분은 대충 다 봤다. 하지만 포기하기 힘들었다. 거기까지 멀리 가려면 시간도 오래 걸리거니와, 그런 이상적 날씨를 찾기도 힘들다. 8km쯤 떨어진 정글 속에 간신히 보일락말락한 반점이 있어 눈여겨봤다. 에드는 식별하지 못했지만 어쨌든 우리는 몇 분만 그쪽으로 가보기로 했다. 거기서 좀더 구체적인 것이 눈에 띄지 않으면 곧장 돌아올 참이었다.

반점은 점점 커져 흉터처럼 선명히 드러났고 다시 제법 큰 개간지로 바뀌었다. 잘 손질된 카사바 밭이었다. 드디어 찾은 것이다. 우리는 아주 저속으로 순항했다. 연료가 점점 떨어지고 있었지만 예비 연료를 쓰지 않고도 아직 15분은 더 버틸 수 있었다. 그래서 우리는 빙빙 돌았다. 결론적으로 우리는 약 15개의 개간지와 집 몇 채를 보았다. 그토록 기다렸던 참으로 흥분된 시간이었다.

자세히 보려고 더 하강하지는 않았다. 첫째 우리는 유랑계도 살펴야 했지만, 둘째 행여 우리의 첫 방문에 아무도 놀라게 하고 싶지 않았다. 아우카족에게 접근하는 최선의 방법을 더 짜내 다시 돌아올 참이었다.

돌아오는 길에 에드는 자기 집과 더 가까운 곳에 다른 개간지가 있을 것 같다고 말했다. 아까 그 마을의 아우카 사람들이 에드의 집 주변에 모습을 드러내기에는 아무래도 먼 길로 느껴졌던 것이다. 내 생각은 달랐다. 누쉬노의 옛 아우카 마을에 습격이 있어 그들이 일제히 더 멀리 허허벌판으로 옮겨 갔다는 논리가 맞아 보였다. 우리는 전반적 상황을 좀더 생각한 후에 서로 의견을 교환하기로 했다. 우리는 또 발표해도 좋다는 확신이 설 때까지 오늘의 '발견' 내용을 선교사들만 알고 있기로 했다.

루스와 조니 키넌 부부와 마즈는 그 소식을 듣고 흥분했다. 돌이켜보면, 우리가 그 작은 반점을 그냥 지나치지 않고 조사해 본 것은 하나님의 섭리였다. 그것이 결국 우리의 시선이 닿은 첫 아우카 개간지가 됐다.

두어 주 후(9월 29일) 나는 짐 엘리엇과 피트 플레밍을 태우고 빌라노로 갈 일이 있었다. 둘은 며칠간 거기 머물며 복음을 처음 듣는 키추아 사람들에게 전도할 예정이었다. 우리 항로는 아라후노를 거쳐 아우카 지역을 지나게 돼 있었고, 두 선교사와 장비와 두 인디언 안내원을 나르려면 어차피 두 번 왕복해야 했다. 그러니까 나는 아우카 지역을 네 번 지나는 셈이었다. 그래서 우리는 매번 약간씩 다른 길로 비행하면서 아래를 자세히 살피기로 했다.

장비를 싣고 짐과 함께 간 첫 비행 때는 사람의 흔적이 보이지 않았다. 돌아오는 길에도 결실이 없었다. 곧 피트와 두 안내원을 싣고 두번째 비행을 떠났다. 동쪽으로 멀리 나가 이전 왕복 때 못 본 지역을 살피기로 한 만큼 우리는 좀더 아늑해 보이는 정글 계곡을 골라 천천히 지그재그로 갔다.

아라후노에서 15분쯤 거리에 개간지가 눈에 띄었다. 피트와 나는 영어로만 말했으나 흥분을 감출 수는 없었다. 인디언 안내원들도 개간지를 보았다. 똑똑한 그들은 즉시 '아우카'라고 말했다. 비행기를 처음 타는데도 그들은 그 지점이 어디인지 알았고 강 이름을 다 댔다. 작은 강을 따라 내려가니 주변에 작은 움막이 둘러쳐진 대여섯 채의 큰 집이 보였다. 바로 이거였다. 내 얼굴의 코만큼이나 분명히 그들은 거기 있었다. 그것도 아라후노 에드의 집에서 비행기로 불과 15분 거리였다.

빌라노가 가까워 오자 우리는 안내원들의 입을 막는 문제에 대해 얘기했다. 아우카족의 위치가 발설될 경우, 그리하여 키추아족이나 다른 사람들이 아우카족을 습격해 아우카족의 보복 역습이 이어질 경우 두 안내원도 개인적 위험을 면할 수 없었다. 우리는 그 점을 명

심시킬 수밖에 없다고 판단했다.

빌라노에서 나는 활주로 전체를 사용할 수밖에 없는 상황처럼 보이도록 빠른 속도로 내리면서 사람들이 살고 있는 쪽에서 시작해 그 반대쪽으로 착륙했다. 그렇게 내가 기다리는 무리를 따돌리는 시간에 피트는 안내원들에게 아까 정해 둔 방침대로 주의를 주었다. 그들은 비밀을 지키기로 약속했다(크리스마스트리 밑에 놓인 실물 크기 코끼리 장난감이 비밀일진대 그것도 비밀이리라).

작전에 참여중인 모든 사람은 그 소식에 다시 한번 흥분했다. 우리에게 가장 중요한 것은 얻어 낸 정보라기보다는 열매 없는 수많은 탐사 끝에 드디어 첫 아우카 마을을 찾아냈고, 이어 두어 주 후 다른 마을과 또 마주쳤다는 사실이었다. 이제야말로 아우카족에게 다가가야 할 주님의 때라는 의미로 다가왔다. 이번에도 우리는 그 문제로 기도한 뒤 모든 사건이 충분히 소화되고 난 후에 의견을 더 교환하기로 했다.

며칠 후 조니 키넌은 짐과 피트와 안내원들을 빌라노에서 아라후노로 데려오는 중 일기가 나빠 결국 일단 쉘메라로 돌아와 착륙하고 하룻밤 지내야 했다. 네 남자가 거실 바닥에 지도를 펴놓고 둘러 엎드린 것이 바로 그날 밤이었다. 이제 우리는 아우카족에게 다가가라는 주님의 인도를 확신하며 일하고 있다.

그날 밤부터 꼭두새벽까지 우리는 열 번도 넘게 문제를 다각도로 논의했다. 각기 다른 접근에 그들이 어떻게 반응할지 상상하는 것은 정말 재미있는 일이다."

그날 밤 선교사들이 씨름하던 문제 중 하나는 언어였다. 아우카족에게 우리가 우호적인 백인이라는 확신을 심어 줘야 했는데, 역시 그들의 언어로 말해야 가장 확실히 달성될 일이었다. 그것은 필수였다. 이 문제로 대책을 논하던 중 짐 엘리엇이 답을 내놓았다. 그는 카를로스 세비야 씨의 농장에서 다유마를 보았던 일이 생각났다. 샨디아에서 걸어서 불과 네 시간 거리였다. 짐은 가서 다유마에게 부탁해 혹 아우카족과 접촉이 성사될 경우 유용하게 쓸 표현들을 배우자는 의견을 냈다.

며칠 후 짐은 긴 여정에 올랐다. 다유마는 잘 협조해 주었다. 다만 짐은 자신이 간단한 아우카 숙어들을 배우려는 이유를 그녀에게 내비치지 않으려고 각별히 유의했다. 키추아족의 뒷말은 순식간에 온 사방에 퍼진다. 낯선 이들의 낯선 풍습에 길들여진 다유마는 다행히도 짐이 그저 가벼운 관심으로 말을 배우려는 정도로 이해했다.

"비티 미티 푸니무파"는 "나는 당신을 사랑합니다. 당신의 친구가 되고 싶습니다"란 뜻이다. 짐은 공책에 잘 적었다. 다음은 "비티 윙키 풍기 아무파"로 "당신한테 가고 싶습니다" 또는 좀더 구어체 표현으로 "만납시다"란 뜻이다.

"'이름이 무엇입니까?'는 뭐라고 합니까?" 짐이 키추아말로 물었다.

"아웁 이리미." 다유마가 아우카말로 대답했다.

그렇게 짐은 실용표현 단어장을 만들었다.

선교사들의 길을 막던 장애물 중 하나는 이렇게 일부나마 극복됐다. 다음 단계는 당연히 선물 전달이었다. 신중한 계획하에 장기간 꾸준히 선물을 투하한다면 인디언들도 백인들의 의도가 우호적임을 알게 될 것이고, 계속 반복하면 점차 확신이 깊어질 것이었다.

11. 비행기와 지상을 잇는 줄

선교사들은 네이트 세인트가 앗슈아라 지역에서 개발한 나선형 투하법을 사용해 최대한 일찍 야만 아우카족에게 선물 투하를 시작하기로 했다. 그간 가장 중요한 것은 전달의 정확성이었다. 이번 새 모험의 기술에는 한 가지 장점이 더 추가될 참이었다. 비행기 안의 방문객들이 전달 순간까지 선물을 보유 또는 방출하는 능력을 갖고 있음을 아우카족에게 분명히 보이는 것이었다. 아우카족 포로들을 통해 배운 사실이지만, 아우카족 사람들은 쉘 석유회사 비행기에서 내려온 선물이 자기들이 던진 창에 "배"를 다치거나 긁혀 떨어진 줄 알고 있었다.

아우카 작전 개시에 대한 네이트의 타자 기록은 이렇게 이어진다.

"그날 밤 거실 바닥에서 우리는 꾸준히 비행기로 그들을 찾아가 호기심 유발 차원에서 매주 다른 선물을 내려 보내기로 결정했다.

그렇게 한다면 조만간 그들의 적의가 녹으리라는 것이 우리의 계산이었다.

이튿날 조니 키넌은 짐과 에드를 아라후노에 데려다 주었다. 쉘메라에서 나는 줄 시험에 들어갔다. 선물이 땅에 닿는 순간 방출할 수 있는 간편하면서도 확실한 장치가 필요했다. 대부분의 시험에 조니와 나는 함께 비행기에 올랐고, 마즈와 루스는 시험용 짐을 매달고는 그것이 활주로에 방출되는 모습을 지켜보았다. 우리는 활주로에 과녁을 표시해 두고 그 지점에 떨어뜨리려 노력했다.

마침내 총연습 준비가 갖춰졌다. 시험은 잘됐다. 다만 줄을 내려뜨리려고 활주로 위로 날아오르다가 줄이 기체 받침대에 엉키는 바람에 장대에 칼을 묶어 끊어야 했다. 위험하지는 않았으나 활주로 아닌 곳에서 줄이 저절로 풀어질 염려가 있었다. 정말 그런 일이 벌어졌다. 나는 활주로 끝을 조금 벗어난 키다리 나무들 위로 줄이 제풀에 떨어지는 것을 보았다. 그러나 착륙해서 거기로 찾으러 갔을 때는 너무 어두워 아침까지 그냥 둘 수밖에 없었다.

그날 밤 나는 너무 흥분해 밤잠을 설쳤다. 한편 나는 모든 것이 주님 손안에 있음을 알았다. 다음날 아침 수풀에서 줄을 꺼내는 데 시간이 얼마나 걸릴지 전혀 알 길이 없었다. 다만 나는 마즈에게 아침 9시까지 착륙준비가 가능할 것 같으면 시도해 보고 그렇지 않으면 다음날까지 취소할 것이라고 말했다.

이튿날 아침 나는 임시변통으로 '낚싯줄'을 만들어 묵직한 것을 달았다. 잃어버린 줄이 걸리도록 나무 위로 던질 참이었다. 그것을 던지며 덤불 속을 수없이 누빈 끝에 결국 나는 줄을 다 찾았고 아침 9시에 착륙준비가 됐다.

1955년 10월 6일. 첫 선물은 뚜껑 달린 작은 알루미늄 솥이었다. 안에는 색깔이 선명한 단추를 20개쯤 넣었다. 물론 그들의 있지도 않은 옷에 달라는 것은 아니었다! 하지만 단추는 장식품으로 좋다. 암염(岩鹽)이 몇 파운드 든 작은 자루도 넣었다. 우리가 알기로 그들에게는 소금이 전혀 없다. 이것이 무엇에 좋은지 그들이 알아낼 수만 있다면 분명 친구를 얻으리라고 우리는 확신했다. 여기에 우리는 약 1m 길이의 색깔이 선명한 긴 리본을 15개쯤 매달았다. 준비가 끝났다.

아라후노는 준비 완료 후 행복한 기대에 부풀었다. 내 실수로 이 첫 시도가 무산돼서는 안된다는 생각에 나는 잔뜩 긴장했다.

우리는 비상장비를 싣고 특수 방출장치를 갖추고 그 장치를 비행기 밖으로 던지는 '예행연습'을 해본 뒤 동쪽 방위로 이륙했다. 우리가 첫 시도의 특권을 누리고 있다는 사실이 좀처럼 믿어지지 않았다. 15분쯤 비행하자 첫 개간지가 나타났다. 에드가 자기 '이웃'을 처음 보는 순간이었다. 에드는 잔뜩 흥분했다.

우리는 혹시 불시착할 경우 아우카 지역으로부터 강 하류로 이동할 수 있도록 지역의 하류 쪽 가장자리를 찾아보기로 했다. 15분쯤 더 돌아보는 사이 우리는 목적했던 집 위에 확실히 와 있었다.

우리는 지상에서 900m 높이에 있었다. 아래에 아무도 보이지 않았으나 모든 정황으로 미루어 사람이 사는 집임이 분명했다. 큰 집은 히바로족 양식처럼 가장자리가 둥글게 처리된 초가집이었고, 그 둘레로는 그보다 작은 정방형 집들이 몇 채 있었는데 가장자리가 각진 초가집이었다. 작은 집들과 가운데 안채를 연결하는 통로에는 사람들이 지나다닌 흔적이 역력했다. 안채는 강변에서 40m쯤 떨어져 있었고 그 앞에 길이가 75m, 가장 넓은 곳의 넓이가 25m쯤 되는 괜찮은 모래톱이 있었다. 통로를 보아 모래톱 사용이 잦은 것을 알 수 있었다. 우리의 표적으로 삼을 만한 곳이었다.

우리는 시속 90km로 천천히 비행하면서 옆으로 선물을 걸친 뒤—문은 아라후노에서 뗐다—자동 방출장치를 연결했다. 선물 꾸러미가 비행기를 완전히 벗어날 때까지 천천히 아래로 내렸다. 그리고는 비행속도를 100km로 높인 뒤 줄을 풀어 내리는 가슴 조이는 작업을 시작했다. 가슴 조인다고 말하는 까닭은 줄타래가 한 군데라도 엉키면 이번 수고가 몽땅 수포로 돌아가기 때문이다. 다행히 다 잘돼서 우리는 시속 90km로 선회하기 시작했다.

고도계에 해발 고도밖에 표시되지 않아 우리는 비행기가 지상에서 얼마나 높이 있는지 알 길이 없었다. 아래에 인적이 없었다. 우리는 선물이 리본을 멋있게 나부끼며 우리 밑에 천천히 작은 원을 그리며 돌 때까지 선회를 계속했다. 보는 이가 없을수록 선물을 눈에 띄는 장소에 떨구는 것은 그만큼 더 중요했다. 선물은 아직도 꽤 높아 보여 우리는 나선형으로 강하하기 시작했다. 상당한 북풍이 불어와 한번 돌 때마다 위치를 바로잡아 표적 위를 지켜야 했다.

드디어 선물이 아래 나무에 꽤 가까워 보였다. 시도할 때가 됐다. 바람 때문에 힘들었고, 강 양편 둔덕은 큰 나무들로 덮여 있었다. 아슬아슬한 순간에 재빨리 고도를 높여 모래톱과 맞닿은 수목을 피하기를 한두 차례 했던 것 같다. 리본이 나무 위에 끌리다 잠시 걸린 적도 있었다. 어쨌든 그것 때문에 우리는 적당한 고도를 알아냈다. 그 고도에서 바람과 싸워 가며 천천히 선물을 내리기를 여섯번 시도한 끝에 마침내 선물이 모래톱 위에 이르렀다. 그때부터 우리는 기체를 더 급선회하면서 숨을 죽인 채 선물을 지면으로 가져갔다. 물에 떨어지면 낭패였다. 선물은 점점 가까이…가까이…가까이 가 마침내 쿵 소리가 났다! 선물은 집으로 연결된 통로와 정확히 일직선을 그리며 물에서 0.5-1m쯤 격한 곳에 떨어졌다. 필시 식수를 그 지점에서 길어 올 터이니 놓칠 수 없을 것이었다.

이번에는 다른 문제가 있었다. 천천히 고도를 높이려는 찰나 선물이 여전히 원을 그리며 약간 움직이는 듯 보였다. 선물이 방출됐는지 아니면 여전히 줄에 매달려 끌리고 있는지 그것이 문제였다. 다행히 결국 줄이 비어 있는 것이 확인됐다…. 저기 500m 아래 모래톱에 우리 우호와 사랑과 믿음의 메신저가 있었다. 어떤 의미에서 우리는 이 부족에게 몸짓언어로 첫 복음 메시지를 전한 셈이다. 수직적으로는 500m, 수평적으로는 80km, 심리적으로는 이역만리만큼 떨어진 그들에게 말이다.

그들은 얼마나 알까? 조금이나마 보았던 바깥세상을 그들은 어떻게 생각할까? 우리가 알기로 그들은 쉘 석유회사 비행기가 아라후노에 이착륙하는 것을 보았다. 쉘 직원들은 그들이 수풀에 숨어 이 별세계의 괴상한 메신저를 훔쳐보는 것을 보았다.

아라후노로 돌아오는 길은 짧고 행복했다. 돌아오자 역시 비밀을 알고 있는 모든 이들은 우리가 아우카족을 보았는지 알고 싶어했다. 한 명도 보지 못했다고 하자 그들은 과연 선물이 눈에 띌지 약간 회의적이었다. 그럼에도 불구하고 시작은 된 셈이다.

1955년 10월 14일 금요일. 꽤 오랫동안 진척사항을 기록하지 못했다. 그러나 빠진 부분을 보충하느라 가장 따끈따끈한 내용을 식히기보다는 우선 오늘 있었던 일부터 적을까 한다.

오늘 아침 날씨가 좋아 우리는 8시쯤 이륙했다. 밖으로 나가자 동편으로 강 계곡에 아직 새벽안개가 가시지 않은 것이 보였고 그래서 우리는 서두르지 않았다. 아라후노에 착륙해 선물준비에 들어갔다. 이번 선물은 새 벌채칼이었다. 아우카족이 벌채칼을 빼앗으려 사람을 죽인다는 것을 우리는 알고 있다. 그들은 밭에서 일하는 사람들을 죽인 뒤 벌채칼이나 도끼를 훔친다. 석기시대 사람들에게 그런 연장이 얼마나 중요한지 충분히 상상이 된다. 우리는 아무도 다치지 않도록 칼을 헝겊에 싼 다음 색색으로 긴 리본을 많이 묶었다. 자동 접촉 방출장치를 갖춘 후 비행기에 올라 총연습을 실시했다. 계획과 주의사항을 모두 다시 훑고 나니 준비가 완료된 것 같았다. 그래서 우리는 방문 성공을 위해 기도한 후 이륙했다.

공중에서 줄을 풀어 내리는 일이 내게 언제나 긴장이 된다. 그러나 우리는 속력을 늦춘 후 우리의 두번째 '우호의 메신저'를 조심조심 옆으로 내렸다. 줄이 다 내려갔을 즈음 우리는 목적지에 다 와 있었다. 이번에는 전보다 줄을 짧게 했다.

지난 주 선물을 두었던 모래톱을 점검해 볼 생각이었다. 구름이 낮게 좀 깔려 있었지만 우리는 집과 모래톱을 찾아냈다. 선물은 없었다. 쌍안경으로 보니 분명했다. 그들이 선물을 '받아들였거나' 물에 떠내려갔거나 둘 중 하나일 터였다. 아무도 보이지 않았으나 역시 사람이 사는 곳임은 분명했다. 우리는 이번에는 상류 쪽 다음 집으로 가 그곳에 선물을 떨굴 예정이었다. 한 집에만 집중하면 다른 사람들이 시기할 수도 있고 또 그 집 식구들을 우리와 한패라든지 동족에 대한 배반자로 의심할지 모른다는 생각이 들었다. 목표한 집에 이르자 구름이 정면으로 가리고 있었다. 그래서 우리는 주님께서 다음 집으로 가라고 하시나보다 생각했다.

다음 집으로 가니 집 앞쪽 강둑에 카누가 서너 대 묶여 있는 것이 보였다. 아우카족은 카누가 없다는 보고가 있기에 그것은 흥미로운 일이었다…. 분명 카누가 있었다. 그렇다면 근처에 사람도 있다는 뜻이었다.

집 상공 750m에서 선회를 시작했다. 총시간의 10%는 비행기가 구름 속에 있게 될 것 같았으나 다른 조건이 다 좋아 보여 우리는 강행키로 했다. 벌채칼은 무난히 잘 내려갔다. 에드는 쌍안경을 뗄 줄 몰랐다. 갑자기 그는 고함을 지르더니 더 잘 보려고 열린 문 쪽으로 기어갔다. 첫 아우카인이 등장한 것이다! 그는 숨지 않고 뛰어다녔다. 얼마 후에는 이엉에 덮인 큰 집 앞에 세 사람이 나왔다. 우리의 지난 주 선물을 그들이 받았으며 우리 아이디어가 어느새 그들에게 통했다는 심증이 굳어졌다. 그들의 흥분이 이해가 됐다. 우리가 느껴 온 흥분을 절반만 느꼈어도 능히 그랬을 것이다.

네 번 정도 선회하며 바람을 견디게 된 우리는 선물을 내리기 시작했다. 더 이상 그들이 받지 못할지도 모른다는 걱정은 없었다. 줄에 매달린 선물을 그들이 이미 지켜보고 있었기 때문이다. 계속 더 내렸다. 처음에는 선물이 집에 부딪칠 것 같더니 강 쪽으로 벗어났다…. 첨벙! 그리고는 눈 깜짝할 겨를도 없이 다시 첨벙 소리가 났다. 아우카 사람 하나가 선물을 잡으려 물에 뛰어든 것이다. 몇 분 후 강가에 6-8명의 남자들이 나와 선물을 살펴보았다. 우리 마음에 감사가 넘쳤다. 어쩌면 수개월간 이런 장면을 못 볼 줄 알았다. 물론 그들이 어떻게 생각할지 궁금했다.

몇 가지는 분명해 보였다. 그들은 우리의 첫 선물을 받았다. 그들은 우리가 이런 식으로 접근하는 것을 두려워하지 않는다. 그들은 이래저래 이 일에 우리만큼이나 흥분돼 있다."

아라후노에 돌아온 에드는 다른 흥미로운 소식을 들었다. 인근 키추아 인디언들이 아우카족의 흔적을 보고한 것이다. 아우카족이 에드의 집 근처 덤불에 숨어 이쪽에서 벌어지는 상황을 지켜본 모양이다. 그런 추측을 확인할 길은 없었지만 그래도 신빙성이 있었다. 아우카족에게 잡혔다가 후에 도망친 화키나라는 키추아 여자는 전에 티드마쉬 박사에게, 아우카족이 언덕배기에 앉아 아라후노 영내를 내려다보며 정황을 관찰하곤 했다고 말했다. 그들은 치밀한 정탐 시스템이 있는 듯했고 그것이 이번에는 맥컬리가의 집 근처에서 이루어지고 있을 터였다.

선교사들은 에드와 이 작전의 연계성을 보이고자 나무로 모형비행기를 만들어 리본을 달아 에드의 집 바깥에 걸어 둘 계획을 세웠다.

이전 내용을 기록한 지 8일 후 네이트 세인트는 타자기로 새 종이에 이런 제목을 달았다.

"세번째 '이웃' 방문에 관한 보고." 내용은 이렇다.

"우리는 무전중에 또는 알아서는 안될 사람들 듣는 데서 아우카라는 이름을 사용하지 않기 위해 아우카족을 '이웃', 그들이 사는 지역을 '동네'라 지칭한다.

목요일에는 예정대로 '심방'에 나설 수 없었다. 군에서 우리에게, 익사한 병사의 시체를 찾아 내륙을 수색한다며 쿠라라이 강을 따라 비행해 줄 것을 요청했기 때문이다. 우리는 실종된 병사의 흔적은 못 봤지만 사람이 살고 있지 않은 광활한 에콰도르 땅을 보았다. 물론 수색지역을 벗어나 나포 강 쪽으로 나가면 문명의 자취가 다시 나타난다는 것은 알고 있다. 그러나 굽이굽이 강줄기 모양 그대로 45분간 비행했는데도 인간의 흔적이 전혀 없었다…. 멧돼지와 커다란 거북이 등 야생동물들은 더러 보였고 새 떼의 낙원도 보였다…. 새들은 멋진 군무를 이루며 수풀 위로 날아올랐다.

이튿날, 인디언들이 난감한 질문공세를 펴지 않도록 마릴루가 그들을 전원 학교에 데리고 있는 사이 에드와 나는 11시쯤 아라후노를 떠났다.

우선 우리는 야영지나 임시 활주로로 쓸 만한 자리를 찾아 쿠라라이 강을 따라 비행했다. (어제 실종 병사를 수색했던 지역의 초입으로부터 70-80km 위쪽이었다.) 몇 군데 웬만큼 가능한 지역을 보았으나 활주로로 이상적인 곳은 없었다.

그러나 둥성이 저편 지평선 위로 뭔가 연기 같은 것이 보였다. 아우카족이 사는 부근인 것 같아 우리는 가보기로 했다. 선물 보따리를 든 우리가 자기네 있는 곳을 잘 찾도록 사내아이들이 모닥불을 올리고 있는지도 몰랐다. 알고 보니 연기는 낮은 구름조각이었다. 그러나 우리는 전보다 낮은 고도로 아우카 동네에 와 있었다. 이 기회에 우리는 집 네 채를 일일이 선회하며 사진을 찍었다. 인디언들이 쫙 나와 있었다. 강물을 따라 카사바 밭에서 집으로 달려오는 이들도 있고 다른 방향에서 오는 이들도 있었다. 그들은 무서워하는 기색이 전혀 없었다. 우리는 목이 쉴 때까지 아우카 표현을 외쳤다.

우리는 지난 주 대대적 환영을 받았던 집 위를 선회해 다음 집으로 갔다. 인디언들도 이번 주 쇼는 거기서 있을 것으로 예상했던지 다들 현장을 지켜보려 강물 속에까지 쭉 늘어섰다. 그러나 우리는 신뢰에 보답하는 의미에서 이번에도 똑같은 집에 선물을 떨어뜨리기로 했다. 다시 그 집에 오니 여자 둘 외에는 아무도 없는 듯 보였다. 그러나 곧 남자들이 몰려와 강 쪽에 모여 섰다. 크게 흥분하고 있음이 분명했다.

이번 주 우리 선물은 또 다른 알루미늄 솥으로, 안에 자잘한 장신구와 구슬을 많이 담고 겉을 리본으로 잘 묶었다. 그들이 뭔가 담아 올려 보냈으면 하는 마음으로 25cm짜리 작은 인디언 바구니(속에 아무것도 없는)도 묶었다. 그러나 어찌된 일인지 꾸러미가 기체 밖으로 다 나간 뒤 자동 방출장치의 오작동으로 우리는 정글 속에 솥을 놓치고 말았다. 떨어진 위치는 작은 카사바 밭에서 300m쯤 될 것 같았다. 그들이 찾을 만한 위치였지만 그럴 낌새는 보이지 않았다. 다들 넓은 개간지에 나와 쇼의 시작을 기다리고 있었던 것이다. 우리는 그동안 사진 찍고 소리치느라 이미 약간 지쳐 있었지만 아무것도 주지 않고 그냥 떠날 수는 없었다. 그래서 비상용품 함에서 새 벌채 칼을 꺼내 작은 바구니에 담아 방출장치 없이 통째로 달아 내렸다.

이번 비행이 더 힘들었던 요인 중 하나는 거친 바람이었다. 우리는 계속 위아래로 흔들리며 북동쪽에서 세차게 떠밀렸고 그 바람에 벌채칼도 심히 요동했다. 칼이 가까워질 때마다 그들은 그 방향으로 허둥지둥 뛰어다니기를 몇 번이었다. 정말 대단한 흥분이었다. 그들에게 선물 가질 사람을 결정하는 방식이 있는지 우리는 잘 모른다. 그러나 물건이 있는 한 모두에게 골고루 기쁨을 주어야 하리라.

두어 차례 간발의 차이로 벗어난 뒤 드디어 집 앞문 3m 거리 내에 선물이 닿았다. 그들은 즉시 받아 강둑에서 꺼내 보았다. 바람이 방해공작을 폈다. 매번 회전상태를 완전히 벗어나야만 기체가 떠밀리지 않고 집 위에 머물 수 있었다. 그들이 몇 분간 줄을 잡고 있는 것이 분명했다. 바구니에 뭔가를 넣는지 아닌지는 확실치 않았다. 그들은 너무 무거워 들어 올릴 수 없는 것을 집어넣었을 수도 있고 아니면 줄을 뭔가에 묶었을 수도 있었다. 어쨌든 마침내 한 사람이 강물 속을 대각선으로 뛰어와 갑자기 서서는 뭔가를 하는 모습이 보였다. 줄을 푸는 것 같았다. 줄이 풀어진 것이 느껴지면서 기체가 놓여났다. 아우카 사람이 줄 한쪽 끝을 팽팽하게 잡았을 때의 그 스릴에 겨워 우리는 서로 소리쳤다.

우리의 다음 결정은 그들이 우리를 볼 수 있을 만큼 낮게 그들 곁을 지나가는 것이었다. 그러려면 줄을 다 감아 올려야 했다. 힘든 일이었지만 10분쯤 고생하자 줄이 다 올라왔다. 곧 우리는 저공으로 선회했다. 고도가 낮아지자 8-10명이던 사람이 점점 줄어 결국 두세 명밖에 안 보였다. 우리는 지나가면서 작은 리본 꾸러미를 하나 더 던졌다. 약 60m 상공에서 리본을 던지자 마치 거미가 파리를 잡듯 갈색 피부의 한 남자가 받았다. 우리는 소리쳤다. 남자의 몸짓으로 보아, 그리고 이전에 다른 인디언들을 상대로 한 비슷한 작전의 경험으로 보아 분명 상대방도 팔을 휘두르며 우리에게 소리쳤을 것이다. 보이는 사람은 그 남자뿐이었다. 우리가 집 반대쪽을 선회하자 그는 이쪽으로 집 안에 뛰어들어 갔다 저쪽으로 다시 나왔다.

우리가 갑자기 아래로 내려갔을 때 그들이 얼마나 소스라쳐 놀랐을까 생각하니 이만저만 낙심이 아니었다. 그러나 비행기가 천천히 다시 위로 올라오자 그들은 안심을 되찾은 듯 서서히 다시 나왔다. 마침내 전원이 나온 듯했다. 우리는 그들이 '파티' 기분을 되찾고 조금 전 놀랐던 일을 웃어넘겨 주기를 간절히 바랐다.

오는 길에 쿠라라이 강 쪽으로 직행했다. 아무래도 거기가 첫 지상접촉의 자리가 될 것 같다. 주님께서 우리의 시도를 기뻐하여 계속 복 주신다면 말이다."

12. 야만부족의 응답

어느 모로 보나 아우카족은 백인들이 자신들을 소개하려는 시도를 알아차린 것 같았다. 그들은 비행의 규칙성을 인식한 듯했고 다음 주로 갈수록 더 많은 숫자가 나와 전보다 더한 열기로 선물을 받았다. 혹시 그들은 답례를 보낼 생각이 있을까? 그들의 진짜 반응은 무엇일까?

네번째 비행 때 네이트는 배터리로 작동되는 스피커를 비행기에 실었다. 개간지가 가까워지자 짐은 아우카말로 "나는 당신을 좋아합니다! 나는 당신의 친구입니다! 나는 당신을 좋아합니다!"라고 외쳤다. 그리고는 평소처럼 싸서 장식한 벌채칼을 떨어뜨렸다. 그들의 반응이 짐의 일기에 적혀 있다.

"사람들이 집 뒤의 나무 속으로 달아났다. 유독 한 남자가 강가로 걸어왔다. 그는 양손을 모아 쥐고 뭐라고 소리치는 것 같았고 머리

위로 새 벌채칼을 흔들어 보였다. 우리는 리본으로 묶은 작은 냄비를 떨어뜨렸다. 안에는 노란색 셔츠 하나와 구슬들이 들어 있었다. 아우카 사람들은 네이트의 표현으로 '할인 판매대의 여자들처럼' 우르르 몰려들었고 곧 한 사람이 셔츠를 흔들고 있었다. 우리가 집 근처로 다가가자 저만치 아래서 하류 쪽으로 내려가던 카누 두 척이 방향을 돌려 급히 올라왔다. 사람들이 물 속을 달려 강가로 오는 모습이 보였고 곧이어 하얀 천을 두른 다른 한 사람이 다가왔다.

착륙지로 쓸 만한 강변을 물색하며 쿠라라이 강을 따라 돌아왔다. 가망은 별로 없다. 주 하나님, 우리를 인도해 주소서."

아라후노에서 새 개척자들은 작전회의를 열어 다음 보름달이 뜨는 날 자신들의 마음을 빼앗아 간 이 외딴 부족과 첫 지상접촉을 시도하기로 결정했다. 네이트는 그날 밤 이렇게 썼다. "이 사역에 하나님의 선하신 손길이 계속 머물기 원한다. 그분의 인도에 충분한 확신이 없다면 우리가 여기서 손을 떼기 원한다. 현재로서는 하나님이 함께하고 계심을 만장일치로 느끼고 있다. 그분께 찬양을 돌린다. 그분의 보좌 앞에서 우리가 목소리 높여 그분을 찬양할 때 예수 그리스도의 의로 옷 입은 아우카 사람들도 우리와 함께 있기 원한다. 아멘."

다음 방문 때는 훨씬 더 따뜻한 환영을 받았다. 에드는 마이크에 대고 "우리는 여러분을 좋아합니다! 우리는 여러분을 좋아합니다!

우리는 방문하러 왔습니다" 소리쳤다. 아우카족은 그들이 떨어뜨린 벌채칼을 들고 덩실덩실 춤췄고 칼을 싼 헝겊을 벗기자 칼날이 햇빛에 번쩍였다. 낮게 선회하는 동안 에드는 문에 바짝 기대어 양손을 내밀었다. 인디언 세 명이 손을 내밀어 응답했다.

에드는 그 방문에 대해 이런 기록을 남겼다.

"오늘 비행기가 낮게 내려갔는데도 그들은 전혀 두려움을 보이지 않았다. 안으로 뛰어들거나 달아나는 일도 없었다. 대부분 바나나 나무 아래 서 있었다. 햇볕 때문이었을 것이다. 비행기가 다가갈수록 나는 더 가까이 가고 싶어진다. 적의나 분노의 조짐은 전혀 없었다. 창도 보이지 않았다. 비행기에서 타고 내려갈 사다리가 있다면 그들에게 가 섞여 드는 것도 안전하고 무난해 보였다."

그간 충분한 시간을 가졌기에 이쯤해서 그들은 각자 나름대로 판단을 내릴 수 있었다. 네이트는 "팀의 의견은 조급한 쪽부터 신중론까지 다양했다"고 썼다. 늘 다른 세 선교사와 의논해 온 피트는 다음 보름날이 첫 접촉시도에 적합한 때라고 보지 않았다. 백인에 대한 긴 세월의 증오가 벌써 불식됐다고 보기에는 너무 일렀다. 언어문제도 컸다. 짐이 아우카에서 도피해 온 여자 다유마를 통해 언어자료를 수집한 바 있듯이 그들은 그녀를 통해 아우카말을 얼마든지 더 배울 수 있었다. 에드의 반응은 다음 수순이 꼭 접촉시도일 필요는 없으며 그보다는 "동네"에서 8km 이내 쿠라라이 강변에 쓸 만한 활주로부터 만들자는 것이었다. 한편 짐은 "좀더 심사숙고하는" 중이었다. 우호적 접촉이 성사된다면 짐과 내가 당분간 샨디아 사역을 놓아두고 아우카족 안에 들어가 살 준비가 돼 있었다. 네이트는 기존 해오던 대로 꾸준히 그들을 방문하되 아무 일도 갑작스레 해서는 안되며 매 단계가 충분히 "소화된" 후에 진도를 나가야 한다고 생각했다.

11월 12일 네이트 세인트는 자청해서 떠맡은 아우카 작전 기록 작업에 복귀했다. 그는 이렇게 썼다.

"오늘로 연속 6주째 '이웃'을 방문했다. 아름다운 토요일 아침이었다. 싣고 갈 짐도 많지 않고 강 계곡에 안개도 별로 없었다. 그래서 8시 반에 에드의 집으로 향했다. 도착하니 에드는 활주로에서 기다리고 있었다.

우리는 확성기와 줄을 싣고 이륙했다. 에드는 벌채칼과 소형 알루미늄 솥과 대형 알루미늄 솥에 리본을 달아 두었다. 이번에도 우리는 강가의 모래톱과 착륙지로 쓸 만한 곳들을 눈에 익히고자 저공으로 쿠라라이 강을 따라 내려갔다. 눈에 익을수록 모래톱은 점차 우리 목적에 유용해 보인다. '이웃'과 가장 가까운 곳에 이르렀을 때 우리는 곧장 그들에게 가기보다는 큰 강을 따라 좀더 비행하면서 혹시라도 더 아래쪽에 이상적 착륙지가 있는지 살펴보기로 했다. 그런 곳은 하나도 없었다. 우리는 이왕 거기까지 간 김에 좀더 멀리 갔다가 아우카족의 거주 터전인 작은 샛강을 따라 다시 올라오기로 했다.

샛강을 따라 8-10분쯤 올라가자 집 한 채가 눈에 띄었다…. 전에 못 보던 집이었다. 더 거친 잎으로 엮은 지붕이 비스듬히 땅에까지 닿아 있었다. 박공 지붕이었다. 집 사면도 나뭇잎인데 수직에서 10-15도 기울어져 있었다. 아무도 보이지 않아 식구 수를 가늠할 수 없었다. 다른 집들보다 작아 보였다. 만일 정말 작다면 양쪽 문은 몸을 바짝 구부리고 들어가야 할 만큼 낮았다. 집 바깥에는 밭이 둘 있는데 작물이 서로 달랐다. 큰 작물은 암녹색으로 1에이커쯤 됐다. 잎이 길고 두꺼운 것으로 보아 카사바는 아닌 듯했다. 그런데 흥미롭게도 밭에는 잘 만든 담이 둘려 있었다. 약 2m 간격으로 기둥을 똑바로 세운 뒤 대나무 살로 바구니를 엮듯 망을 둘렀는데, 아마도 고양이보다 큰 동물이 담장 안을 지나다니지 못하게 한 듯했다.

세 바퀴쯤 돌며 자세히 살핀 후 우리는 상류 쪽 다음 집으로 향했다. 전에 우리가 이 군락의 가장 동쪽 집인 줄 알았던 집이었다. 그 집은 또 우리가 작은 통에 단추를 넣어 맨 처음 '줄'로 달아 내린 집이기도 했다. 이번 방문 중 처음으로 거기서 사람을 봤다. 여섯 명쯤 되는 것 같았다. 한 사람이 전에 우리가 솥을 떨구었던 모래톱으로 나가 끈기 있게 기다렸다. 우리가 손을 흔들며 소리치자 그도 손을 흔들었으나 다른 집에서 늘 볼 수 있던 그런 열의는 없었다. 아무래도 노인인 것 같았다. 그의 몸에는 진흙처럼 뭔가 불투명한 것이 칠해진 것 같았다. 옷은 전혀 안 보였다. 우리는 다가가 그에게 벌채칼을 떨어뜨렸다. 줄에 달지 않고 그냥 던졌다. 칼은 모래톱에 바로 떨어졌는데 그는 별다른 열의나 기쁜 기색 없이 주워 갔다. 그럼에도 불구하고 적의의 징후는 전혀 없었고 두려움도 없었다. 우리는 확성기로 우리가 친구라고 외친 뒤 이동했다.

다음 집 모래톱에서 '이웃'을 몇 명 만났다. 우리는 저공으로 날면서 확성기 없이 그들에게 소리치고 손을 흔들었다. 그리고는 작은 솥을 떨구었다. 그들은 바로 옆 모래톱에 떨어진 솥을 받고 아주 좋아했다. 몹시 흥분하여 뛰어다녔다.

그 집에는 (동쪽에서 시작해 번호를 붙이면 이 집은 3호가 된다) 유난히 눈에 띄는 점이 둘 있었다. 첫째, 문간 양 옆에 넓이 60cm, 높이 150cm쯤 되는 널빤지가 있고 뚜렷한 선홍색 장식물로 꾸며져 있었다. 무슨 문인 것 같다. 또 하나 눈에 띈 것은 주인이 집 한쪽 면을 잎을 엮어 막은 것이다. 여태까지는 강으로 면한 쪽은 그냥 뚫려 있었다.

거기서 우리는 4호 집으로 갔다. 우리가 가장 자주 갔고 가장 열렬한 환호를 받은 곳이다. 적지 않은 사람들이 나와 우리를 맞아 주었다. 집 뒤쪽 나무와 덤불이 서 있던 곳이 놀랍게도 75-90m 지름의 깨끗한 개간지로 바뀌어 있었다. 일부 그루터기는 그냥 있었지만 그것만 빼고는 농구장처럼 깨끗했다. 사람들은 새 개간지에서 선물을 기다려야 할지 아니면 전처럼 선물이 집 옆으로 떨어질지 분간이 안되는 모양이었다. 그들의 반응으로 보아 그런 생각이 들었다."

그 다음 일은 에드의 일기에 적혀 있다.

"우리는 낮게 내려가 헝겊에 싼 도끼머리를 던졌다. 선물은 개간지 서쪽 덤불 속에 떨어졌다. 그들은 곧장 달려가 움켜잡았다. 우리는 '냄비를 드리겠습니다'고 외친 뒤 좀더 높이 올라갔다. 냄비를 묶어 달아 내렸다. 그것은 하나님의 분명한 인도였다. 줄 때문에 신경쓸 것 없이 냄비를 그냥 던질 뻔했기 때문이다. 네이트의 투하는 완벽했다. 나는 줄을 잡았는데 그들이 줄을 잡는 것이 느껴졌다. 그들은 냄비를 떼어 냈다. 그리고 뭔가를 묶었다! 네이트는 그것을 보고 주님을 찬양했다. 아라후노에 돌아와 보니 깃털을 짜서 만든 '야이투'라는 머리띠였다. 정말 기도응답이었다. 계속 진행하라는 또 하나의 징표였다. 우호적 관계가 가능하며 그들이 복음을 듣게 될 것이라는 격려였다!"

그후의 일을 네이트 세인트는 11월 26일 이렇게 기록했다.

"지난 주 정규 비행시간에 에드가 키토에서 돌아와 있지 않아 짐 엘리엇이 함께 갔다. 나는 파노와 테나, 파노와 샨디아 사이에 왕복 비행을 마친 후 샨디아에서 짐을 태웠다. 우리는 아라후노에 들러 '장비'를 실었다. 비행기 옆에 두 인디언이 있었다. 조심했음에도 불구하고 그들은 우리가 싣고 가는 물건을 용케 알아낸 듯 짐에게 이렇게 말했다. '미쳤습니까? 왜 그 좋은 것들을 아우카 사람들한테 주는 거요?' 짐은 질문을 무시했지만 분명 비밀이 꽤 새 나갔다는 뜻이었다. 물론 그들이 세부사항은 알 수 없었지만 말이다.

내 기억에 우리는 '동네'로 직행해 순방을 시작했다. 4호 집에 가니 두 남자가 전에 우리가 차양 원두막인 줄 알았던 곳 꼭대기에 올라가 있었다. 높이가 지상에서 2m쯤 되는 대나무 깔판 또는 평상이었다. 우리는 몇 차례 순회한 후 미리 정해 둔 계획대로 했다. 그들로 하여금 개간지 안쪽의 수목을 잘라 접근로나 '우회로'를 만들게 하자는 것이었다. 그러면 우리 얼굴이 보일 만큼 비행기가 낮게 날 수 있고 따라서 그들이 나중에 지상에서 우리를 알아볼 수 있을 것이었다. 우리는 벌목 대상 수목 속으로 선물을 떨어뜨릴 참이었다.

우선 우리는 도끼머리를 떨어뜨렸다. 아쉽게도 도끼는 문제의 수목 발치에 떨어졌다. 다음에는 길다란 붕대를 매단 네 개의 플라스틱 빗을 던졌다. 다행히 그중 최소한 둘이 수목 위에 걸렸다.

다음 우리는 3호 집으로 갔다. 모두 나와 쫙 퍼져 있었다. 한 사람이 우리가 선물로 준 셔츠를 입고 있었다. (나머지는 평소처럼 알몸으로 통일돼 있었다.) 우리는 손을 흔들며 선회한 뒤 노인의 집으로 내려갔다. 그는 두 여자와 함께 나와 있었다. 너무 좋은 선물은 그에게 어울릴 것 같지 않아 '가게에서 산' 바지를 한 벌 던졌다. 한 바퀴 더 돌며 그가 바지를 잘 받았는지 확인한 후 다시 3호 집으로 돌아왔다. 그곳 사람들에게는 반바지를 매단 벌채칼을 던졌다.

거기서 우리는 다시 4호 집으로 가 그날의 마지막 작업으로 솥을 내려 보낼 준비를 했다.

앞서 빠뜨린 얘기가 있다. 에드가 만든 비상용품함을 뒤지다 보니 두루마리 화장지가 있었다. 화장지를 나무 꼭대기에 걸어 놓으면 수목을 자르게 하는 데 도움이 될 것 같았다. 우리 쪽의 불공평한 이점을 살려 그들의 호기심을 유발하는 작전이었지만, 한편 그들은 자신들이 겪어야 했던 모든 고생에 충분한 보상을 받아 왔다. 그러나 화장지를 풀어 내리자 2m쯤 풀어지다가 바람에 끊기고 말았다. 그런 과정이 반복돼 마침내 호기심을 유발하는 하얀 줄이 점점이 수목 위에 얹히게 됐다.

오늘은 바람이 꽤 세서 나는 솥을 내려뜨리는 동안 기체를 개간지 위에 유지하느라 애먹었다. 6-8번의 시도가 있은 후에야 솥은 개간지 끄트머리의 작은 강에 떨어졌다. 그들은 즉각 그곳으로 달려갔다. 그러나 그 와중에도 나는 개간지에서 너무 벗어나지 않기 위해 요동을 감수하고 바람을 거슬러 회전해야 했다. 그러다 보니 그들이 선물을 풀려는 순간 줄이 꽤 팽팽해졌다. 30초쯤 걸려 그들은 줄을 풀어냈다. 선물이 달려 있는 것 같았다…. 빗처럼 작은 물건인 듯했다(전에 머리띠를 받을 때도 빗이 함께 있었다).

그곳을 떠나면서 나는 무전을 쳐 복귀중임을 보고했다. 마즈는 드라운의 아기가 아프니 필요시 마쿠마로 날아갈 수 있도록 최대한 빨리 오라고 회답했다. 그래서 나는 시속 110km로 날다가 그만 중간에 선물을 잃어버렸다. 중간쯤 왔을 때 보니 선물이 없었다. 그렇게 서운할 수 없었다."

그날 방문에 대한 짐의 기록에 이런 대목이 있다. "밑에서 벌어진 장면에 나는 전율을 느꼈다. 노인 같은 사람 하나가 집 옆에 서서 마치 우리한테 내려오라는 듯 두 팔을 흔들었던 것이다! 아우카족 사람이 나한테 오라고 손을 흔들다니! 하나님, 저를 어서 아우카족에게 보내 주소서!"

여덟번째 방문에 대한 기록 말미에 네이트는 이렇게 썼다. "지금 우리가 당면한 문제 중 하나는 인력을 보강할 사람을 하나 더 찾는 것이다. 주님은 한없이 능하신 분이다!"

결국 다섯 남자가 "아우카 작전"을 이루게 되지만 현 시점에서 확실히 그 일에 뛰어든 사람은 네이트, 짐, 에드 셋뿐이었다. 피트는 세 사람처럼 관심은 깊었으나 자신을 향한 하나님의 인도가 가는 것인지 남는 것인지 아직 확실치 않았다.

네이트가 로저 유데리안을 생각한 것이 바로 이때였다. 둘은 앗슈아라 지역을 개척하고 다른 두 지부에 활주로를 지을 때 동역한 터라 네이트는 로저의 역량을 믿었다. 네이트가 본 로저는 그리스도의 군사였다. 그는 로저에 대해 이렇게 썼다. "큰 수고를 감당할 수 있는 잘 훈련되고 연단된 자다. 그는 치우침 없이 대장의 뜻에 따르는 것이 얼마나 중요한지 안다. 순종은 순간적 선택이 아니라 이미 마음을 굳힌 결단이다. 그는 훈련된 낙하산병이었다. 세상 전투에서 조국을 위해 혼신을 다한 그가 이제 주 예수 그리스도께 그 이상 혼신을 다할 각오가 대단하다. 그를 훌륭한 군인 되게 한 모든 것이 이제 새 대장 그리스도께 바쳐졌다!"

에드와 짐은 로저를 잘 몰랐다. 각자 동부지방의 다른 지역에서 다른 인디언들을 상대로 사역했기에 잠깐씩 지나친 것 말고는 서로 알 기회가 별로 없었다. 그러나 둘은 네이트의 판단을 절대적으로 믿었다.

마침 로저는 그때 쉘메라에 있었다. 마쿠마에서 나와 쉘메라 선교병원 건축작업을 돕던 중이었다. 어느 날 로저가 지붕의 알루미늄판에 못질을 하고 있을 때 네이트가 그에게 와 아우카 작전을 이야기하면서 네번째 사람이 절실히 필요하니 함께 가자고 했다. 네이트는 밤중에 위험한 일이 생길 수도 있는 강변에 비행기를 놓아두고 싶지 않았다. 그렇다고 밤새도록 에드와 짐 둘만 달랑 남겨 두고 싶은 마음도 없었다. 로저는 동행할 것인가?

로저는 즉각 동의했다. 그러나 다른 사람들은 전혀 몰랐지만 당시 로저는 개인적으로 깊은 영적 고뇌를 통과하고 있었다. 영적으로 그들과 온전히 하나되지 못한 상태에서 물리적 모험에 동행해야 하는

지 그는 얼른 분간이 서지 않았다.

그가 겪고 있던 고뇌는 자신과 바바라밖에 아는 이가 없었다. 로저는 자신이 선교지에서 도대체 무슨 일을 성취하고 있는지 회의가 들었다. 언어의 장벽을 넘어선 것은 분명하지만 여태껏 직접적 수고의 열매가 없는 것은 무엇 때문인가?

선교사들은 언어만 통하면 뭔가 달라지겠지 생각하며 첫 한두 해를 열심히 애쓴다. 그러다 아무것도 달라지는 것이 없음을 알고는 혼란에 빠질 때가 많다. 처음의 열정이 다 사라진다. 적당히 틀에 박힌 일상만 남는다. 하루하루 삶이 이어지지만 위기도 없고 거창한 회심도 없고 심지어 "여기 변화된 삶이 있다. 내가 오지 않았다면 이 사람은 그리스도를 몰랐을 것이다"라고 말하며 가리켜 보일 만한 한두 명의 영혼조차 없을 때도 있다. 물론 인디언들 중에 그리스도를 영접한다고 말할 자들은 있겠으나 이방풍속을 버리고 죄에서 돌이켜 거룩하게 살려는 자들은 보기 힘들다. 선교사는 지켜보고 갈망하다 마음에 병이 난다.

긴긴 세월 군림해 온 악의 세력이 이제 대오를 정렬하여 선교사에 대항한다.

로저 유데리안은 그 세력의 힘을 깨닫고 있었다. 그는 일기에 이렇게 썼다. "당장 그만두고 싶다. 우리의 히바리아 사역에 미래가 없는 것 같다. 떠나는 것이 가장 현명한 일일 것이다. 좀더 기다리면서 기회를 보아 아내와 의논하며 아내의 생각을 들어 보자. 여기서 크리스마스를 보내고 쉘메라 병원 일을 끝낸 뒤 귀국할 수도 있다. 이유는? 영혼들과 통해야 한다는 선교사의 본분을 다하지 못했기 때문이다. 내 마음과 원함에 관한 한 문제는 정리됐다. 내 실패의 원인과 그 배후세력이 무엇인지 분별하기란 꽤 어렵다. 3월에 왐비미를 떠난 이후로 우리에게 주님의 메시지가 전혀 없다. 11년 전 영국에서 나를 새로운 피조물로 만드신 그 주님을 만나려 성경을 펴지만 그분은 한마디도 격려의 말씀이 없다. 그분은 놀랍도록 우리를 안전하게 지키시고 필요를 채워 주셨지만 문제는 그보다 훨씬 크다. 히바로족이든 스페인어 부족이든 내가 할 사역이 전혀 없다. 자신을 속일 생각은 없다. 나 같은 선교사라면 나 자신도 후원하지 않겠고 남에게도 후원을 부탁하지 않을 것이다. 3년이면 확실한 교훈을 배우기에 족하다. 더디게 깨닫는 사람도 있다. 아내와 아이들이 힘들겠지만 정직하고 진실해야 결과가 좋다는 것이 늘 내 소신이다. 엎질러진 물이다. 울고불고 하지 않을 것이다. 우리가 히바리아 사람들과 보낸 시간들로 인해 그리스도의 사역이 타격을 입지는 않겠지만 솔직히 고백컨대 도움이 됐던 것도 아니다. 우리가 떠나도 웬만한 사람들은 별로 놀라지도 않은 채 '내 그럴 줄 알았지' 하고 말 것이다.

이 문제로 영적 압박감은 전혀 없다. 사실 감정이나 부담감도 별로 없다. 아니, 전무할 것이다.

장차 우리가 너무 쉽게 그만뒀다고 말할 사람들이 많으리라는 것을 나도 안다. 그럴지도 모른다. 하지만 나는 문제를 직시하여 그러면 그렇다, 아니면 아니다 하는 것이 하나님의 길이라 믿는다. 그리스도를 위해서라면 나는 아멘이다. 그러나 내가 택한 부분은, 아니 내가 택한 부분이라 말할 수 없다. 주님께서 우리에게 히바리아를 택해 주셨다고 믿는다. 그런데 내가 거기에 부응치 못한 것이다. 사람들은 말한다. 주님은 부르신 자에게 공급도 책임지신다고. 그런 사람들은 언제든 내 처지가 돼봐도 좋다. 아닌 것은 아닌 것이다. 나는 꾸밈에 능하지 못하다.

나는 관련된 상황이나 사람을 조금도 탓하지 않는다. 내 실패다. 그리스도는 여기서도 필요를 채워 주실 수 있건만 그분을 개인적으로 체험하지 못한 내 실패다. 아내와 가정 때문이 아니다. 마쿠마 지부는 그들에게 풍성한 집이며 우리에게 필요한 것은 다 채워졌다.

문제는 개인적인 것이며 언제나 그럴 것이다. 답은 무엇인가? 나도 모른다. 만족스런 해답을 찾아보았으나 낙심만 된다. 벌써 몇 달째 이 문제를 생각하며 씨름했다. 답이 없다. 나를 난감하게 만든 것은 상황과 달란트 둘 다다. 내 평생 뒤돌아 서기는 이번이 처음이지만 무슨 일에나 처음이 있다지 않은가.

우리 가정은 행복하다. 그분은 우리를 잘 지켜 주셨고 우리에게 건강한 몸과 우리가 믿기로 건강한 마음도 주셨다. 그분은 무엇이든 우리에게 좋은 것을 주신다. 다만 선교사로 살면서 깨달은 두렵고 가슴아픈 사실이 있다. 내가 이곳 마쿠마에서 제대로 해내지 못했다면 환경을 바꾼다고 내가 달라지리라 기대할 만큼 어리석은 나는 아니다. 이것은 선교사로서 내 개인적 '워털루 전투'다.

뒷전으로 물러나 이 일을 나 개인과 별개의 문제로 보려 한다면 그것은 억지다. 이 일로 인해 나는 그분의 말씀을 더 가까이하게 되고 남들을 더 관용하게 되고 행동에 모험을 줄이게 될 것이다. 그것만은 분명하다.

왜 우리가 스페인어 사역이나 키추아족 사역 쪽에 자리를 구하지 않는지 의아해 할 사람들도 있을 것이다. 솔직히 흥미가 없다. 특히 이 경험 후 더 이상 골머리를 앓고 싶지 않다. 똑같은 실수를 두 번 반복하는 것은 바보나 하는 일이다. 이번 실수로 족하다.

수요일 오전 11시, 나는 여기 이렇게 앉아 사람들의 예배드리는 소리를 듣고 있다. 나는 가지 않겠다고 창밖으로 그들에게 말했었다. 그들은 찬송가 '놀라운 생명의 말씀'을 먼저 부른 뒤 '나는 기쁘다'를 불렀다. 조금이라도 위안이 될 만한 찬송이 있나 보려고 영어 찬송가를 뒤적였지만 하나도 없다. 내 능력 밖이다. 공연히 아까운 시간만 허송했다. 하지만 습성이 너무 깊이 배어 습관을 바꾸기가 쉽지 않다. 잃은 땅을 포기하거나 주님께서 얻어 주시기만 바라기가 쉽지 않다. 그래도 정녕 가치 있는 싸움일 것이다. 내 마음은 오직 그분을 사랑하도록 지어졌고 내 혀의 모든 활동을 포함해 내 몸도 그렇다. 나는 얼마나 배우기에 더딘가.

성령의 인도하심과 가르침을 받고 싶다. 하나님은 우리의 능력이 충분히 개발되어 적극 사용되기 원하신다. 내가 하나님의 뜻을 알고 행하려고 시간과 노력을 들이는 만큼 거기에 정비례해 성령께서 나를 인도하실 수 있고 또 인도하실 것이다. 하나님의 뜻을 알려면 성경을 읽어야 한다. 나는 하나하나 순종하고 행할 것이다.

이 시기를 맞기 전 쉘메라에서 보낸 일주일이 큰 도움이 됐다. 그때 하루에도 수없이 '주의 뜻이 이루어지이다'를 되뇌며 얻은 힘으로 이 싸움에 임하고 있다."

네이트의 제의를 받았을 때 로저는 아직 "영혼의 캄캄한 밤"에서 나오지 않은 상태였다. 그 뒤로 그는 하나님의 뜻을 알고자 처절하게 고뇌했다. 자신의 원함에 대해서는 의심의 여지가 없었다. 가는 것이 관건이라면 그는 얼마든지 가고 싶었다. 다만 하나님의 미소 없이 가는 것은 불가능했다. "주께서 친히 가지 아니하시려거든 우리를 이곳에서 올려 보내지 마옵소서"(출 33:15). 로저는 이번 결단이 자신에게 의미하는 바를 웬만큼 알았다. 하나님 앞에 무릎꿇고 보낸 시간들이 영혼의 고뇌를 잘 말해 준다. 그러나 "우리에게 이김을 주시는" 하나님은 그를 낙담의 수렁에서 건지셨다.

바바라는 후에 이렇게 말했다. "남편은 성령으로 깨끗게 돼 앞일을 감당할 수 있었으며, 행복하고 기대에 찬 마음으로 기쁨이 충만하여 떠났다."

12월 19일 로저는 일기에 이렇게 썼다. "내 자아에 대해 죽으리라. 그리스도께서 살기 위해 내 자아가 죽어야만 하는 상황, 그런 상황의 사역에 끊임없이 나를 두시도록 하나님께 구하리라. 그리하여 내 마음과 뜻과 목숨과 몸을 다하여 그분을 사랑하는 법을 배우리라."

아라후노의 네 명의 선교사와 합류하려고 마쿠마를 떠나기 직전 로저는 이런 시를 남겼다.

> 정직한 사랑을 추구하는 마음 있으니
> 폭풍에 시달린 영혼에서 나온 마음.
> 눈멀고 지치고 잃은 영혼을 축복하려
> 그리스도를 얻고자 하는 이 추구.
>
> 추구하는 자들은 하늘의 사랑을 얻어
> 하나님의 기쁨으로 충만케 되었으니
> 오늘도 그리스도와 동행하는 저들
> ……………………………………

마지막 행은 잘 떠오르지 않아 그는 펜을 내려놓고 바바라에게 말했다. "여보, 내 다녀와서 끝내리다."

13. "팜비치"를 찾아서

아우카족과의 지상접촉 계획에 소요되는 시간이 갈수록 더 많아졌지만 매주 고정적으로 "터미널시티"를 방문하는 일은 쉬지 않고 계속됐다. 터미널시티란 선교사들이 아우카 마을에 붙여 준 이름이다. 12월 3일 네이트는 아홉번째 방문에 대해 이렇게 기록했다.

"좋은 날씨 속에 8시 45분쯤 아라후노를 떠났다. 이륙 전 에드와 나는 실물 크기에 가깝게 확대할 수 있었으면 하는 바람으로 사진을 찍었다. '이웃들'이 지상에서 우리를 처음 볼 때 잘 알아볼 수 있도록 말이다. 그들이 준 빗과 머리 장식품이 나오게 해서 우리 얼굴을 근접 촬영했다.

첫 집인 4호에 가자 큰 나무들이 두어 그루 벌목된 것이 보였다. 전에 우리가 그런 목적으로 일부러 나무들 속에 선물을 떨구었던 곳이었다. 이제 두 개간지 사이에 남아 있는 나무는 많지 않다. 나머지도 자르게 할 수 있다면 비행기가 저공으로 지나갈 수 있을 것이다.

오늘 오전 비행기가 아주 저공으로 내려가자 높은 평상에서 '교통관제'를 하던 두 남자가 몸을 숙였다. 비행기가 다시 한번 낮게 지나자 두 남자는 쾌히 지상으로 내려가 경과를 구경했다. 평상의 높이는 지상에서 2.5m쯤 돼 보였다. 평상에 있던 남자들은 둘 다 셔츠만 입고 있었다. 물론 우리가 준 셔츠였다. 그렇게 두 번 오가며 우리는 도끼머리, 플라스틱 컵, 값싼 칼을 떨어뜨렸다. 이번에도 우리는 여전히 두 개간지를 가로막고 있는 나무들 속에 떨구려 했다. 4호 집 주위에 다른 사람들도 대여섯 명 나와 있었다.

거기서 우리는 3호 집으로 갔다. 저공으로 비행하다 우리는 하마터면 기체 밖으로 떨어질 뻔했다. 그 집 초가지붕 위에 모형비행기가 있었던 것이다! 에드의 집에 있는 모형비행기를 보고 그들이 직접 만든 것인지 궁금했다. 어쨌든 그것은 우호의 표시였다. 원시부족에게 그런 솜씨가 있으리라고는 여태 생각지 못했었다.

다른 평상이 눈에 띄었다. 전번 것보다 높고 컸으며 야자수로 만들어졌다. 높이가 지상에서 4.5m는 될 것 같았다. 평상 위에는 역시 셔츠만 입은 남자가 하나 있었다. 우리가 손을 흔들자 그도 대답으로 손을 흔들었다. 우리는 두어 번 왕복하며 '관제탑' 바로 너머에 떨어지도록 벌채칼을 던졌다. 잘 보니 집 동편의 나뭇잎 벽이 떼어져 있었다. 그래서 안을 들여다볼 수 있었다…. 불 피우는 곳 등이 보였다. 대단히 우호적인 몸짓이었으나 나뭇잎 대신 야자수 벽을 두르려는 중일 수도 있었다. 얼마 전에 찍은 3호 집 사진을 당장 확인해 보니 강 쪽 벽이 뚫려 있는 것 말고는 빙 둘러 나뭇잎 벽이 쳐져 있다. 벌채칼처럼 간단한 도구 하나만 있어도 문화가 얼마나 확 달라질 수 있는지 대번 눈에 띈다.

이어 우리는 3호 집 바로 위 등성이에 만들어진 새 개간지를 자세히 살펴보기로 했다. 거기에는 아무도 없었다. 우리는 그들을 위쪽으로 유인하여 얻을 수 있는 이점을 간단히 의논한 뒤 해보기로 했다. 첫 왕복 때는 알루미늄 솥을 떨구었다. 조준이 잘못돼 숲 속에 떨어졌다. 3호 집을 마주보는 비탈에 떨어져 다행이었다. 비탈의 덤불을 개간하는 중임이 우리 눈에 띈 것은 바로 그때였다. 그것은 그들이 개간지 그쪽 가장자리의 수목을 베어 낸다는 의미였고, 그렇게 되면 우리는 완벽하게 안전한 상태에서 그들과 6m 거리 이내로 날 수 있게 된다. 추가 유인책으로 에드는 플라스틱 손잡이가 달린 값싼 칼을 떨어뜨리기로 했다. (모든 선물에는 표시가 잘 나도록 리본과 붕대를 많이 묶었다.) 솥을 잘못 떨어뜨린 점을 감안해 나는 비행기가 접근할 때 에드에게 '이번에는 저 집 지붕에 떨굽시다'라며 그들이 새 개간작업을 하는 동안 차양 그늘로 쓰고 있음직한 얼기설기한 오두막을 가리켰다. 칼은 정확히 지붕 위에 떨어졌다.

'그 노인이 새 바지를 잘 입고 있는지 봅시다.' 내 제의에 에드는

'오케이'로 받았다…. 그래서 우리는 갔다. 3호 집에서 2분쯤 되는 거리다. 그는 바지와 티셔츠 차림으로 우리를 기다리고 있었다. 그의 두 여자도 나와 있었다. 둘 다 맨몸이었고 한 여자는 아기를 달고 있었다. 그 집 주변은 말끔히 개간되어 있고 풀도 바닥까지 바짝 깎여 있었다. 노인은 평상시처럼 얌전했고 열의가 없었다. 우리는 그에게 벌채칼을 떨어뜨렸다. 여자 중 하나가 가서 집었다. 노인은 몸짓을 해보이려 했으나 느릿느릿했다. 우리는 그들과 60m 거리 내로 세 번쯤 비행한 뒤 다시 강 위쪽 3호 집으로 향했다.

3호 지역에 돌아온 우리는 등성이 개간지를 다시 확인했다. 누군가 있는 것이 500m 거리에서도 보였다. 그들을 부추기는 데 몇 주쯤 걸릴 줄로 생각했던 우리는 이 신속한 결과에 전율했다. 거기 있던 사람은 두 젊은 여자였다. 16세와 20세쯤 됐을 것 같다. 그들은 지붕에 떨어진 칼을 갖고 있었다. 우리는 그들과 15m 거리 이내로 지나가며 사진을 찍었다. 네 번쯤 지나가며 우리는 처음으로 아우카족의 얼굴을 자세히 들여다봤다. 여자는 앞머리를 짧게 깎았고 미인이었다. 3호 집 '관제탑' 남자는 아직도 평상에 있었다. 우리는 그에게 손을 흔들어 작별한 뒤 4호 집으로 향했다.

4호 집에 돌아오자 사내아이들이 모두 마지막 쇼인 '바구니 투하'를 기다리고 있었다. 우리는 900m 상공으로 올라가 동력을 끈 상태로 속도를 시속 70km로 늦췄다. 이렇게 동력을 끄고 천천히 활강하면 솥이 기체에서 아주 잘 내려간다. 단 세 번의 선회 끝에 솥은 집 뒤편 커다란 개간지 한복판에 떨어졌다. 그들이 무리지어 왔다갔다 달리는 모습이 신기해 보였다. 솥을 달았던 자리에 아무것도 다시 묶이지 않은 채 달랑 줄만 올라올까 걱정됐다…. 그러나 그러기에는 줄이 너무 팽팽하게 느껴졌다. 마침내 1.5초 후에 그들이 풀어 준 줄에는 선물이 달려 올라왔다…. 빨간색이었고 부피가 제법 컸다.

우리는 최대한 선물을 잃지 않으려 시속 90-95km로 아라후노로 돌아왔다. 전혀 어렵지 않게 선물을 활주로에 닿게 한 뒤 줄을 놓았다. 지상에 내려 우리는 그곳으로 뛰어갔다. 이번에도 깃털 달린 관이었다. 갓 만든 새것이었고, 손으로 짠 조그만 무명실 한 타래가 달려 있었다. 선물은 우리가 내린 줄에 옭매듭으로 묶여 있었다."

그날 밤 에드는 일기에 "지상에서 그들을 만날 날이 점점 가까워오고 있다"고 썼다. 그는 또 짐에게 이렇게 썼다. "오늘 방문을 곰곰 생각해 보면서 이런 느낌이 들었네. 정확히 날 수를 정해 쿠라라이 강에서 그들을 기다린 뒤 그들이 오지 않으면 우리 쪽에서 그들에게 들어갈 각오를 해야 한다는 것일세. 나로 말하자면 들어갈 각오가 단단히 서 있고 상당히 안전하리라는 느낌도 있네…. 이 부족과의 첫 지상접촉에 '안전'이라는 말을 쓸 수 있다면 말일세! 들어갈 때 우리는 첫째 그들이 준 머리 장식품을 쓰고, 둘째 우리 집에 달려 있는 것 같은 작은 모형비행기를 들고, 셋째 그간 포장했던 식으로 포장한 선물들을 들고, 넷째 '비티 미티 푸니무파'(나는 당신을 사랑합니다)나 기타 비행기에서 우리 입에 익었던 표현들을 소리쳐야 하네. 하나님이 우리와 함께 하시면—지금 이 시점까지 그리하셨다고 우리가 굳게 확신하는 것처럼—그렇게 들어갈 수 있다고 믿네. 전체가 본래 우리가 감히 바라던 것보다 빠르게 진행되고 있네. 하나님을 앞설 마음은 없지만 뒤쳐져서도 안된다고 생각하네."

12월 10일 다음 방문을 기록한 네이트의 일기는 이렇게 계속된다.

"눈치채지 못하게 하려는 우리 노력에도 불구하고 에드의 인디언들은 지난 주 쿠라라이 강에 갔다가 우리가 지나가는 것을 보았다고 한다. 그들은 우리가 오는 소리를 듣고는 우리한테 '이웃'으로 보이려고 옷을 다 벗고 장대를 창처럼 들고 있었다고 한다(대단한 유머감각이다!). 우리가 선물을 떨어뜨릴 줄로 생각했던 모양이다.

주중에 멤버들과 의논하는 가운데 접촉시도 날짜를 1월 2일로 잠정 결정했다. 키추아 인디언들과 함께 내려가 집을 설치한 뒤 인디언들은 돌려보내고 팀 일행은 접촉을 기다린다는 것이 우리 구상이었다. 그 다음에는 비행기를 타고 가 '이웃들'을 우리 쪽으로 오도록 부를 것이다. 우리는 '우리 집에 오십시오'와 '쿠라라이'를 아우카어로 말할 줄 안다. 그들 마을에서 등성이 바로 위를 반복 선회하면 그들도 호기심 때문에 큰 강으로 나오리라는 확신이 든다.

대충 말해, 전략상 총은 선교사만 소지해야 하며 그것도 안보이게 해야 한다. 첫 한 발을 쏘는 순간 일 전체가 수포로 돌아갈 뿐 아니라 가까운 장래의 희망이 무산된다는 것이 우리 생각이다. 그만큼 극도로 조심해야 한다. 총은 혹 정당방어가 필요할 경우 야만부족을 놀라게 하는 용도로만 사용할 것이다.

우리가 고려하는 견해 또는 가능성은 두 가지다. 첫째는 팜비치(비행기 착륙지로 정해질 강변을 그들은 그렇게 부르기로 했다)에 작은 집을 설치해 놓고 '이웃들'이 그곳에 가볼 수 있도록 한동안 돌아와 있다가 나중에 다시 가보는 방안과 둘째, 집 설치와 함께 첫 방문 때 바로 접촉을 시도하는 방안이다. 오늘 오전에 있을 일이 이 결정에 더 영향을 미칠 것이므로 더 자세한 내용은 뒤로 미룬다.

오늘 오전 우리는 선물로 포장한 벌채칼, 도끼, 작은 칼, 플라스틱 물품들을 싣고 9시 15분쯤 아라후노를 이륙했다.

종이봉지에 든 1파운드짜리 페인트 색소분말도 세 가지 밝은 색깔로 여섯 봉지 싣고 갔다. 팜비치로 사용될 저지대를 측량하기 위한 것이었다. 어제 이곳 쉘메라에서 시험해 본 결과 시속 100km로 비행할 경우 작은 분말봉지를 7초 간격으로 쏟아 제법 똑바로 200m쯤 줄을 그을 수 있음을 알았다. 이 측량은 모래톱에 비교 기준이 될 만한 물체가 전혀 없어 모래톱의 길이를 만족스레 추정할 수 없을 경우를 대비한 것이다.

에드의 지부 일부 인디언들이 이번 주에도 쿠라라이 강으로 고기

잡이를 나갔으므로 우리는 누쉬노 강을 따라 내려갔다. 남쪽으로 서서히 속력을 늦추자 쿠라라이 강이 나타났다. 마침 우리가 좋은 팜비치 터를 찾았으면 하던 바로 그 지점이었다. 오래 걸리지 않아 우리는 후보 부지를 찾아냈다. 넓은 저지대는 대부분 휘어져 있어 우선 접근로를 뚫지 않고는 별 쓸모가 없다. 강이 하도 꾸불꾸불해 곧게 뻗은 모래톱은 거의 찾아보기 힘들다. 일단 저공으로 비행해 보았다. 가능할 것 같았다. 그곳 강변의 한 가지 단점은 우세한 바람을 안고 이륙해야만 한다는 점이었다…. 중대한 문제다. 그럼에도 불구하고 한두 차례 저공비행 후 우리는 색소분말을 터뜨렸다. 사용 가능한 길이가 200m쯤 됐다. 또 한 가지 난관은 모래밭에 커다란 고사목이 누워 있어 착륙 위치가 강둑 나뭇가지에 바짝 닿아야 한다는 점이었다.

두번째로 발견한 터는 1마일쯤 하류에 있었다. 더 좋아 보였다. 특히 접근로가 우세한 바람과 같은 방향이라 더 좋았다. 접근로는 가파르지만 가능할 것 같다. 저지대가 쉬 물에 잠길 만큼 낮긴 하지만 자갈밭이라 단단해 보인다. 분말을 터뜨린 결과 사용 가능한 터가 줄잡아 200m로 나왔다. 측량 결과가 230m로 나왔다 해도 놀랄 것 같지 않았다. 또 설사 비행기가 착륙지점을 지나친다 해도 얕은 물에 지나지 않았다. 우리는 기체가 수평자세로 옮기는 지점을 더 익히고자 대기속도를 무난하게 유지하며 한번 낮게 비행했다. 수평

자세로 옮기는 지점에 양쪽 강둑을 따라 나무들이 많이 뻗어 나와 있어 약간 아슬아슬하지만, 착륙해서 나무를 두 그루만 자른다면 그 문제는 해결될 수 있다.

아무래도 이곳이 우리의 '팜비치'가 될 것 같다. 우리는 가상착륙을 시도해 보기로 했다. 바닥에 가까이 내려가자 지면이 잘 보였다. 나는 두 차례 가볍게 바퀴를 내렸다가 다시 가속해 급상승했다. 지면은 자갈 활주로처럼 매끄러웠고 단단해 보였다. 침수 위험만 빼고는 정말 이상적이다.

이곳이 발견되면서 조립식 수상(樹上) 집과 알루미늄 지붕을 싣고 팀 일행이 곧장 그곳에 착륙할 수 있는 가능성이 커졌다. 그 말은 곧 이번 거사에 키추아 인디언들이 전혀 가담할 필요가 없다는 뜻이며, 침수에 대비해 접촉 후 또는 언제든 복귀 준비가 될 때 팀 전원을 비행기로 다시 데려올 수 있다는 뜻이다.

상황은 이런 식이 될 것이다. 첫째, 주께서 허락하시면 금요일 오전 아주 저공에서 물자와 장비를 팜비치 터(활주로 바로 벗어난 곳)에 줄 없이 떨구되 착륙지점에 떨어지지 않도록 주의한다. 둘째, 비행기를 아주 가볍게 해 짐과 로저와 함께 착륙한다. 셋째, 알루미늄을 싣고 에드와 함께 착륙한다. 넷째, 기타 물자를 싣고 피트와 함께 착륙한다(피트가 함께 가기로 결정할 경우).

도착하면 짐과 로저는 접근로를 막고 있는 두세 그루의 중치 나무를 자르는 작업에 착수한다. 이어 둘은 조립식 수상 집을 올릴 만한 적절한 나무를 골라 주변 개간에 들어간다. 남은 멤버들이 도착하면 전원 하류 쪽 첫 굴곡 부위로 내려가 통로를 좁게 만드는 강둑 반대편의 두 나무 중 적어도 하나를 자른다. (꼭 해야 할 일은 아니지만 할 수 있다면 금상첨화다.) 작전의 이 부분이 진행되는 동안 누군가 항상 주머니 속에 총을 붙들고 있어야 한다. 한순간의 신호에도 즉시 발포하여 혹 있을지 모르는 창 습격자의 평정을 교란시킬 수 있도록 말이다.

다음, 모래톱으로 돌아와 두 사람은 나무 발치의 개간지를 넓히고 두 사람은 수상 집을 제자리에 올려 알루미늄 지붕을 덮는다. 집이 다 설치되면 다들 돌아가며 개간작업을 하되 한 사람은 먹을 것과 풍로와 물 따위를 나무 위 평상으로 올리는 일에 계속 주력한다. 교대로 한 사람이 개간작업을 쉬면서 평상에 앉아, 지상에서 일하는 사람들을 엄호하되 총은 항상 절대 보이지 않게 한다. 저녁쯤이면 나무 발치에 상당히 넓은 개간지가 만들어져 저지대와 이어지게 된다. 비행기는 수상 집의 무전기 설치 등을 확인한 후 아라후노로 돌아간다.

이튿날 비행기는 '이웃들'을 팜비치 터로 초대하기 시작한다. 말로 소리치기도 하고 비행기로 유인하기도 한다. 비행기는 그들 있는 곳에서 우리 쪽으로 선회해 팜비치에 착륙하는 과정을 한두 시간 단

위로 반복하되 그들에게 우리 의사가 전달된 것이 확인될 때까지 한다. 또 한 가지 세부사항은 팜비치 터에 제법 큰 모형비행기를 설치하는 것이다.

여기까지 하는 데 닷새쯤 걸릴 것이다. 성과가 없으면 철수한다. 비행기로 올 수도 있고 인디언들 편에 강으로 카누를 보낼 수도 있다. 우리에게 닥칠 수 있는 두 가지 악조건은 침수나 포위인데, 그로 인해 저지대가 유실될 경우를 대비해 수상 집의 물자는 2주일 쓰기에 충분한 양을 준비한다.

키추아 인디언들이 구조 원정을 거부할 경우 공기 매트리스와 대나무로 뗏목을 만들어 쿠라라이 강 하류의 군기지로 빠져나오는 가능성도 염두에 두어야 한다.

다시 오늘 있었던 일로 돌아온다. 우리는 팜비치 후보지역에서부터 터미널시티까지의 경로와 거리를 점검했다. 135도 각도에 시속 140km로 3분 거리다. 그러니까 쿠라라이 강변에서 아우카 마을까지 7km쯤 되는 셈이다.

고도를 낮추면서 우리는 동편 노인의 집 쪽으로 향했다. 노인은 없고 한 젊은 남자가 나무껍질 천 같은 것을 흔들고 있었다. 바꾸자는 뜻이 분명했다. 네 차례 지나가면서 우리는 (내 기억에) 작은 칼과 플라스틱 컵을 떨어뜨렸고 옷가지도 몇 개 떨어뜨린 것 같은데…확실치 않다.

다음 우리는 모형비행기가 있는 3호 집 위쪽 언덕배기의 개간지로 올라갔다. 두 여자가 있었다. 우리는 작은 칼을 떨어뜨렸다. 주인 남자는 아래쪽 집 옆의 평상에 올라 교통관제를 하고 있었다. 그는 우리가 지난 주에 떨어뜨린 빨간색과 검은색 체크무늬 셔츠를 입고 있었다. 우리는 그에게 등성이로 올라오라는 뜻으로 신호하며 소리쳤다. 비행기가 몇 바퀴 더 선회하는 동안 그는 평상에서 사라졌고 두 젊은 남자가 그 자리를 대신했다. 이어 우리는 저공비행으로 평상 건너편에 도끼머리를 떨어뜨렸다. 비행기가 젊은 친구들을 놀라게 했던 것이 분명하다. 우리가 다시 선회할 때 둘 중 하나가 손에 창을 들고 있었던 것이다. 그것은 친절치 못한 몸짓이었다. 우리는 그들에게 적의가 있나 보려고 다시 낮게 내려갔다. 누군가 그들에게 뭐라고 한마디했던지 창이 사라지고 다 괜찮아 보였다. 그때 등성이에 체크무늬 셔츠 차림의 주인 남자가 보였다. 차마 모른 척할 수 없어서 우리는 두 차례 그곳을 지나며 두번째 때 그에게 바지를 떨어뜨렸다. 그는 공중에서 바지를 잡았다. (지상에서 만날 때쯤이면 그들은 제법 멋있는 옷차림을 하고 있을 것이다.)

다음은 본격적 단계로 4호 집에 갔다. 어림잡아 네 사람은 흰 티셔츠 차림이었고 아이들과 여자들은 맨몸이었다. 우리가 일부러 물건을 그쪽으로 던져 가며 잘라 달라고 했던 나무들이 정말 잘라져 있었다. 집의 벽(야자수)도 치워져 있었다. (깜빡 잊고 적지 않았지만

3호 집 벽도 걸혀 있었다.) 그리고 집 옆에 3호 집 것 같은 새 평상이 더 높게 지어져 있었다.

우리는 '나는 당신을 좋아합니다. 나는 당신을 좋아합니다' 등을 외치며 두어 차례 저공으로 지나갔다. 마지막 낮게 지날 때 벌채칼을 던졌다. 낮게 지나노라니 네 두목 중 한 사람이 둥그런 갈색 꾸러미를 들고 있는 것이 보였다. 우리와 바꾸려는 물건인 것 같았다. 우리는 급상승했다가 천천히 내려왔다. 에드는 몸이 아주 안 좋았다. 그날따라 유난히 격무가 많았다. 에드는 새벽부터 자기 집의 강 건너에 있는 병든 아기를 돌봐야 했고 그때부터 몸 상태가 좋지 않았다. 나 역시 녹초가 된 기분이었지만 그래도 가치 있는 일이었다. 900m 상공에서 나는 보조날개를 올린 채 최대한 감속하여 시속 70km로 얌전히 활강했고 그 사이 에드는 줄에 매단 선물을 기체 밖으로 내렸다. 이번 주에 우리는 작은 실타래 두어 개, 자잘한 물건 몇 가지, 가로 15cm 세로 22cm 크기의 팀 멤버들 컬러사진 넉 장을 그들에게 주었다. 압착 널빤지에 풀로 붙인 사진에는 아우카 작전의 상징인 노란색 작은 비행기를 그려 넣었다.

꾸러미가 나무 옆에 떨어지자 그들은 집에서 재빨리 개간지 한가운데로 가져왔다. 앞에 말한 물건들은 흰색 헝겊 우편행낭에 들어 있었는데, 우리에게 줄 선물을 바삐 묶고 있는 한 사람만 빼고는 전원 내용물을 보려고 주변으로 몰려들었다. 선물이 그의 손을 떠나

대롱대롱 흔들리는 것이 보였다. 나는 동력을 가하며 선회해 올랐다. 3-4초 만에 꾸러미는 하늘로 떠올랐고 그 남자도 마지막으로 무리에 합세해 사진을 보았다. 그들이 우리 사진을 들여다보는 모습과 그 반응을 보노라니 무엇을 주어도 아깝지 않을 것 같았다!

우리는 선물을 줄 끝에 매단 채 시속 100km로 돌아왔다. 아라후노에서 우리는 선물을 활주로 끝에 닿게 한 후 줄을 자르고 착륙했다. 지상에 내린 나는 에드가 조반 도시락을 잃어버린 사이 활주로 가장자리의 덤불을 헤치고 달렸다. 내가 선물 있는 데까지 에드보다 빨리 달려가기는 이번이 처음이다. (에드는 나보다 다리가 적어도 30cm는 길다.) 가보니 나무껍질 주머니가 움직이고 있었다. 지난 주 우리가 그들에게 닭을 한 마리 주었으므로 새라는 생각이 들었다. 그러나 구멍으로 들여다보려는 찰나 뱀일지도 모른다는 생각이 스쳤다. 다행히 나무껍질로 덮인 바구니 안에는 멋진 앵무새가 들어 있었다. 새는 잘 묶여 있었고, 오는 도중에 먹도록 안에 먹다 만 바나나까지 완비돼 있었다!

에드와 마릴루와 나는 함께 점심을 먹으면서, 착륙 가능한 강변의 발견으로 인해 우리 앞에 열린 가능성에 대해 이야기했다. 그것을 인해 하나님을 찬양한다. 그분의 인도와 돌보심에 대한 또 하나의 표징이다. 머잖아 우리는 하나님의 은혜의 이야기를 가지고 아우카족과 만나는 특권을 누리게 될 줄로 믿는다."

14. 아우카 방문객

"금요일 오전!" 아라후노에서 네이트는 빌려 온 타자기로 그렇게 첫마디를 쓴 뒤 말을 이었다. "오늘 아침 쉘메라에서 나는 사무실 겸 무전실 곁에 있는 침실에서 옷을 입던 중 마즈가 마릴루 맥컬리한테서 받은 메시지를 확인하는 소리를 들었다. 마릴루는 에드가 푸유풍구의 집회사역을 돕는 동안 아라후노를 혼자 지키고 있었다. 마릴루는 집 주변에 아우카족이 나타났다고 믿을 만한 꽤 확실한 근거가 있다고 말했다.

내 마음속에 두 가지 생각이 스쳐 지나갔다. 하나는 아우카족과 접촉할 수 있는 기회라는 생각이었고, 또 하나는 행여 인근 키추아 인디언이 총이라도 쏘는 날이면 여태까지의 공든 탑이 모두 무너지고 그 결과 우리에게 열리고 있는 듯 보이는 문이 닫혀 버릴 위험성이 있다는 생각이었다.

마즈가 푸유풍구의 에드에게 메시지를 전하는 동안 나는 격납고에서 비행기를 꺼냈다. 머뭇거리기에는 너무 많은 것이 달려 있었다. 게다가 날씨마저 북쪽으로 나빠질 조짐이 보였다. 푸유풍구 선교부 집은 활주로에서 5분 거리다. 나는 활주로에 에드보다 1분쯤 먼저 도착했다. 우리는 즉각 쉘메라로 돌아왔다. 조니가 비행기에 기름을 넣는 사이 마즈와 루스는 짐과 야채를 준비했고 에드는 짐을 실었고 나는 여행의 특수성을 고려해 몇 가지 장비를 챙겼다. 키토에서 사 온 작은 공포(空砲) 권총이 내 주머니에서 손에 착 붙는 느낌을 주었다. 습격을 확실히 저지하면서도 실수로 상대를 다치게 할 염려가 전혀 없기에 그랬을 것이다. 이 총으로는 최루탄도 쏠 수 있는데, 에드의 말대로 그것은 실제 습격이 발생하고 내가 최루탄을 사용할 만큼 가까이 접근했을 때의 일이다…. 글쎄.

아라후노 상류 계곡에 이를 때까지는 날씨가 좋았다. 거기서 운고(雲高)가 낮아져 비행기는 계곡으로 하강해야 했다. 아라후노에서 5분도 안되는 거리인데 구름이 1km 넓이의 계곡 위를 뒤덮고 있었다. 나는 뒤편 계곡을 빈틈없이 주시하는 한편, 구름자락이 끝나는 청명한 지역에 마지막 눈길을 주면서 양쪽을 저울질해 보았다. 문제가 생길 경우 나선비행으로 1,500m 고도로 상승해 5분 거리인 남서쪽 청명한 지역으로 향할 수 있었다. 나는 비행기를 좌우로 흔들어 경사비행 표시등을 점검했다. 그것이 없으면 이런 선회는 불가능하다. 정상이었다. 조금씩 비가 내려 한두 번 선회하고서야 앞쪽을 잘 볼 수 있었다. 군데군데 비가 많이 오는 곳도 있었다. 우리는 미끄러지듯 등성이를 넘어 다른 계곡으로 내려갔다. 1분쯤 더 지나자(5분처럼 느껴지는 긴 1분이다) 밑에 활주로가 나타났다. 아우카 사람들이 지상의 비행기를 보고 싶어 아라후노에 왔다가 없으니까 집으로 향했을지도 모른다는 생각이 들었다. 그래서 우리는 '이웃들'에게 우리가 그들을 환영하러 왔음을 알리려 몇 차례 선회한 뒤 8시 반쯤 착륙했다. 나쁜 일기가 남서쪽으로 이동했다. 5-10분만 지체했더라도 필시 우리는 너무 늦어 오지 못했을 것이다.

활주로에서 집까지 걸으면서 누군가 우리를 지켜보고 있을지도 모른다는 생각이 들었다. 에드가 양손에 물건을 가득 들고 앞장섰다. 그들이 만일 사람을 노렸다면 이번 기회는 그냥 보낸 셈이다. 나는 한 손을 주머니에 넣고 공포 권총의 잠금장치를 무심코 켰다 껐다 하면서, 도대체 사태가 얼마나 심각해져야 아우카 작전의 전면적 종결을 알리는 공포를 울려야 하는 것인지 시종 골몰했다. 또다시 우리는 하나님의 특별한 인도와 개입의 필요성을 느꼈다.

집 가까이 오자 키추아말로 크리스마스 캐럴이 들렸다. 마릴루가 인근 인디언들에게 크리스마스 프로그램을 연습시키고 있는 중이라고 에드가 설명해 주었다. 집 안에 들어서자 에드는 몇 분간 인디언들을 주목시킨 후 '친구를 얻고 사람에게 영향을 미치는 법'에 대한 짤막한 격려의 말과 아울러 아우카족에게 복음을 전해야 할 우리 그리스도인들의 의무에 대해 인디언들을 권면했다. 시점이 시점인 만큼 이들 새 회심자들에게 비칠 선교사의 열정의 척도는 다분히 누가 누구를 어떤 상황에서 처음 보느냐에 달려 있는 듯 보였다.

크리스마스 프로그램 연습은 몇 분 더 어수선하게 진행되다 해산됐다. 에드는 인디언들에게 집에 돌아갈 것을 정중히 부탁했으나 그들은 뭉그적거렸다. 마침내 에드는 그들에게 사탕을 줄 테니 가겠느냐고 했다. 그들은 동의했다. 에드는 특별히 용기를 발휘한 두 지도자에게 별도로 사탕을 더 주었다.

드디어 우리만 남게 되자 에드는 친절한 지방 순찰경관처럼 거실로 느릿느릿 걸어와 마릴루에게 말했다. '이제 안심하시지요, 사모님. 아무 문제없을 겁니다. 저희가 원하는 것은 정확한 사건경위입니다.' (심각한 상황에 이런 유머를 곁들일 수 있는 이 부부의 능력이야말로 큰 자산이다. 과도히 높은 기어로 당기고 있다가도 이들을 대하면 더블 클러치를 밟아 2단으로 낮추게 된다.)

에드가 떠나 있는 동안 경비를 돕기 위해 교사(校舍)에서 묵고 있던 인디언 페르민이 새벽 5시 40분쯤 볼일이 급해 숲 속 개간지 쪽으로 가고 있었다고 한다. 모형비행기가 높이 매달린 기둥쯤까지 갔을 때 그는 길 끄트머리에 한 남자가 있는 것을 보았다…. 남자는 벌거벗은 몸에 창을 들고 있었고 머리를 뒤쪽으로 말아 올렸다. 서로 눈

길이 마주치는 순간 아우카 사람은 숲 속으로 뛰어들었다. 5시 40분에서 10초쯤 지났을 무렵 페르민은 창문으로 마릴루를 불렀다. 다행히 그의 총(교사 안에 있던)에는 총알이 없었다. 그는 탄약이 필요하다고 했으나 물론 마릴루는 주지 않았다. 그는 아무래도 마릴루가 미쳤다고 생각하고는 아우카족을 어떻게 다뤄야 하는지 노골적 충고로 마릴루를 설득하려 했다. 그는 정말 겁에 질렸고 흥분했다. 실제 상황처럼 보였다.

우선 마릴루는 딱한 페르민의 빈총부터 뺏었다. 이어 마릴루는 임신 7개월째였음에도 불구하고 선물로 줄 벌채칼을 들고서 '비티 미티 푸니무파⋯.' '나는 당신을 좋아합니다⋯. 나는 당신을 좋아합니다'를 외치며 길로 내려갔다. 외침소리 사이로 뒤에서 페르민이 키추아말로 부르는 소리가 들려왔다⋯. '당신은 미쳤어요⋯. 당신은 미쳤어요⋯. 저들이 먼저 당신을 죽일 겁니다.' 마릴루가 아우카 사람이 나타났다는 곳에 2/3쯤 왔을 때 페르민과 카르멜라—마릴루와 함께 살며 집안 일을 돕던 인디언 소녀—가 같이 달려와 마릴루를 따라잡았다. 바로 그때였다. 세 사람 모두 작은 도랑 건너 마른 널빤지 위에 갓 젖은 발자국을 보았다. 발자국은 집 쪽을 향하고 있었다. 길 저편 숲 방향으로 밟힌 지 얼마 안되는 풀이 보였다. 곧 마릴루는 새로 열린 길에 벌채칼을 던지고는 몇 차례 더 외치다 집으로 돌아왔다. 30분쯤 후 인근 마법사가 학교에 왔다가 마릴루를 따라 그 지점에 가보았다. 더 이상 방문객의 징후가 보이지 않자 마릴루는 벌채칼을 들고 집으로 돌아왔다. 카르멜라는 자기 눈으로 직접 발자국을 보지 않았다면 페르민이 아우카족을 보았다는 말을 공상이려니 의심했을 것이라고 말했다. 그것은 일반의 공통된 감정이기도 하다. 마릴루가 무섭지 않았느냐고 묻자 카르멜라는 조금밖에 무섭지 않았고 하나님이 그들 일행을 지켜 주실 줄 믿었다고 말했다. 그때 마릴루의 귀에 페르민이 카르멜라를 안으로 불러 안주인이 무서워하지 않느냐고 묻는 소리가 들렸다. 카르멜라는 자기가 보기에 그렇지 않다고 답했다. 그러자 페르민은 밤이 되면 자기가 없어 지켜 주지 못할 것이고 그때는 안주인도 무서울 것이라고 대꾸했다. 그때 마릴루는 그에게 밤에 그곳에 남아 있을 거냐고 물었다. 그는 '장전된 총만 있다면 남아 있지요. 총이 없으면 우린 다 죽고 말 겁니다'라고 말했다.

우리가 더 얘기하는 사이 에드는 평소 '동네'에 배달할 때 하는 식으로 벌채칼과 솥을 준비했다. 10시 반에 (아직도 비가 조금씩 내리고 있었다) 우리는 아우카족이 줄에 매달아 보낸 깃털모자를 쓰고 활주로로 줄지어 내려갔다. 가면서 머리 위로 선물을 흔들며 아우카 표현으로 소리쳤다. 꼭 두 돈키호테가 산타클로스 역을 맡아 나무들한테 사탕을 전하는 행색이었을 것이다.

오후 2시 반, 우리는 가장 유례없는 선물을 들고서 활주로 맨 끝까지 다시 한번 행진을 벌였다. 아무래도 그날 저녁이야말로 거기서 그들과 접촉할 가능성이 가장 높은 때일 것 같아 우리는 '동네'로 날아가 인원을 파악한 뒤 내일 몫의 선물을 오늘 떨어뜨리기로 했다. 준비하고 이륙해 팜비치에 도달하니 3시 반이었다. 거기서 강변을 재점검하며 10분쯤 보냈다. 지난 주 방문 이후로 저지대가 물에 잠겼던 듯 보이나 염료와 붕대는 그대로 모래밭에 있었다. 우리는 비행기 바퀴를 모래밭에 75m쯤 굴린 뒤 속력을 올렸다. 접근로는 정말 힘들지만 수평자세로 옮기는 부분은 한 군데 좁은 부분만 빼고는 좋다. 하류 쪽 길은 좋다. 터 전체가 이번에는 친숙해 보였다. 우리는 강변에서 수상 집을 올리기에 꼭 맞을 듯한 나무들을 살핀 뒤 3분간 비행해 '동네'로 왔다.

친구들은 흩어져 있었고 교통관제를 하려고 대기중인 사람도 없었다. 이때까지의 규칙적 방문을 통해 우리가 정말 그들에게 7일 단위의 주(週) 개념을 심어 준 것 같다는 생각이 들었다. 우리는 노인의 집 위로 두어 번 저공비행하며 느린 동작으로 비디오를 찍었다. 한 사람이 지난 주와 똑같은 물건을 들어 보였다. 우리는 아무것도 떨어뜨리지 않았다. 모형비행기가 있는 집에 가니 집과 평상 주위에 네 사람쯤 있고 개간한 언덕 위에 세 사람이 있었다. 언덕 위의 남자는 빨간색 수영복을 입고 있었다(이전에 준 선물). 우리는 그에게 리본이 잘 묶인 작은 칼을 떨어뜨린 뒤 급히 4호 집으로 갔다. 남자들

수가 분명 줄었다는 확신이 섰기 때문이다. 그렇다면 그들의 아라후노 방문이 정말 사실일 가능성이 높아진다.

우리는 두어 차례 저공비행하며 비디오를 찍은 뒤 급상승해 솥을 줄에 달아 내렸다. 이번 주 솥 안의 내용물은 바나나 잎에 싼 작은 음식 꾸러미들, 쇠고기, 초콜릿, 카사바, 과자, 사탕, 구슬이었다. 그들은 선물을 받은 뒤 줄을 20-50m나 왕창 붙잡고는 선물을 묶었다. 이전 어느 때보다 크고 무거웠다. 우리는 선물을 매달고 급히 아라후노로 왔다. 선물을 내리고 줄을 자른 후 똑똑한 뱀들이 알아차리고 비켜나도록 덤불을 세차게 때리며 착륙했다. (기체 내에는 항사독소[抗蛇毒素]가 있다.) 선물은 그들의 닭인 듯 싶은 커다란 검은 새였다. 그들은 새를 바구니 새장에 넣은 뒤 나무껍질 천과 그물로 다시 덮었다. 우리는 그 새를 어찌해야 할지 아직도 결정 못한 상태다. 새장 안에는 무명실이 감긴 물레가락도 있어 고맙게 잘 받았다.

아라후노의 저녁과 밤…"

15. 그들이 간 까닭

때가 빠르게 무르익고 있었다. 남자들과 나를 포함한 아내들은 그토록 오래 전부터 꿈꿔 온 사업에 대해 많은 시간을 들여 의논했다. 올리브 플레밍은 피트의 일기에서 아우카족을 위해 기꺼이 목숨까지 바치고자 하는 그의 고백을 읽은 일을 기억했다. 내가 짐에게 일깨워 준 것처럼 우리 부부는 짐의 출정이 무엇을 의미하는지 잘 알았다. 짐은 침착하게 대답했다. "그것이 하나님이 원하시는 길이라면 나는 아우카족의 구원을 위해 죽을 각오가 돼 있소." 대학생 무렵 짐은 "영원한 것을 얻고자 영원할 수 없는 것을 버리는 자는 바보가 아니다"고 쓴 일이 있었다.

마릴루 맥컬리는 말했다. "에드는 외부의 압력 때문에 가는 것이 전혀 아니다. 아무도 그렇게 생각하지 않았으면 좋겠다. 그것은 각 부부가 단독으로 결정할 문제다."

실제 지상작전이 시작되기까지 두 번의 선물비행이 남아 있었다. 12월 23일 엘리엇 가정과 플레밍 가정이 맥컬리 가정과 함께 크리스마스를 보내러 아라후노에 가 있는 동안 네이트는 짐과 함께 아우카 부락으로 갔다. 전에 보았던 노인이 개간지에 서 있는 것을 보고 그들은 불과 15m 높이로 낮게 노인 곁을 지나갔다.

"와! 노인이 잔뜩 겁에 질렸군!" 짐이 말했다.

네이트도 동의했다. 후에 네이트는 이렇게 썼다. "그들은 두려움이나 적의를 절대 겉으로 드러내지 않으려고 냉혹하게 마음먹은 것 같다. 황금알을 낳는 닭을 자기들이 겁주어 쫓아 버릴까 봐 걱정되는 모양이다. 하지만 그들의 눈은 거짓말을 못한다. 잔뜩 겁에 질려 있다. 물론 충분히 이해가 된다. 그 눈빛은 마치 서커스 광대가 맨 앞줄에 앉은 여섯 살 아이의 얼굴에 장총을 똑바로 들이댈 때의 바로 그 아이 눈빛 같다. 아이도 모두가 장난임을 알지만…. 그러나 그 두려움이란!

4호 집에 가자 '교통관제 총책'이 셔츠와 바지로 완전 정복차림을 하고 있고 나머지 모두는 평소대로 아무것도 걸치지 않고 있었다. 짐이 세어 보니 열세 명이 나와 있었다. 처음 저공으로 지날 때 그중 한 사람이 우리가 준 선물 같은 것을 들어 보였다. 우리는 운반용 망에 휜천과 회중전등과 바지 한 벌과 기타 잡다한 것들을 넣어 떨어뜨렸다. 회중전등이 무슨 물건인지 알아내려는 그들의 모습은 상상만 해도 재미있다!

    올라오는 줄에 그들의 선물이 달려 있다는 짐의 말에 나는 회전하며 상승해 줄을 달아 올렸다. 여태까지 중 가장 무거웠다. 우리는 시속 100km로 순항해 아라후노로 돌아와 나무껍질 천으로 싼 꾸러미를 세게 떨어뜨렸다. 선물은 에드의 집에서 20m쯤 되는 거리의 덤불 속에 떨어졌다. 내용물은 다음과 같다.

    생선 요리.
    조그만 땅콩 다발 두세 개.
    카사바 요리 두어 조각.
    바나나 요리.
    다람쥐 두 마리. 세게 떨어질 때 죽은 것이 분명하다.
    앵무새 한 마리. 살아있지만 약간 겁을 먹고 있다.
    앵무새 옆에 넣어 둔 바나나 두 개.
    질그릇 두 개. 떨어질 때 산산조각 났다.
    고기요리 한 조각과 훈제한 원숭이 꼬리.

    현재까지 이웃들 쪽에서 공정거래에 가장 심혈을 기울인 선물이다. 다들 기뻐했다. 짐과 에드가 고기를 시식했고, 모두 땅콩을 조금씩 먹었다. 그리고는 이 모든 별식을 우리에게 부쳐 준 친절한 친구들의 성의를 무시할 뜻은 없었지만 우리는 앉아서 마릴루가 준비한 음식으로 식사했다."

피트가 아직 최종 결정을 내리지 못했지만 23일 의논 때 그와 올리브도 이 사업에 직접 참여할 다른 세 부부와 함께 있었다. (로저와 바바라 유데리안은 아직 남부 정글의 소속 지부에 있었다.) 아내들은 특히 안전을 위해 정확히 어떤 준비가 필요한지 알고 싶어했다. 총을 소지하되 안 보이게 하기로 했다. 상황이 위험해질 경우 총을 보여 아우카족에게 백인의 우세를 알리기만 하고, 그래도 안될 경우 겁을 주는 의미로만 발사하기로 했다.

로저는 작전도표를 그려 두었다. 짐은 나무에 올릴 조립식 집을 짓는 일을 맡았다. 야간 안전을 보장하기 위한 것이었는데 주변 조명으로 나무 밑에 압력 석유등을 계속 켜둘 경우 특히 필요했다. 에드는 아우카족과 교환할 물건들을 모으는 일을 맡았다. 로저는 구급함을 갖추기로 했고 네이트는 통신과 운송을 담당했고 짐은 총과 탄약을 책임졌다. 나중에 피트가 함께 가기로 결정함에 따라 그는 아라후노와 팜비치 간 수차례 왕복비행 때 네이트를 돕는 일, 아우카 마을로 날아가 스피커로 외치는 일, 강변에 계속 물자를 공급하는 일을 맡았다. 로저는 비상시 강변 모래밭에 그릴 일련의 암호표시를 준비하고 전략적 시점에 쓸 암호명을 만들어 냈으며 그런 내용을 담은 지도를 그려 각 사람에게 나눠 줬다.

일행 각 멤버는 짐과 내가 이전 몇 주간 수집해 온 언어자료를 잘 정리해 외웠다. 마즈는 쉘메라 무전실을 지키며 비행기가 비행하는 중 늘 대기할 뿐 아니라 아우카족과의 정해진 지상접촉 스케줄을 추적하기로 했다. 바바라는 아라후노에 남아 마릴루를 거들면서, 네이트가 날마다 팜비치로 실어 나를 음식을 준비하기로 했다.

아우카족이 아라후노에 다녀간 일, 키추아 사람들이 약간 약삭빠르게 몸을 사리고 있다는 사실, 선물 투하 비행 때 얻은 커다란 격려, 게다가 기후 자체까지, 모두가 그들을 지금 아니면 안될지도 모른다는 긴박감으로 디데이를 향해 떠미는 듯했다. 한 달 안에 우기가 시작될 것이고 그렇게 되면 강물이 불어 착륙이 불가능하다. 아우카 지역에 교두보를 설치할 수 있는 이상적 시기는 1월 초 보름녘이다.

그들은 1956년 1월 3일 화요일로 날짜를 정했다.

아라후노의 크리스마스는 마릴루의 각별한 준비로 고국의 크리스마스 못지않았다. 그녀는 대나무로 작은 크리스마스트리까지 만들어 전등과 반짝이로 장식했다. 팜비치행에 이미 '예약석'을 확보해 둔 에드와 짐은 흥분이 고조돼 있었다. 아직 가기로 최종 결정을 내리기 전인 피트는 하나님을 바라보며 기도하고 있었다.

어느 밤 우리 아내들은 과부가 될 가능성에 대해 함께 이야기했다. 그때 우리는 어떻게 할 것인가? 하나님은 우리 마음에 평안을 주셨고 어떤 상황이 닥쳐도 그분 말씀이 굳게 선다는 확신을 주셨다.

그분이 "자기 양을 다 내어놓은 후에 앞서 가시는"(요 10:4) 분임을 우리는 알았다. 그 시점까지 하나님의 인도는 한치의 오차도 없었다. 우선순위에 절대 의문이 있을 수 없었다. 하나님과 그분 말씀이 삶의 일순위를 차지한다는 것을 우리 각 아내들은 남편과 결혼할 때부터 알았다. 그것이야말로 참 제자도의 조건이었다. 지금 와서 그 의미가 더욱 절실해졌을 뿐이었다.

지금은 자신의 영혼을 살펴야 할 때였다. 치러야 할 대가를 셈해야 할 때였다. 우리 남편들을 잡아끈 것은 모험의 스릴이었을까? 아니다. 그들은 사자를 사냥하거나 산악을 등반하러 가는 남자들처럼 그렇게 가지 않았다. 그들의 편지와 일기가 그것을 너무도 분명히 보여준다. 그들의 부담은 다른 출처에서 왔다. 그들은 저마다 하나님과 개인적 언약을 맺었다. 그들은 첫째 창조로, 둘째 그 아들 예수 그리스도의 죽음을 통한 구속으로 자기가 하나님께 속한 자임을 알았다. 충성의 문제는 목숨의 이러한 이중 귀속으로 단번에 영원히 해결됐다. 그것은 위대한 스승 예수님을 본받으려 애쓰는 문제가 아니었다. 예수님의 완전한 삶을 본받는다는 것은 인간에게 불가능한 일이다. 이 남자들에게 예수 그리스도는 하나님이시되 친히 인간의 형체를 입으신 분이었고, 그것은 그분이 죽으시기 위함이요 그 죽음을 통해 그들을 죄의 마땅한 결과인 형벌에서 건지실 뿐 아니라 양적으로 질적으로 영원한 새 생명을 주시기 위함이었다. 이것은 단순히 그리스도가 마땅히 순종의 대상일 뿐 아니라 나아가 순종할 능력까지 주신다는 뜻이다. 그들은 진작부터 결단의 지점에 도달했었다. "너희는…다니며 만민에게 복음을 전파하라"(막 16:15)는 하나님의 명은 절대적 명령이었다. 개인적 안전의 문제는 전혀 관건이 못 됐다.

12월 18일 일요일 오후, 네이트 세인트는 타자기 앞에 앉아—만약의 경우를 위해—자기들이 가는 이유를 온 세상에 알렸다. 그것은 다섯 선교사 모두를 대변하는 말이었다. "장래를 저울질하며 하나님의 뜻을 구할 때, 우리가 고작 소수의 야만인을 위해 목숨을 내거는 것이 옳은 일일까? 이런 자문을 던지며 우리는 인식한다. 이것은 불쌍한 수천 명의 부름이 아니라 마지막 날 모든 부족에서 그분의 임재 안에 설 자가 나올 것이라는 예언적 말씀의 단순한 선포다. 그리스도를 위해 아우카 감옥의 문을 여는 일에 뛰어드는 것이 그분을 기쁘시게 하는 일이라는 확신이 우리 마음속에 있다.

가장 즐거운 이번 크리스마스의 한때를 보내며, 그리스도를 아는 우리는 기회조차 없이 그리스도 없는 밤으로 곧장 빨려드는 저 잃은 영혼들의 부르짖음을 들어야 한다. 우리 주님이 그러하셨듯이 우리도 궁휼에 이끌려야 한다. 우리가 어둠 속에서 건져 내지 못한 저들을 인해 회개의 눈물을 흘려야 한다. 베들레헴의 미소짓는 광경 너머로 골고다의 뼈저린 고뇌를 보아야 한다. 하나님, 잃은 영혼들과 우리의 책임에 대해 하나님의 새로운 비전을 주소서.

정글 길에 적이 숨어 있을까 봐 극도의 두려움 속에 살아가는 이 석기시대 사람들…. 한 발의 총성이 곧 신비의 즉사로 통하는 그들…. 온 세상 모든 사람이 자기들처럼 살인자인 줄 아는 그들…. 그들의 운명을 우리가 이해할 수 있다면! 하나님이 우리에게 비전을 주신다면 우리 입술과 생각에서 희생이란 단어가 사라질 것이다. 지금 한없이 소중해 보이는 것을 우리는 미워하게 될 것이다. 인생이 갑자기 너무 짧아질 것이며, 우리는 시간만 뺏는 산만한 일들을 멸시한 채 그리스도의 이름으로 전력을 다해 적에게 돌진할 것이다. 아우카족은 크리스마스와 그분을 아는 지식에서 영원의 거리만큼 분리돼 있다. 하나님, 그 영원을 기준으로 우리 자신을 판단하게 하소서. 그분이 부요하신 자로서 우리를 위하여 가난하게 되심은 자신의 가난함을 인하여 우리로 부요케 하려 하심이다.

주 하나님, 제 마음에 말씀하소서. 저로 주님의 거룩하신 뜻과 그 안에 행하는 기쁨을 알게 하소서. 아멘."

16. 우리 홀로 가지 않네

1956년 설날, 맥컬리 가정과 플레밍 부부는 우리 부부와 함께 샨디아에 있었고 로저와 바바라 유데리안은 혹시라도 "이웃들"이 찾아올 경우 현장에 있고자 아라후노의 맥컬리 집에 머물고 있었다. 네이트는 선교사 일행과 장비를 교두보로 운송하는 아주 중대한 일의 준비를 마쳐 가고 있었다. 1월 2일 월요일 아침은 비행하기 좋은 맑은 날씨였다. 이때는 피트도 동행을 결정한 상태였으므로 네이트는 피트와 올리브와 맥컬리 가정을 그날 샨디아에서 아라후노로 태워다 주고 짐은 화요일에 데려다 줄 예정이었다. 그러나 오전 무전연락 때 그는 이렇게 말했다. "짐, 오늘 아라후노로 돌아갈 준비를 하는 것이 좋겠소. 오늘밤 계획을 점검할 시간이 필요하고 또 좋은 날씨도 활용해야 하오."

맥컬리가와 플레밍가를 실은 비행기가 아라후노로 간 사이 짐은 인디언들의 운반용 망에 물건을 챙기기 시작했다. 짐은 하모니카, 뱀에 물렸을 때 바르는 약, 회중전등, 필름이 감긴 환등기, 요요 등 아우카족이 찾아올 경우 그들에게 도움이나 즐거움이 될 만한 것이면 무엇이든 생각나는 대로 가방에 넣었다. 무엇보다 잘 정리된 문법자료와 함께 아우카말 표현이 적힌 소중한 공책을 빼놓을 수 없었다. 나는 짐이 물건 챙기는 것을 거들면서 줄곧 이런 생각이 들었다. "남편의 짐 꾸리기를 돕는 것이 이번이 마지막일까? 남편이 샨디아에서 점심을 먹는 것이 이번이 마지막일까?"

작은 비행기가 돌아와 활주로를 선회하며 짐과 그의 가방과 그가 만들어 둔 조립식 수상 집의 마지막 몇 조각을 실으려고 착륙을 준비하는 동안 우리는 함께 앞문을 나섰다. 짐은 뒤돌아보지 않았다. 활주로에서 그는 내게 작별의 입맞춤을 했고 비행기는 이륙했다.

그날 밤 아라후노에서 다섯 남자는 이튿날 여러 차례의 팜비치 착륙에 대한 잠정적 시간 스케줄을 짰다. 강변의 설치작업이 저녁 전에 모두 완비될 수 있을지 확인하기 위해서였다. 세부사항을 하나도 빠뜨리지 않았다. 각 비행 때마다 싣고 갈 장비목록을 만들어 멤버들에게 사본을 배부했다. 저녁식사와 스케줄 회의가 끝난 뒤 물건을 다 꺼내 놓았다. 저마다 자신의 장비목록을 점검하고 완비하는 그곳은 가히 본격적 교두보를 방불케 했다.

모두 잠자리에 들었으나 네이트는 쉬 잠이 오지 않았다. 가장 큰 책임의 짐은 그에게 놓여 있었다. 아침시간을 절약하려고 아라후노에서 밤을 보내고 있던 그는 그 밤의 정황을 일기에 이렇게 적었다.

"금세 깜빡 선잠이 들었던 나는 곧 손목시계의 빛나는 얼굴을 확인하고 있었다. 12시 반, 다시 2시. 그때부터는 눕기만 했다뿐이지 영락없는 청음초소 경계병이었다. 기도도 하고 암송구절도 외우고 숫자도 세었다. 이 사업에서 내가 맡은 몫은 온통 첫 이륙과 착륙에 달려 있는 듯 보였다. 그래서 나는 첫 비행 때는 한 사람만 싣고 가겠다고 동료들에게 말했었다. 그 말은 곧 누군가 홀로 남아 경계를 서야 한다는 뜻이다. 로저는 히바로 언어밖에 할 줄 몰라 제외됐다. 에드가 제비뽑기에서 이미 짐을 이겼으나 짐은 자기가 더 가볍다며 물러서지 않았다. 내가 7kg도 결정적 차이라고 말했더니 그들은 화장실 저울을 끌고 나왔다. 에드는 짐보다 3kg밖에 더 나가지 않았다. 짐은 '도움이 되지 않는 친구로군! 그간 살을 뺐구먼' 하고 말했다."

네이트의 일기는 이렇게 계속된다. "내가 판단을 잘못하는 날이면 에드와 나는 정말 곤경에 빠진다. 기체가 망가지면 침수 때 그만큼 피해를 입기 쉽고 따라서 심지어 기체를 분해하고 더 높은 지대에 활주로를 다시 만들어야 하는 상황까지 발생할 수 있다. 그 모든 일을 아우카족이 거주하는 숲 속에서 해야 한다! 우리는 지난 몇 번의 시험을 통해 그런 가능성을 직시했고 그냥 밀고 나가기로 결정했다. 지금 자면서, 아니 잠을 청하면서 생각해 봐도 그것은 매몰찬 결정이었다. 하지만 이대로 전진해야 한다는 데 내 마음에 조금도 의혹이 없다. 기정사실이다.

마지막 시계를 본 때가 새벽 4시였다. 그때부터 잠들어 5시 45분에 집 안에 기척이 날 때 깼다."

1월 3일 아침이 청명하게 밝았다. 네이트는 용케 나중에 시간을 내 그날 일을 기록했다. 아우카 지역에 첫 착륙하던 날이었다.

"로저와 나는 바로 비행기 있는 곳으로 나갔다. 우측 브레이크에 용액이 모자랐다. 10cc짜리 주사기와 22호 피하주사침으로 좌측 주실린더에서 브레이크 용액을 빨아내 우측에 주사했다. 소용없었다. 부족했다. 전날 밤 내가 브레이크 장치를 고칠 때 이미 용액이 너무 많이 흘러나왔다.

다른 사람들은 널빤지며 장비며 알루미늄을 활주로로 운반해 전부 먼저 실을 순서대로 배열하고 있었다.

오전 7시 무전연락 때 우리는 마즈에게 부탁해 조니에게 최대한 빨리 브레이크 용액을 가져다 달라고 했다. 마침 올리브도 밤새 몸이 안 좋아 조니의 비행기 편으로 쉘메라로 돌아갈 예정이었다. 이렇게 지연된 덕에 우리는 느긋하게 아침식사도 하고 함께 기도하는 시간도 가졌다."

기도를 마치고 다섯 남자는 '핀란디아'의 쾌활한 곡조에 맞춰 '주님을 의지해'를 불렀다. 그들이 가장 즐겨 부르던 찬송 중 하나였다.

짐과 에드는 대학시절부터 이 찬송을 불러 가사를 다 외우고 있었다. 마지막 절에서 그들의 목소리는 깊은 확신으로 울려 퍼졌다.

> 우리를 지키시는 방패, 주님을 의지해.
> 전쟁은 주님의 것, 찬양도 주님의 것.
> 영광의 진주문에 우리 들어가는 날,
> 승리한 우리, 영원히 주님만 의지하리.

네이트의 간명한 기록은 이렇게 이어진다. "아름다운 날이었다. 우리는 벌레 물린 데를 계속 긁고 있지만 사기는 충천하다. 조니는 7시 40분에 시야에 나타났다. 우리는 첫 착륙의 결과를 볼 때까지 조니가 계속 대기하는 것으로 결정했다. 에드와 나는 오전 8시 2분쯤 비행기에 올랐다. 신기하게도 우리가 짠 잠정 스케줄도 오전 8시에 시작하는 것으로 돼 있었다. 게다가 첫 등성이를 넘으니 쿠라라이 강에 안개가 덮여 있어 그보다 일찍 떠날 수도 없었음을 알았다. 기체 밑으로 안개가 곤란할 정도로 두터워졌지만 다행히 구멍들이 있어 강을 볼 수 있었다. 햇빛이 비치고 있었으므로, 회항했다가 나중에 다시 시도하는 것보다는 필요시 제자리에 구멍이 생기기를 기다리는 편이 나아 보였다.

목적지 2분 거리 내에 들어서자 안개가 옅어져 비행기는 안전하게 안개 밑으로 미끄러져 내려가 접근로로 다가갔다. 우리는 실제 착륙을 흉내내며 바닥으로 내려가 전 착륙구간에 막대기나 기타 위험한 물건이 있는지 살핀 뒤 다시 상승했다.

본래는 착륙 전 그렇게 세 차례 연습할 예정이었으나 모든 것이 우리가 전에 여러 번 볼 때와 동일한 상태였다. 두번째 내려갈 때는 가파른 옆 경사면의 수목들 사이로 활강했다. 마지막 회전 후 모래밭에 들어서자 느낌이 좋았고 그래서 그대로 착륙했다. 우측 바퀴가 강에서 2m 거리 안쪽에 닿았고 좌측 바퀴는 잠시 후 3m 거리에 닿았다. 바퀴에 무게가 실리면서 비로소 모래 지반이 무른 것을 알았지만 다시 물러서기에는 너무 늦었다. 나는 조종간을 꼭 붙들고 기다렸다. 지반이 더 질퍽한 곳이 한 군데 있어 기수나 기미가 처박히는 줄 알았으나 그런 일은 없었다.

우리는 무사한 착륙을 기뻐하며 뛰어내렸다. 이륙하지 못할 수도 있는 명백한 가능성에 대한 내 민감한 염려는 질퍽한 지역을 탈 없이 지났다는 안도로 사그라졌다. 그곳에 와 있는 것만으로도 대단했다.

우리는 이륙 시도에 가장 좋은 코스를 찾아 모래밭을 위아래로 달리며 타이어를 구멍낼 수 있는 막대기들을 치웠다. 내가 비행기를 이륙 위치로 후진하는 동안 에드는 맨 가장자리로 비디오 카메라를 가져갔다.

가장자리 30m쯤 지점에 이르자 우측 바퀴가 가라앉는 느낌이 들면서 내 마음도 함께 가라앉았다. 내가 엔진을 끄자 에드가 황급히 달려왔다. 에드는 뒷날개를 들어 올렸고 나는 꼬리를 받쳐 올렸다. 엔진을 살리고 에드가 날개를 들어 올려 비행기는 무른 지반을 빠져나왔다. 엔진을 끄고 지반이 딱딱한 곳을 다시 찾았다. 마침내 우리는 기체를 뒤쪽으로 향하게 해 모래밭 가장자리의 덤불 속으로 밀었다. 총 200m의 사용 가능 거리 중 30m를 잃는다는 뜻이었다. 지대 전체가 대체로 지반이 무른 점을 감안할 때 커다란 손실이었다. 그러나 비행기가 가벼워진데다 고도가 해발 300m밖에 되지 않아 날개에 양력(揚力)을 더 받을 수 있었다.

내가 다시 비행기에 오르자 에드는 다시 모래밭 맨 가장자리로 갔다. 에드가 비디오 카메라에 담을 장면이 어떤 것이 될까 생각하니 잠시 아찔했다. 최종 점검 후 드디어 이륙했다. 모래밭이 한사코 바퀴를 붙들었으나 역시 가속기가 말을 잘 들어 그대로 밀고 나갔다. 시속 50km로 130m쯤(물에 닿기 약 40-50m 전) 달려 드디어 공중으로 떠올랐다. 수면 가까이 날다가 속도가 붙어서야 활엽수 협곡을 가파르게 급상승한 나는 한 바퀴 돌며 에드에게 경례를 붙인 뒤 급히 아라후노로 향했다. 다음 할 일이 무엇인지 아직 확실치 않았으나 최소한 어떤 과정을 겪어야 하는지는 알았다.

아라후노에 오니 다들 비행기의 귀환을 기뻐했으나 내 얘기를 듣고는 축제 기분이 팍 수그러졌다. 우리는 제2회 비행의 예정목록을 폐기하고 대신 짐과 로저 그리고 워키토키와 약간의 추가분 음식 등 절대 필수적인 기본장비를 실었다. 두 사람이 타자 기미 쪽 균형이 더 잘 잡혔다. 혹 일이 잘못돼 착륙하다 기수가 처박혀도 이제 적어도 인원이 네 명이다. 조니는 지금도 계속 대기중이다. 조니는 바퀴가 모래밭을 더 잘 버티도록 타이어 공기를 좀 빼보라고 했다. 나는 그 생각이 전혀 안 났었는데 각각 약 5kg씩 줄이자 느낌이 한결 나았다.

우리는 예정보다 3분 늦게 출발했다. 안개는 거의 걷혀 있었다. 우리는 한 바퀴 돌며 안전장비를 점검한 뒤 수목들 사이로 미끄러져 나갔다. 공기를 줄인 타이어는 모래밭에 파묻히지 않고 훨씬 잘 견뎠다. 햇빛도 땅의 물기를 말려 주고 있었다.

세 친구의 재회는 요란했다. 내가 지난번처럼 비행기를 이륙 위치로 옮기는 사이 그들은 저지대의 자질구레한 파편들을 치우는 작업에 들어갔다. 이륙은 똑같았다. 물 위로 떠올라 비상한 후 날아왔다.

3회 비행 때는 무전기와 몇몇 도구와 수상 집 조립에 일순위로 쓰일 널빤지를 실었다. 예정보다 10분쯤 지연됐을 것이다.

강변의 세 친구는 좋은 나무를 찾아내 못을 쳐 사다리를 세우고 집을 올리기 시작했다. 확 트인 모래밭 근처에 있는 약간 기울어진 나무였다. 그들은 그것이 경질 수목인 줄 몰랐으나 알고 보니 이름 그대로였다. 이름 값을 하는 나무였다. 이후의 비행들을 통해 개인

물품, 더 큰 무전기, 식료품 추가분, 마지막 널빤지와 알루미늄이 들어왔다."

후에 네이트는 "강변에서 예정에 없던 회의가 소집되는 바람에 이제 예정보다 25분쯤 늦어졌다"고 기록했다.

무수한 벌레와 각다귀에 뜯겨 가며 안전벨트를 두르고 작업한 그들은 어렵사리 두 개의 평상을 올려 못을 박고 알루미늄 지붕을 씌웠다. 그들이 잠잘 곳이었다. 네이트는 제5회 비행을 마친 후 터미널 시티로 가서 확성기에 대고 아우카 사람들에게 "내일 쿠라라이 강으로 오십시오"라고 외쳤다. 인디언들은 "그 메시지를 듣고 어리둥절한 기색"이었다. 네이트는 잠시 팜비치에 다시 들러 아우카족에게 메시지를 전했음을 동료들에게 소리쳐 알린 후 아라후노에 돌아가 밤을 보냈다.

이튿날 아침인 1월 4일 수요일, 짐은 내게 이런 편지를 썼다. "방금 땀흘려 무전기 핸들을 돌렸습니다. 아무도 우리 말을 수신하는 사람이 없지만 우리한테는 오전의 모든 교신이 똑똑히 들립니다. 우리는 잘 잤습니다. 새벽 2시에 잠시 깨어 커피와 샌드위치를 먹었습니다. 지상에서 10m 높이의 나무 위에 집을 지었는데, 작은 침상들이 다들 어찌나 아늑하고 안전하게 느껴지던지 어젯밤에는 시계를 맞춰 놓지 않았습니다. 강변은 착륙하기에는 좋지만 이륙하기에는 너무 땅이 진 상태입니다. 세 가지 방안이 있습니다. 첫째 햇볕에 땅이 굳고 바람이 세져서 이륙이 가능해질 때까지 앉아서 기다리는 방안, 둘째 터미널시티에 가서 활주로를 만드는 방안, 셋째 걸어 나가는 방안. 강변에서 퓨마(정글 사자) 발자국을 보았고 간밤에는 소리도 들렸습니다. 사방이 탁 트인 아름다운 정글에 야자수가 빽빽합니다. 산디아보다 훨씬 덥습니다. 어젯밤 모기장만 치고 자는데도 땀을 흘렸습니다. 우리의 희망은 높건만 '이웃들'이 나타날 조짐은 아직 없습니다. 어쩌면 오늘이 아우카족을 만나는 날이 될지도 모릅니다. 이 오두막을 나무 위로 올리느라 고생했지만 지상에서 간격을 띠는 것은 분명 가치 있는 수고입니다. 이제 내려갑니다. 권총과 선물과 신기한 물건을 가지고, 가슴에는 기도를 품고. 이만 줄입니다…."

에드는 마릴루에게 이렇게 썼다.

사랑하는 아내에게.

 오후 1시. 막 저녁식사를 마쳤소. 네이트는 아우카 사람들이 보이나 알아보려고 이륙중이오. 우리는 그들이 나타나기를 기다리고 있소. 식사는 좋고 풍성하오. 오늘 저녁 네이트 편으로 더러워진 옷가지를 보내리다. 벌레들이 지독하오. 우리한테 필요한 것은 아래와 같소.

 1. 공기 매트리스 두 개. 플라스틱 매트리스는 도로 보냄.

2. 석유 압력풍로용 부지깽이.

3. 우리 수상 집에 매달아 놓고 물건을 담을 쉬그라(인디언들의 운반용 망) 세 개.

4. 사탕을 담아 둘 빈 우유깡통 하나.

5. 압력 풍로용 알코올.

6. 내 선글라스.

7. 해충약.

8. 우유와 레모네이드 좀더.

9. 낚시미끼로 쓸 먹다 남은 고기 찌꺼기.

당신을 한없이 사랑하오. 아이들에게 사랑한다고 말해 주시오.

두루두루 감사하며

에드

10. 햇볕 가리는 헬멧, 있으면.

수요일 오전 네이트와 피트는 아라후노에서 이륙해 터미널시티로 갔다. "사람들 수가 줄어든 것"이 확연히 보였다. 그에 힘입어 둘은 그들이 팜비치로 오고 있는 길이라고 생각했다. 둘이 팜비치 모래 활주로에 착륙하자 에드와 로저와 짐은 선물을 번쩍 들고 강변을 왔다갔다하며 나무들을 향해 환영의 말을 외치고 있었다. 무전기 점검에 착수한 네이트는 마이크 연결부가 느슨해져 송신기가 작동되지 않고 있음을 알아냈다. 다행히 쉘메라의 마즈와 다시 접촉이 성사돼 그는 안도했다. 로저와 네이트는 강변에 집을 지은 후 수영을 나갔고 에드와 짐은 수상 집에서 잠이 들었다.

나른한 오후가 지나고 열대의 태양이 거대한 정글 뒤로 가라앉기 시작할 무렵 네이트는 또다시 작은 비행기에 올라 힘겹게 강 계곡을 빠져나갔다. 또 한밤을 보내러 피트와 함께 아라후노로 향한 것이다. 네이트는 일기에 이렇게 썼다. "어제와 오늘 우리가 본 너무도 확실한 축복을 인해 하나님께 감사드린다. 좋은 팀을 인해 하나님께 감사드린다. 누구도 그분을 찬양하지 못하는 자가 없기를."

1월 5일 목요일에도 네이트는 극적인 긴박감으로 그날 일을 기록하고 있다. 그 마지막 주간 매일 있었던 일은 학교공책에 연필로 흘림체로 적혀 있다(팜비치에는 타자기가 없었다).

"팜비치는 다들 조용하다. 그러나 누군가 우리를 보고 있는 것만은 확실하다. 오늘 아침 가는 길에 피트와 나는 터미널시티로 날아갔다. 노인의 집에 두 여자와 두 아이가 있었다. 모형비행기 집은 비어 있었다. 여자들과 아이들은 큰 집에 간 것 같았다. 큰 집에는 여자 대여섯과 아이들 여럿이 있고 노인도 한 명 있는 것 같았다.

팜비치에 내리는 길에 우리는 아래쪽 저지대를 1-2km 훑어보았다. 발자국이 꽤 보였다. 필시 멧돼지와 기타 작은 동물들 것이었다. 팜비치로 올라올 때 우리는 강바닥으로 낮게 날았다. 동료들에게 인사를 건넨 후 급상승 선회해 착륙할 생각이었다. 그때 팜비치 한 굽이 아래쪽에 사람 발자국이 보였다. 우리는 상승해 급히 되돌아가 다시 살폈다. 틀림없었다. 우리는 그대로 질주해 일행 곁을 지나며 인사한 뒤 다시 상승해 팜비치 위쪽의 두 저지대를 살핀 다음 (성과가 없었다) 착륙했다. 발자국을 보았다는 소식에 일행은 부쩍 활기를 띠었다.

어젯밤 다들 나무 위 집에서 잘 잤다. 저녁 9시 강풍이 요란한 소리로 나무를 흔들며 세 남자를 깨웠다. 그러나 셋 다 곧 다시 잠들었다. 그들은 표적을 환히 밝혀 두려 수상 집에 랜턴을 켜두었다. 새벽 5시에 그들은 저지대로 회중전등을 비추어 전날 밤 선물로 놓아 둔 벌채칼을 살폈다. 칼은 없었다! 다음 15분간 정글에는 아우카말 표현이 울려 퍼졌다. 중서부 억양이 가미됐을 것이다. 이어 그들은 불을 밝히고 더 자세히 살펴보았다. 커다란 나뭇잎이 떨어져 벌채칼을 덮고 있었다. 어쩐지 쉽다 했더니!

피트와 내가 이곳에 들어오니 짐은 거의 아우카 복장으로 강에서 낚시질을 하고 있다. '이웃들'의 옷차림을 본 후로는 법도가 그다지 중요해 보이지 않는다. 복장이 기준이 될진대 우리는 그들에게 모든 것을 주고 있는 셈이다. 긴팔 셔츠에 바지를 입고 밀짚모자까지 쓴 피트는 꼭 부두의 부랑자 같다. 파리가 많아 로저와 나도 티셔츠와 바지와 테니스화로 제법 중무장을 하고 있다. 짐은 강 한가운데 서서 아우카어 표현 공책을 들고 '설교'하거나, 낚시질하지 않을 때면 모깃불 곁에 앉아 있다.

470억 종류의 갖가지 곤충만 빼면 이곳은 작은 낙원이다. 모깃불과 해충약 덕분에 다들 한껏 이 경험을 즐기고 있다. 조금 전 짐이 38cm 길이의 메기를 건져 올렸다. 지금 메기는 불 위에서 잘 익고 있다. 에드와 로저는 강굽이에 올라가 접근로의 성가신 나무들을 쳐내고 있다.

피트는 점심식사에 구미가 돋는지 괜히 분주하다. 그는 이미 고기 덩어리가 반쯤 차 있는 압력 쿠커에 미리 비닐봉지에 담아 온 날야채를 막 쏟아 부었다. 그리고는 소금을 가지러 나무 위 집에 올라갔다.

로저가 가스 드럼통으로 만든 '갑옷'(흉배와 복부 방패)이 풍로에 아주 요긴하게 쓰이고 있다. 스튜에서 김이 오르는 동안 우리는 인디언들이 하는 것처럼 불에 흰개미 떼를 던져 각다귀를 쫓았다. 세 친구가 돌아올 즈음 스튜가 다돼 다들 맛볼 자세를 갖추었다. 스튜는 풍성한 양의 미지근한 레모네이드와 함께 매끄럽게 잘 내려갔다.

피트와 내가 착륙해 멧돼지와 다른 동물들 흔적과 더불어 사람 발자국도 보았다고 보고한 이후 줄곧 우리는 야멸찬 조롱의 대상이었다. 그러나 호기심은 혹독한 시련을 불러와 짐과 로저는 더 가까이 살펴보려고 강물 속을 걷고 달리며 하류로 내려가기 시작했다. 우리는 그들이 한 시간 내에 나타나지 않으면 비행기로 공중에서 찾아보

3개월간 매주 선교사들은 "터미널시티"라 이름 붙인 아우카 촌락으로 날아가 줄에 선물(사진 속의 솥 같은)을 달아 내렸다. 간혹 아우카족도 줄에 선물을 묶어 올렸는데 네이트 세인트가 들고 있는 깃털모자도 그중 하나다.

적대적 아우카 지역의 우호적 교두보. 수개월간의 준비 끝에 선교사들은 쿠라라이 강 모래톱에 착륙한 뒤 그곳에 "팜비치"라는 이름을 붙였다. 1956년 1월 3일 화요일 네이트 세인트는 5회의 비행에 걸쳐 에드 맥컬리, 짐 엘리엇, 로저 유데리안 그리고 물자를 아라후노에서 여기로 날랐다. 네이트가 비행하는 동안 다른 선교사들은 경질수목 9m 위에 오두막을 지었다(오른쪽). 그날 마지막 비행 때 네이트는 "터미널시티"로 날아가 아우카말로 소리쳤다. "내일 쿠라라이 강으로 오십시오."

수요일부터 선교사들이 아우카족의 방문을 기다리는 시기가 시작됐다. 그들은 낚시도 하고 책도 읽고 아우카말 표현이 적힌 공책을 공부하기도 했다.
짐과 로저와 네이트가 비행기 이착륙에 위험이 될 만한 나무들을 잘라 낸 후 팜비치로 돌아오는 중이다.

짐이 메기를 들어 보이고 있다.

"470억 종류의 갖가지 해충만 빼면 이곳은 작은 낙원이다." 네이트가 일기에 쓴 말이다. 네이트가 「타임」지를 들고 해충을 피해 자기 말로 '수중 낮잠'을 즐기고 있다.

기다림은 목요일에도 계속됐다. 낮 동안 네이트 세인트는 몇 차례 비행기를 이륙해 팜비치 상공을 돌면서 엔진소리를 높여 아우카족에게 일행의 위치를 알렸다. 두 선교사가 강기슭 차양 밑 그늘에서 쉬고 있다.

에드 맥컬리가 혹 숨어서 보고 있을지 모를 아우카족에게, 미움받는 바깥세상에서 온 자기네 선교사 일행이 우정으로 기다리고 있음을 양손을 들어 몸짓과 말로 알리고 있다.

선교사들의 노력은 금요일 오전 11시 15분 아우카인 셋이 정글에서 나와 첫 백인 친구들과 만남으로 작은 열매를 맺었다. 셋 중 유일한 남자인 그는 즉각 "조지"라는 별칭을 얻었다. 그의 귓불에 아우카 귀표인 발사나무 토막이 달려 있다. 빨간 털실 타래는 로저가 준 선물이다.

단어장을 든 피트 플레밍이 아우카족 특유의 모양으로 앉아 있는 조지에게 모형비행기의 각 부분을 가리켜 보이고 있다. 나중에 선교사들은 아우카족이 촌락 인근에 나무를 자르고 영구 활주로를 만들 필요성이 있음을 설명하려 했다. 그 지역은 팜비치처럼 홍수에 잠길 염려가 없었다.

첫 햄버거를 맛보고 있는 조지의 몸에 로저가 해충약을 발라 주고 있다. 네이트와 함께 비행기에 올라 아우카 마을 상공을 돌 때 조지의 스릴은 최고조에 달했다. 비행기에 올라타는 순간부터 그는, 선물을 떨어뜨리며 지상의 아우카족에게 소리치던 선교사들을 흉내내 창밖으로 소리를 질렀다.

아우카족 두 여자 중 연장자는 나머지 둘보다 오래 머물렀다. 그녀는 저녁 내내 불가에 앉아 로저가 알아듣지 못함도 아랑곳 않고 유창하게 말했다. 그날 밤 그녀는 불가에 잠자리를 잡았으나 새벽에 떠난 듯했다. 선교사들이 일어났을 때 그녀의 모닥불은 아직 타고 있었다. 강변에서 사진을 찍은 네이트 세인트는 그날 일을 짤막한 컬러 비디오로도 녹화했다. 수년 전 자기 부족을 도망쳐 나와 현재 아우카 지역 바깥의 농장에 살고 있는 아우카 여자 다유마가 그 비디오를 보았다. 그녀는 나이든 여자가 자기 어머니의 여동생이라고 했으나 다른 두 아우카 사람은 누군지 몰랐다.

찾아온 아우카족 중 가장 어린 이 여자에게 선교사들은 즉각 "들릴라"라는 이름을 붙여 주었다. 날이 저물 무렵 그녀는 강변을 따라 젠체하며 걸어갔다. 조지는 자기가 불러도 여자가 멈추지 않자 숲 속으로 여자를 따라갔다.

선교사들이 아우카 작전의 상징물로 만든 모형비행기 옆에 서 있는 조지. 이제 모형비행기는 그의 것이 되어 아우카 마을에 있다. 지금도 MAF 조종사들이 인디언 가옥 위를 날 때마다 그는 달려 나와 작은 비행기를 흔들어 보인다. 뒤쪽에 네이트 세인트의 파이퍼크루즈가 보인다.

기로 했다. 50분 후 일행이 돌아오는 것이 보였다. 나는 그들을 만나 내막을 들으려고 물 속으로 걸어 나갔다. 그들은 '멧돼지'라고 소리쳤다. 그러더니 좀더 바짝 가서는 '아우카족-적어도 서른 명쯤'이라고 말했다. 그럼 그렇지! 정말 발자국이 있었다. 성인 하나, 열두 살쯤 돼 보이는 아이 하나, 작은 꼬마 하나였다. 그러나 발자국은 일주일쯤 된 것일 수도 있었다. 밟았던 자리의 흙이 말라 금이 가 있었다. 시속 100km로 날 때든 아닐 때든 우리는 많은 동물들 발자국과 사람 발자국을 분명히 구별했던 것이다.

다른 자국들은 악어, 퓨마, 멧돼지 등이었다. 꽤 큼직한 오리들도 보였다. 누군가 '사냥을 못해서 아쉽군' 하고 말했다. (우리는 인디언들을 놀라게 할까 봐 총 사용을 금하고 있었다.)

누군가 우스갯소리로 여기는 에콰도르인데 우리는 전혀 스페인어로 말하지 않는다고 말하자 다른 사람이 이렇게 받았다. '주변에 스페인어로 말하는 사람이 아무도 없는데 뭐.'

얕은 물에 몸을 9/10쯤 담그고 누워 있는 것이 퍽 유익함을 다들 깨달았다. 마침 나는 오후 2시 무전을 막 마친 터라 옷을 벗고 햇볕 가리는 헬멧만 쓴 채 물 속에 누워 각다귀를 쫓았다. 헬멧과 맨 다리만 물 밖으로 나와 있는 광경이 대단한 볼거리라는 듯 동료들 두엇이 카메라를 꺼냈다. 우리는 「타임」지까지 동원해 '수중 낮잠'을 즐겨 사진의 질을 높여 주었다.

그때 짐이 우리한테 소설을 읽어 주기 시작했다. 우리는 별로 우습지 않은 대목에서도 왁자하게 웃다가 결국 맨 뒤로 넘어가 누가 누구와 결혼하는지 본 다음, 이번에는 「타임」지 기사를 읽었다. 한 과장법 문장에 우리는 정말 배꼽을 쥐었다. '그는 쓰레기통을 전전하며 아홉번째 인생을 시작하는 가난뱅이 톰처럼 보였다.'

오후 3시 나는 상공에 올라 고도 1,800m까지 선회해 올라갔다. 아우카 개간지와 팜비치가 동시에 보이는 곳이었다. 그러다 천천히 활강해 내려왔다. 이따금씩 멈추어, 누구라도 소리만 듣고 방향을 감지할 수 있을 만큼 전속력으로 팽팽히 선회했다. 착륙하려 접근하면서 나는 팜비치 두 굽이 상류 쪽으로 언뜻 갓 밟은 사람 발자국을 본 듯했다. 오래된 멧돼지 발자국과 함께 있었다. 돌아와 동료들에게 말했으나 어떤 열의도 일지 않았다. 나도 열의는 동이 났다. 어떤 것에든.

4시 반쯤 되자 다들 아우카족이 아직 우리 위치를 찾지 못했다는 생각이 들었다. 그러나 그들이 우리를 찾아내 모습을 드러낼 때까지 모두 '끝까지 참을' 각오가 돼 있었다. 한 가지 분명한 것은, 우리가 강변에서 기다리다 지칠 정도면 아우카족이야말로 2-3일 정글을 걸어 우리를 찾아내느라 기력이 쇠진할 대로 쇠진할 것이다. 피트와 나는 4시 45분 이륙할 준비를 마쳤다. 대기는 쥐 죽은 듯했다. 우리는 불필요한 무거운 것은 다 놓고 갔다. 이륙 공간의 무른 모래밭을 힘들여 달리기 시작했으나 좀처럼 뜻대로 안됐다. 절반쯤 가서 나는 속도를 줄였고 비행기는 30m쯤 가다 섰다. 피트가 밤새 수상 집의 보초를 서야 할지도 모르는 형편이었다. 그러나 우리는 한번 더 해보려고 기체를 이륙 위치로 다시 후진시켰다. 로저의 말대로 엔진을 끄고 비행기를 뒤쪽으로 최대한 멀리까지 손으로 밀었다. 꼬리날개 위치가 물에서 불과 몇 미터밖에 안됐다! 그때 짐이 풍향계 쪽으로 내려가 수신호를 보냈고 에드와 로저는 비행기가 출발할 때 날개 받침대를 밀었다. 이번에는 성공해서 비행기는 일직선을 그리며 터미널시티로 날아갔다. 우리는 '쿠라라이 아파(강)'라는 말을 반복하며 큰 집을 두번 선회했다.

터미널시티에서 엔진이 툴툴거렸다(점화플러그 이상). 한 남자가 평상에 팜비치 쪽으로 무릎꿇고 앉아 두 손으로 그쪽을 가리켜 보였다. 우리에게 큰 힘이 됐다. 우리는 급히 돌아가 진영 위를 활강하며 큰소리로 그 소식을 알렸다. 일행이 알았다는 신호를 보냈고 우리는 집으로 돌아왔다. 아라후노에서 우리는 두어 차례 선회하며 '아무나' 덤불 속에 있을지도 모를 이들에게 환영의 말을 소리친 뒤 착륙했다. 착륙 후 피트와 나는 선물로 벌채칼을 들고 활주로를 걸었으나 허사였다.

그러고 보니 우리는 갈수록 아우카 사람들이 더 친근하게 느껴진다. 하지만 그것 때문에 부주의해져서는 안된다. 20세기와 석기시대를 잇는 것은 결코 작은 일이 아니다. 하나님, 우리가 조심하도록 도우소서.

  이제 다들 자리에 누워 잠들었다. 그러니 오솔길로 내려가 디젤을 끄는 것은 내 몫이다. 이런 모험 때는 내 작은 공포 소총이 반가운 동료다. 하지만 안전은 주님께 속한 것이다. 곧 '그들'을 보게 되기를. 굿나잇."

17. 금요일의 성공

1월 6일 금요일 오전 11시쯤, 네이트와 피트는 일행이 모래밭에 지어 둔 작은 요리용 오두막에 앉아 있었다. 에드는 모래밭 위쪽 끝, 로저는 가운데, 짐은 아래쪽 끝에서 정글에 대고 계속 언어 포격을 가하고 있었다. 11시 15분, 에드의 외침에 대한 답으로 강 건너에서 분명한 남자 목소리가 울려 나오자 그들은 가슴이 두근거렸다. 곧바로 세 명의 아우카인이 밖으로 걸어 나왔다. 남자 하나 여자 둘이었는데 한 여자는 30세쯤 돼 보였고 또 하나는 16세쯤 된 소녀였다. 모두 허리와 팔목과 허벅지에 묶은 끈 외에는 알몸이었고 평퍼짐해진 귓불에 커다란 나무토막이 달려 있었다. 급작스런 출현에 일순간 멍해 있던 선교사들은 마침내 어렵사리 아우카말로 동시에 외쳤다. "푸이나니!…환영합니다!"

아우카 남자는 연신 소녀를 가리키며 청산유수 같은 말로 대답했다. 말은 알아들을 수 없었지만 몸짓만은 분명했다. "여자와 바꾸자는 말 아니면 여자를 선물로 주겠다는 말일세." 피트가 말했다.

아우카인들은 누군가 그쪽으로 건너오기를 바라는 듯했다. 그래서 짐이 반바지 차림으로 그들 쪽으로 물을 건너기 시작했다. 일행이 그에게 천천히 가라고 주의를 주었다. 짐이 머뭇거리자 아우카 사람들도 약간 주춤했다. 그러나 짐이 점점 다가가자 소녀가 슬며시 물가로 나와 통나무에서 발을 뗐다. 남자와 다른 여자도 곧 뒤따랐다. 짐은 그들의 손을 잡아 물을 건넸다.

활짝 웃으며 "푸아나니"를 연발하고 수시로 단어장을 뒤져 가면서 다섯 선교사는 손님들에게 그들이 "잘 왔으며" 두려워할 필요가 없다는 뜻을 전달했다. 아우카인들은 어색한 기색이 가시면서 자기들끼리 또 선교사들에게 즐겁게 재잘거리기 시작했다. "우리가 자기들 말을 알아듣지 못한다는 것을 거의 모르는 것 같았다."

로저가 과도를 몇 개 꺼내자 그들은 기뻐 탄성을 발하며 받았다. 네이트는 벌채칼과 모형비행기를 주었다. 다른 선교사들은 요리용 오두막과 수상 집에 총이 있음을 문득 떠올리고는 가서 총기를 배낭 밑에 감췄다. 그들은 카메라를 꺼내 와 사진을 여남은 장 찍었다. 그 동안 여자들은 「타임」지를 구경했고 남자는 몰려드는 해충을 퇴치하는 문명화된 방식의 시범으로 해충약 세례를 받고 있었다. 일행은 자연스럽게 그를 "조지"라 부르기 시작했다.

잠시 후 소녀―일행은 그녀를 "들릴라"라 불렀다―는 비행기 옆으로 가 기체에 자기 몸을 문지르며 손으로 비행기가 나는 동작을 흉내냈다. 피트는 이렇게 썼다. "남자는 자연스럽고 침착하며 전혀 태연한 반면 소녀는 꿈꾸는 듯했다. 그들은 두려워하는 기색이 없고 카메라가 뭔지 모르는 듯했다."

피트의 기록은 이렇게 계속된다. "곧 남자가 비행기에 관심을 보이기 시작했다. 그의 말로 미루어 자기가 비행기에 올라 마을로 가서 동료들을 부르겠다는 뜻 같았다. 우리는 그에게 셔츠를 입혔다(상공은 춥다). 그는 자기 역할에 대한 열의 외에는 아무런 감정 표시 없이 비행기에 올랐고, 어떻게 소리칠 것인지 행동으로 보여주며 어구를 되풀이했다. 네이트가 활주로를 이동해 이륙하는 동안 조지는 계속 소리쳤다. 선회하며 잠깐 소리친 후 네이트는 마을로 가기 전 그에게 약간 쉴 시간을 줄 생각으로 다시 착륙했다. 소용없었다! 그는 당장 갈 태세였다."

그들은 다시 올라가 이번에는 터미널시티를 선회했다. 정글 상공에서 초록색 바다를 내려다보다 갑자기 낯익은 개간지와 낯익은 얼굴들을 발견했을 때 그 원시인은 도대체 무슨 생각을 했을까? 조지는 좋아서 깔깔 웃으며 고개를 내밀고는 자기 마을 사람들에게 손을 흔들며 소리쳤다. 네이트는 이렇게 썼다. "노인의 집에 있던 여자는 조지를 보고는 입이 벌어져 다물 줄 몰랐다…. 평상의 젊은 사람 얼굴에는 기쁜 표정이 어렸다."

다시 모래밭에 이르자 조지는 박수를 치며 뛰어내렸다. 다섯 선교사는 하늘 아버지를 부르고 있음을 손님들에게 알리려고 고개를 높이 쳐들고 즉시 하나님께 감사했다. 에스겔의 말대로 "말씀이 살아 있는 불처럼 내 뼛속에 있었으나" 아우카 사람들에게 예수님의 피로 말미암는 구속의 메시지를 전하려는 이들의 충동은 오직 언어의 장벽으로 막혔다. 일순간 그 장벽을 뛰어넘어 아우카 인디언들에게 하나님의 사랑을 손톱만큼이라도 전할 수 있다면 얼마나 좋으랴!

선교사들은 손님들에게 고무밴드, 풍선, 요요 같은 현대의 신기한 물건들을 보여주었다. 겨자 바른 햄버거와 레모네이드도 주었는데 그들은 맛있게 먹는 것 같았다. 이어 선교사들은 자기들을 아우카 마을로 초대해 주면 기꺼이 가겠노라는 뜻을 전달하려 애썼다. 이 이야기에 조지는 전혀 열의를 보이지 않았다.

"우리가 이 얘기를 꺼낼 때마다 그가 저렇게 마음 내켜 하지 않는 이유가 무엇일까요?" 다섯 중 하나가 의문을 제기했다.

"자기 힘으로 우리를 초대할 권위가 없기 때문인지도 모릅니다." 누군가 대답했다.

다음은 네이트의 기록이다. "4시 15분, 우리는 다시 비행하기로 했다. 조지도 같이 가려고 했다. 우리는 아니라고 했다. 그는 마치 피트한테 이미 승낙이라도 얻은 양 자기 벌채칼과 귀중품 봉투를 비행기에 올려놓고는 올라타려 했다. 가는 길에 마침내 마즈와 무전연락이 됐다. 크게 기뻐했다.

팜비치에 돌아와 우리는 작전회의를 열었다. 대여섯 명의 아우카 대표단이 도착해 쾌히 우리를 호송할 경우 아우카 집들에 건너가 보는 방안에 대해 논의했다. 그후에는 그쪽 계곡에 활주로를 짓는 일에 총력을 기울일 것이다. 일행은 조지에게 그의 마을에 활주로를 만드는 방법을 설명하려 했다."

처음에 그는 그들이 말하는 "나무"라는 단어를 이해하지 못했다. 마침내 무슨 말인지 알아들은 그는 그들의 발음을 교정해 주었다. 그들은 나무 대신으로 모래밭에 막대기들을 세웠다. 이어 네이트는 모형비행기 한 대를 들고서 비행기가 나무들 속으로 추락해 구르는 모습을 조지에게 보여주었다. 모래밭의 막대기들 사이에 모형비행기가 거꾸로 누워 있는 모습을 보며 일행은 일제히 고개를 저으며 괴로운 듯 신음소리를 냈다. 일행은 착륙장면을 한번 더 시연했다. 단 이번에는 벌채칼을 꺼내 나무(막대기)를 다 자른 후 모래밭을 부드럽게 잘 골랐다. 이어 모형비행기를 부드럽게 착륙시킨 후 크게 좋아하는 모습을 보였다.

시간이 흐르면서 들릴라는 조바심을 내는 듯했다. 중간에 한번 짐 엘리엇이 좌중을 떠나 수상 집으로 올라가자 그녀도 펄쩍 뛰며 따라왔다. 그러나 짐이 돌아와 다시 일행에 합류하자 그녀는 잔뜩 풀이 죽었다.

얼마 후 네이트와 피트가 아라후노로 돌아갈 채비를 하자 조지는 자기가 따라갈 수 없음을 알아차린 듯했다. 비행기가 이륙하기 전 일행은 촬영된 필름과 그간의 모든 기록을 꼼꼼히 전부 수거했다. 밖으로 공수해 안전하게 보관하기 위해서였다. 그들은 예기치 못한 일이 벌어질 경우 기록이 유실되는 것을 원치 않았다.

아우카 사람들이 강변에서 밤을 보낼 뜻을 표하자 세 선교사는 요리용으로 쓰던 작은 오두막을 친절하게 내주며, 원한다면 그곳을 써도 좋다는 몸짓을 해보였다. 그러나 들릴라는 생각이 달랐다. 그녀는 돌아서 강변 아래쪽으로 멀어졌다. 조지가 불렀으나 그녀는 걸음을 멈추지 않았다. 그도 그녀를 따라 숲 속으로 들어갔다. 나이든 여자는 불가에 남아 "로저에게 지칠 줄 모르고 말했다." 그녀는 거의 밤새도록 강변에 있었다. 이튿날 아침 짐이 불을 피우려 내려와 보니 그녀는 가고 없었지만 그녀가 쪼이던 깜부기불이 여전히 불그스름했다.

이튿날인 1월 7일 토요일의 상황은 소강 상태에 빠졌다. 선교사들은 아우카족이 금방이라도 도착해 마을로 초대해 주기를 기대하며 희망을 품고 기다렸다. 그러나 아무도 오지 않았다. 정오쯤 짐은 시계를 보며 말했다.

"좋다. 5분만 더 기다렸다 안 오면 내가 그쪽으로 간다!" 곧 생각을 거두고 다시 지혜롭게 기다렸으나 그래도 그는 수상 집 뒤쪽에 보아 두었던 원시림 오솔길을 따라 숲으로 다시 들어갔다. 혹시 그들의 발자국이라도 찾을까 해서였다. 숲이 놀랄 만큼 활짝 트여 있고 동물들 흔적도 많았지만 사람 발자국은 없었다.

네이트와 피트는 곧 터미널시티로 날아갔다. 두려움의 징후가 보여 그들은 낙심됐다. 첫 비행 때 여자들과 아이들이 일제히 달아나 숨었다. 시야에 보이는 몇 남자들은 "오십시오, 오십시오, 오십시오!" 부르는 네이트의 소리를 듣고 안도하는 듯했다. 네이트는 그들을 안심시키고자 담요와 반바지를 떨어뜨렸다.

두번째 비행 때 일단의 남자들과 함께 조지가 나타났다. 한 노인이 팜비치 쪽을 가리켰는데 "우호적이긴 하지만 열광적인 모습은 아니었다." 세번째 비행 때는 두려움이 가신 것이 보였다. 네이트는 이렇게 적었다. "조지와 다른 젊은 남자 하나가 활짝 웃어 보였다. 모르긴 몰라도 그 남자도 비행기에 타보고 싶어하는 눈치다."

에드는 그날 오후 마릴루에게 이런 쪽지를 보냈다.

> 사랑하는 아내에게.
>
> 4시 반인데 아직 인기척이 전혀 없소. 하지만 오늘밤이 아니면 내일 일찍이라도 그들이 찾아올 줄 믿소. 옷과 음식, 다시 한번 고맙구려. 우리는 정말 잘 먹고 있소. 이 작전은 처음부터 끝까지 식

금요일의 성공 267

단이 아주 좋소.

지금 우리 기분 같아서는 저쪽으로 돌진해 가서 최대한 빨리 활주로를 지어야 할 것 같지만, 하나님이 우리와 또 저들을 어떻게 인도하시는지 기다리며 봐야 될 것이오. 내일 아침 피트가 그곳에 돌아가 당신을 도울 것 같소. 스티비와 마이키에게 내 사랑을 전해 주고 곧 만날 거라고 말해 주시오. 그리고 카르멜라에게도. 이만 줄이겠소. 사랑으로,

에드.

그날 밤 아라후노 침대에서 뒤척이던 네이트는, 찾아온 손님들의 흥미를 유발해 친구들을 데리고 다시 오게 할 만큼 자기들이 최선을 다했는지 따져 보았다. 손님들은 왜 그렇게 심드렁했을까? 돌이켜 보니 그들은 거의 따분해 보이다시피 했다. 짐의 설명이 그를 안심시켰다.

"그게 인디언이오. 달에 데려다 놓아도 그들은 5분이면 족할 겁니다."

일요일 아침 네이트와 함께 비행기에 오르면서 피트는 외쳤다. "여자 분들, 안녕. 기도해 주시오. 오늘이 그날일 거요."

팜비치에서 일행은 마릴루가 보내준 아이스크림과 오븐에서 막 꺼낸 따끈따끈한 블루베리 머핀을 맛있게 먹었다. 곧 그들은 터미널

시티에 가봐야 한다는 데 전원 동의했다. 이번에는 네이트 혼자 갔다. 터미널시티를 선회하는데 소수의 여자들과 아이들밖에 보이지 않았다. 그는 가슴이 부풀었다. 틀림없이 남자들은 마침내 쿠라라이 강으로 가는 길일 것이다! 아니나 다를까 돌아오는 길에 일단의 남자들이 팜비치로 "가고 있는" 것이 보였다. 바퀴가 땅에 닿자마자 그는 네 동료에게 소리쳤다. "여러분, 드디어 때가 왔습니다! 그들이 오고 있습니다!"

12시 반에 쉘메라의 마즈와 무전연락이 예정돼 있었다. 네이트는 숨가쁜 중에도 여전히 암호를 사용해 가며 터미널시티에서 "열 명의 대표단"이 오고 있는 것이 목격됐다고 말한 뒤, 이렇게 덧붙였다. "오후 이른 시각이면 그들이 여기 도착해 예배가 열릴 것 같소. 우리를 위해 기도해 주시오. 오늘이 바로 그날입니다! 4시 반에 다시 연락하겠소."

18. 침묵

4시 반 정각에 마즈 세인트는 열심히 쉘메라의 무전 수신기를 켰다. 일대 뉴스가 들어올 시각이었다. 남자들은 초대받아 아우카족을 따라 그들의 집으로 갔을까? 네이트가 보고해 올 그 이상의 진척사항은 무엇일까?

마즈는 다시 시계를 보았다. 4시 반이 된 것만은 분명했다. 팜비치에서는 아무 소리도 없었다. 마즈와 올리브는 무전기 옆에 바짝 다가섰다. 대기(大氣) 상황은 전혀 장애가 없었다. 네이트의 시계가 좀 늦은 것이리라.

한편 아라후노의 마릴루와 바바라도 무전기를 켜놓고 있었다. 침묵. 그들은 몇 분 더 기다리다 쉘메라를 불렀다.

"여기는 아라후노, 쉘메라 나오라. 여기는 아라후노, 쉘메라 나오라. 팜비치에서 소식이 있었나요, 마즈? 오버."

"여기는 쉘메라. 아니, 아직 아무 소식 없어요. 계속 대기하겠습니다."

지지거리는 소리조차 없이 정적만이 감돌았다.

남자들은 손님 접대에 몰두한 나머지 예정된 연락을 잊은 것일까? 5분…10분…아니다, 다섯이 다 잊는다는 것은 상상할 수 없다. 네이트가 1948년 정글비행을 시작한 이후로 그와 마즈 사이에 단 한 시간이라도 연락이 끊긴 것은 이번이 처음이었다.

하지만, 어쩌면 그쪽 무전기가 고장났을 수도 있다. 가끔 그런 일이 있었다. 여자들은 뭔가 크게 잘못됐을 수 있다는 생각을 떨치며 실낱같은 희망에라도 매달렸다. 연락망에 있는 그들의 선교사 친구들은 대부분 아우카 작전이 진행중임을 모르고 있었기에 여자들의 불안은 더욱 애절했다. 아라후노의 바바라와 어린 베스 유데리안은 약간 몸치장을 하고 있었다. 그날 밤 피트가 차례를 맞아 수상 집에서 자고 로저가 아라후노에 나오기로 돼 있었기 때문이다. 필시 작은 비행기는 해지기 전 저 수풀 위를 날아올 것이다. 그들은 활주로를 서성이며 기다렸다….

해가 진 직후, 키토 선교방송국 HCJB의 자매기관인 보잔데스 병원의 의사 아트 존스턴이 쉘메라 무전실에 들어왔다. 무전기는 아직 켜 있는데 마즈는 책상에 고개를 묻고 앉아 있었다.

"무슨 일 있습니까, 마즈?"

마즈는 그에게 상황을 간략히 설명한 뒤 아직 발설하지 말아 달라고 부탁했다. 실제 심각한 사태가 벌어지지 않았을 경우 이번 작전이 바깥에 알려지면 커다란 낭패였다. 그날 밤 네 명의 아내들은 누구도 잠을 자지 못했다.

1956년 1월 9일 월요일 오전 7시, 네이트의 MAF 동료 조니 키넌이 이전에 네이트가 가르쳐 준 모래밭 착륙지점을 향해 비행하고 있었다. 그 사이 마즈는 샨디아의 내게 연락했다. "어제 정오 이후 남자들한테서 소식이 없어요. 10시에 조니의 보고가 있을 거니까 대기하고 있어요."

사고소식을 나는 그때 처음 들었다. 에콰도르에 처음 도착하던 때 하나님이 내 마음에 새겨 주신 말씀이 갑자기 생생히 되살아났다. "네가 물 가운데로 지날 때에 내가 함께할 것이라. 강을 건널 때에 물이 너를 침몰치 못할 것이며…"(사 43:2). 나는 위층으로 올라가 인디언 소녀들의 문맹퇴치반을 계속 가르치면서 속으로 기도했다. "주님, 물이 침몰치 못하게 하소서."

9시 반쯤 조니의 보고가 들어왔다. 마즈가 샨디아로 내게 전해 주었다.

"조니가 강변의 비행기를 발견했어요. 기체가 다 뜯겨져 나갔답니다. 남자들 흔적은 보이지 않고요."

마침 쉘메라에 와 있던 하계 언어학연구소(SIL) 조종사 래리 몽고

메리(미 공군 예비역 장교이기도 하다)는 지체 없이 카리브 해 사령부 총사령관 윌리엄 K. 해리슨 중장에게 연락을 취했다. 카리브 해 사령부는 파나마 미공군 구조부대를 관장하고 있었다. 라디오 방송국 HCJB에도 소식이 들어가 곧 "아우카 지역에서 다섯 남자가 실종됐다"는 뉴스가 전 세계로 퍼져 나갔다. 정오쯤 구조에 가담할 만한 인력이 모두 가동에 들어갔다. 전 세계 수많은 사람들의 기도도 빼놓을 수 없었다.

바바라와 마릴루는 비행기로 아라후노에서 쉘메라로 나왔다. 생존자가 있으리라 믿었기에 그들은 의약품과 음식이 어디 있는지 쪽지에 적어 아라후노 집 문에 붙여 두었다. 일행 중 하나가 부상해 비틀거리며 집에 돌아오거나 혹 전원이 힘겹게 정글을 지나 귀환한다면? 마릴루는 자기가 도로 가 있다 그들을 수발해야 한다고 결심했다. 월요일 오후 늦게 마릴루는 다시 집으로 갔고 거기서 사흘을 더 지냈다. 월요일 저녁, 일행 중 한두 명이 아직 살아있다는 가정 하에 지상 구조대를 편성하기로 결정됐다. 로저 유데리안의 동료로 히바로족 사역에 12년의 정글 경험을 지닌 프랭크 드라운이 만장일치로 구조대장에 선출됐다. 아트 존스턴 박사는 의사 자격으로 동행을 자청했다. 13명의 에콰도르인 병사들이 즉각 자원했다.

프랭크는 소식을 접하고 "식은땀이 흘렀으나 가도 되겠는지 일단 아내 마리에게 물었다." "당연히 가야지요"라는 아내의 대답을 프랭크는 주저 없이 받아들였다.

화요일 오전 나는, 남자들이 아우카 원정을 나간 사이 함께 머물던 네이트의 누나 레이첼과 함께 비행기로 샨디아를 나왔다. 프랭크는 마쿠마에서 나왔고, 많은 남자 선교사들이 키토에서 쉘메라에 도착했다. 그중에는 지상 구조대로 자원한 이들도 있었다. 파나마에서 헬기 한 대가 오고 있다는 소식이 단파 무전기로 들어와 쉘메라는 사기가 고양됐다. 그날 밤 한 에콰도르 항공회사 조종사가 집에 찾아와 우리 아내들에게, 자기가 저녁 6시쯤 현지를 비행해 지나갔는데 저만치 상류 쪽에 "연기는 전혀 없이" 큰불이 나는 것을 보았으며 아마도 석유화재나 화염신호일 것 같다고 말했다. 네이트는 비상용 품함에 늘 화염신호를 갖고 다녔다. 다섯 아내는 그 말에 한 가닥 희망을 걸고 그날 밤 자리에 들었다.

수요일 조니 키넌은 네이트의 비행기와 쌍둥이인 MAF 제2호 파이퍼크루저를 타고 다시 이륙했다. 생존자의 징후를 살피러 팜비치로 가는 그의 네번째 비행이었다. 일요일 오후부터 거의 무전기 곁을 떠나지 않은 마즈는 조니의 보고를 대기했다. 바바라와 올리브와 나는 위층에 있었다. 갑자기 마즈가 불렀다. "베티! 바바라! 올리브!"

나는 계단을 달려 내려갔다. 마즈는 무전기에 머리를 기댄 채 눈을 감고 서 있었다. 잠시 후 마즈가 말했다. "시체 한 구를 발견했대요."

기체가 뜯겨 나간 비행기로부터 400m쯤 하류 쪽에 시체 한 구가 얼굴을 아래로 하고 물 위에 떠 있는 것이 조니에게 목격됐다. 남자 선교사들이 늘 입고 다니던 카키색 바지에 흰 티셔츠 차림이었다. 바바라 생각에 로저는 아니었다. 로저는 청바지를 입고 있었다.

지상 구조대 일부는 파나마에서 곧 도착할 대형 비행기들을 위해 활주로를 준비하러 아라후노로 갔다. 수요일 오후 늦게 비행기 소리가 나는가 싶더니 상가이 화산이 연기를 뿜으며 피라미드처럼 서 있는 서부 지평선 멀리서 대형 비행기들이 희미하게 모습을 드러냈다. 비행기들이 가까이 접근해 활주로를 선회하자 적색, 백색, 청색 미 공군 표시가 훤히 보였다.

지상 구조대에 편성된 나머지 자원자들은 낮 동안 아라후노로 수송됐다. 인디언들과 병사들과 다른 선교사들이 그곳 활주로를 서성이며 출발을 기다리고 있었다. 마릴루는 긴장의 경황 중에도 침착함을 잃지 않고 구조대가 강 하류로 떠나기 전 전원에게 식사를 차려냈다. 키추아족 짐꾼들을 확보하는 데 다소 어려움이 있었다. 그렇잖아도 긴 세월 위험할 정도로 아우카족과 바짝 인접해 살았던 그들인지라 더 이상 접근할 마음이 없었다. 그러나 자기들을 섬겼던 선교사들에 대한 그들의 충절이 망설임을 이겼다. 10시 반쯤 구조대는 총을 들고 눈을 부릅뜬 채 도보로 이동할 준비를 마쳤다.

에콰도르 서부에서 일하던 선교사 디 쇼트가 마침 키토에 있다가 사고소식을 듣고는 아라후노에 와 있었다. 구조대가 떠나자 마릴루는 그를 돌아보며 단호히 말했다. "가망이 없어요. 남자들은 다 죽었습니다." 지상 구조대원들도 대부분 같은 생각이었겠지만 그럼에도 불구하고 강굽이를 돌 때마다 그들은 최소한 한 명이라도 실종자를 만나기를 기대하며 살폈다.

한편 쉘메라의 무전기가 다시 울렸다. 마즈가 대답했다. "여기는 쉘메라."

조니 키넌의 보고였다. "팜비치 60m 아래쪽에서 또 한 구의 시체가 발견됐습니다."

환난 날에 돕는 은혜를 약속하신 하나님은 이번에도 그 말씀을 지키셨다. 우리 아내들은 그 두 구의 시체가 누구로 밝혀질지 아무도 몰랐으나 "나의 의뢰한 자"가 누구인지만은 알았다. 그분의 은혜가 족했다.

오후 4시경 지상 구조대는 오글란 강과 쿠라라이 강이 만나는 지점에 위치한 인디언 부락 오글란에 당도했다. 그들은 그곳에 캠프를 설치하고 밤을 지샜다. 프랭크 드라운은 카누 조달 한 사람, 짐 관리 한 사람, 카누 좌석배치 계획 한 사람, 식사담당 한 사람, 안전대책 두 사람 등 임무를 분담시켰다. 그날 밤 그들은 바나나 잎을 깔고 잤다. 밤새도록 보초를 섰다.

목요일 아침 구조대가 출발하기 전 선교사들이 기도로 일행을 하나님 손에 맡겼다. 에콰도르 병사들도 종파는 달랐지만 함께 기도했다. 일행은 조심스레 쿠라라이 강 하류로 내려갔다. 강 수심이 가장 낮은 때여서 항해가 어려웠다. 아우카족이 숨어서 기다릴 우려가 있어 수많은 굽이를 돌 때마다 각별히 주의를 기울였다.

10시쯤 조니 키넌은 다시 비행기에 올라 지상 구조대 있는 곳으로 갔다. 프랭크 드라운은 공군 구조부대가 공급해 준 송수신 겸용 무전기로 키넌과 접촉할 수 있었다. 조니는 그들에게 상류 쪽에서 지상 구조대 방향으로 키추아족이 탄 두 척의 카누가 오고 있다고 알려줬다. 그는 행여 구조대원 중 하나가 강에서 인디언을 보는 순간 흥분해서 총을 쏘지 않을까 염려했던 것이다. 곧 키추아족이 탄 카누 두 척이 나타났다. 그들은 맥컬리가의 아라후노 지부에서 온 소수의 인디언들로, 자발적으로 나서서 누구보다도 먼저 담대히 아우카 지역에 침투해 들어가 이미 팜비치까지 다녀오는 길이었다. 인디언들 중 하나가 강가 모래밭에서 에드의 시체를 발견했다고 말해 구조대를 슬프게 했다. 그는 에드가 아라후노에 온 이후 그리스도를 알게 된 신자였다. 그의 손에 에드의 시계가 들려 있었다.

이제 선교사들은 죽은 동료들 중 한 명이 누구인지 알았다. 하지만 적어도 세 사람이 아직 살아있을 가능성이 남아 있었다. 그들은 전진했다.

쉘메라 큰 집에서는 아이들이 놀고, 아기들을 먹이고 목욕시키는 일이 이어졌다. 구조대원들이 들락거리고, 마즈의 단파 접촉이 계속

되고, 음식이 요리돼 차려지고, 방문객들이 인사하며 최신 소식을 전하고, 기도가 끊임없이 하나님께 올려졌다. 기계공들은 파나마에서 공군 화물수송기 편으로 분해 수송된 육군 헬기 날개를 최종 조립하고 있었다.

헬기가 팜비치로 급파된 목요일 오후의 일들이 내 일기장에 이렇게 적혀 있다.

"2시. 조니의 파이퍼와 헬기가 아라후노로 향했다. 해군 R-4D도. 맥기 대위와 넌버그 소령도 헬기로 갔다.

3시. 지금 사건 현지 상공에 비행기들이 열을 이루고 있다. 뱃속이 메슥거린다.

3시 20분. '믿은 여자에게 복이 있도다…' 비행기들이 현지를 선회하고 있다.

3시 30분. '여호와여, 우리가 주의 판단에 의지하고 주를 바랐나이다. 우리 영의 소원이 주의 이름에 있나이다.'

4시. 계속 선회중. '너는 하나님을 바라라. 나는 내 하나님을 오히려 찬송하리로다.'"

아내들이 희망과 기도로 기다리는 동안 비행기 행렬은 천천히 팜비치를 향해 내려갔다. 비행기들은 나무 우듬지 고도에서 강굽이를 따라 미끄러지듯 나아가는 느린 헬기와 보조를 맞추려 선회를 거듭했다. 조종사들이 눈길을 아래쪽 정글에 두고 선회했기 때문에 비행기들은 충돌 위험을 피해 서로 고도를 달리했다. 노란색 작은 파이퍼에 탄 조니 키넌이 맨 아래였다. 거기서 수백 미터 위로 미 해군 R-4D(친숙한 DC-3의 해군판)가 있고 다시 더 위로 수륙양용의 거대한 공군 구조부대 비행기가 날았다. 그 옆에는 이주리에타 대령이 탄 에콰도르 공군 비행기가 혹 무슨 결정을 내려야 할 경우 도울 태세를 갖춘 채 좀더 넓은 반경을 그리며 비행했다. 미 육해공군과 에콰도르 정부와 군부의 팀웍은 아내들의 마음에 큰 위안이 돼 주었다.

육군 헬기에 타고 있던 넌버그 공군 소령은 잠시 착륙해 지상 구조대와 대화했다. 팜비치 상류 쪽으로 아직도 꽤 먼 거리였다. 에드 맥컬리의 이름이 무전중 신중하게 언급됐다. 듣는 사람들은 에드의 시신이 확인된 정도로 짐작했다. 에드의 시신은 공중에서 목격된 두 시신 중 하나일까? 행여 세 사람은 정글로 도피하지 않았을까? 아니면 포로로 잡힌 것일까?

몇 분 후 헬기는 움직였다. 이윽고 굽이를 하나 더 돌아 헬기는 마침내 팜비치에 도착해 착륙했다. 넌버그는 손에 카빈총을 들고 뛰어내려 주변을 둘러봤다. 불안한 몇 분이 지났다. 다시 기내에 오른 그는 "이곳에 아무도 없다"고 무전을 쳤다. 듣는 사람들의 마음속에 희망이 한결 밝아졌다.

헬기는 다시 떠 천천히 강을 훑어 내려가기 시작했다. 반대편으로 건너간 헬기가 공중에서 정지했다. 날개에서 나는 바람의 힘으로 탁한 수면이 요동했다. 잠시 후 헬기는 다시 움직였다. 그러더니 200m 쯤 더 가서 다시 섰다. 세번째에 이어 네번째 넌버그와 맥기는 수면에서 3m 위에 정지해 떠 있었다. 회전날개가 강으로 뻗어 나온 정글 수목들에 위험할 정도로 가까웠다. 상공 비행기들에서 지켜보던 사람들은 그런 정지의 의미를 짐작했기에 가슴이 철렁했다.

비행기들은 아라후노로 돌아왔다. 지상에 내린 넌버그는 긴장된 얼굴로 일행의 막연한 심증을 확인시켜 주었다. 촘촘히 둘러선 군인들에게 그는 가라앉은 어조로, 전날 소수의 키추아 사람들이 확인했던 에드 맥컬리의 시체는 이제 강변에서 사라졌으며 간밤에 비가 와 물이 불었을 때 떠내려간 것이 분명하다고 설명했다. 그는 잠시 공책을 쭉 넘겼다. 인디언 몇 명이 옆 웃자란 풀밭에 말없이 서서 지켜보며 듣고 있었다. 넌버그는 마침내 공책을 가리키며 말했다. "이 내용만으로는 신원 확인이 불가능할 것 같습니다. 이중 하나가 맥컬리일 수도 있습니다."

그 순간 모든 사람들에게 든 생각을 그는 굳이 말할 필요가 없었다. 한 사람이 탈출했을 가능성이 있었다. 어쩌면 부상을 입고 아직 정글에 있을지도 몰랐다.

아내들에게 어떻게 알릴 것이냐가 군인들 생각에 최대 관건이었다. 마릴루에게 말해야 할 것인가? 마릴루는 바로 그곳 아라후노 집에 있었다.

넌버그는 말했다. "기다리는 것이 좋겠습니다. 디위트가 이 일을 총관장하고 있습니다. 쉘메라로 돌아가 얘기합시다." 공군의 대형 수륙양용 비행기에 탄 디위트 대위는 작은 아라후노 활주로에 착륙하는 위험을 원치 않아 상공에 떠 있었다. 군인들은 모두 쉘메라로 돌아가 수륙양용 비행기 객실에 모였다. 아내들에게 말을 하긴 해야 한다. 하지만 어떤 방식으로 할 것인가?

누군가 딴 사람이 마릴루에게 시체 네 구가 발견됐다는 사실을 이미 알렸다. 지혜로운 결정이었다. 오후 늦게 조니가 마릴루를 쉘메라로 태우고 와 다른 네 아내와 함께 있게 했다.

결국 두루뭉실 유화시켜 말할 필요가 없음을 디위트와 넌버그에게 설득한 것은 아내들이었다. 우리는 전말을 자세히 알고 싶었다. 우리는 아이들을 내보내고 마즈의 침실에 모였다. 넌버그 소령은 공책을 펴고 간명한 문장으로 발견 내용을 진술했다. 시신들의 신원이 확실치 않음을 대번 알 수 있었다. 시체 한 구는 쓰러진 나뭇가지 밑에서 발견됐는데 회색 양말을 신은 커다란 발 하나만 탁한 수면 위로 나와 있었다. 공책을 읽어 가던 넌버그는 다른 시체 부분에서 이렇게 말했다. "천으로 직조한 빨간색 허리띠를 두르고 있었습니다." 우리 넷의 눈은 일제히 올리브 플레밍에게 향했다.

"제 남편 피트예요." 올리브는 간단히 말했다.

소령이 말을 맺었다. 강변에서 발견된 네 구의 시체에 에드가 포함돼 있는지 여부가 아직 불투명했다. 아직도 한 사람이 도피했을 수 있다는 희망이 남아 있었다.

사랑하는 유가족에게 이런 소식을 전하는 것이 군인들로서 생소한 일은 아니었다. 그들은 조용히 방을 나갔다. 아내들은 그들이 전한 소식을 평온히 받아들였다. 깊은 믿음이 우리를 붙들고 있어 조금도 눈물이 나지 않았다.

바바라 유데리안은 일기에 이렇게 썼다.

"오늘밤 대위가 우리에게 강가에서 네 시체를 발견했다고 말했다. 하나는 티셔츠에 청바지 차림이었다. 그런 옷차림을 한 사람은 로저밖에 없었다…. 이틀 전 하나님은 내게 시편 48:14 말씀을 주셨다. '이 하나님은 영영히 우리 하나님이시니 우리를 죽을 때까지 인도하시리로다.' 로저의 죽음소식을 접하면서 내 마음은 찬송이 충만했다. 그는 본향에 가기에 합당한 자였다. 주님, 제가 엄마 역할과 아빠 역할을 다 잘하게 도와주소서. '주의 교양과 훈계'(엡 6:4)를 알게 하소서…. 오늘밤 베스가 천국에 가신 아빠를 위해 기도하며 내게 물었다. 아빠한테 편지를 쓰고 싶은데 아빠가 천국에서 내려와 편지를 받아갈 수 없느냐고. 내가 '그럴 수는 없단다. 아빠는 예수님과 함께 있거든' 했더니 베스는 '하지만 예수님이 아빠가 내려오도록 도와주실 수 있잖아요. 하나님이 아빠가 미끄러지지 않게 아빠 손을 붙잡아 주실 거예요' 했다.

선교 후원자들에게 편지를 써 내가 누리는 평화를 설명했다. 나는 자기 연민에서 벗어나고 싶다. 그것은 생명을 갉아먹는 사탄의 도구다. 나는 이것이 하나님의 온전하신 뜻이라 확신한다. 많은 사람들이 말할 것이다. '히바로족 사역을 맡은 로저가 어쩌자고 이 일에 가담했단 말인가?' 이유는 로저가 자기를 보내신 분의 뜻을 행하러 왔기 때문이다. 주님은 비애와 광분에 우리 마음을 닫으시고 당신의 완전한 평화로 채우셨다."

그 목요일 밤 지상 구조대는 한때 농장이었던 '엘카프리초'에서 야영했다. 아우카족의 살육이 몇 차례 있었던 곳이었다. 나뭇잎으로 작은 움막을 지은 뒤 선교사 두 명, 군인 두 명, 인디언 두 명으로 보초가 구성됐다. 보초 순서가 아닌 선교사들은 최선의 행동노선을 결정하려 애썼다. 헬기와의 접촉을 통해 그들은 네 명의 동료가 죽었다는 사실을 이미 알고 있었다. 긴 밤이었다. 프랭크 드라운은 친구의 시체에 손대게 될 것 같은 두려움이 엄습해 왔다. 그것은 평생 그를 쫓아다니던 오랜 두려움이었다. "친형제보다 더 소중한 다섯 동료의 시체를 대할 시점이 그렇게 내게 시시각각 다가오고 있었다."

1월 13일 금요일 오전 6시에 다시 출발해 구조대는 사명의 마지막 노정에 올랐다. 10시에 팜비치에서 헬기와 만나기로 돼 있었다. 대원들은 시간 안에 닿으려 서둘러야 했다. 다들 고된 여정과 닥쳐 올

일에 대한 생각으로 신경이 곤두서 있었다. 이 부분에서 쿠라라이 강줄기는 짧고 급한 굽이들로 연이어져 아우카족의 매복습격에 이상적인 조건이었다.

드디어 구조대는 팜비치에 당도했다. 아우카족의 최근 방문 흔적을 가장 잘 식별할 수 있는 키추아 인디언들이 먼저 접근했다. 흔적은 없었다. 나머지 대원들이 뒤를 이었다. 프랭크 드라운은 말했다. "기억난다. 강변에 닿자마자 맨 처음 나를 사로잡은 것은 엎질러진 냄비에서 흘러나와 사방을 뒤덮은 콩 냄새였다. 그 역한 썩은 내를 평생 못 잊을 것 같다."

헬기는 아직 기척이 없었다. 지상 구조대는 각자 다른 임무를 맡아 작업에 들어갔다. 에콰도르 병사들은 강변 뒤쪽 정글에 반원형으로 퍼져 일행을 엄호했고, 두 인디언은 수상 집 밑에 공동묘지를 팠으며, 다른 인디언들은 강 속을 걸어 다니며 선교사들의 소지품을 찾았다. 디 쇼트와 프랭크 드라운은 사건의 단서가 될 만한 것을 찾아보려 수상 집에 기어올라 갔다. 일행 중 일부는 비행기 분해에 착수했고, 다른 사람들은 시체를 수색했다. 12시 15분에 헬기가 도착해 탁한 쿠라라이 강물에 누운 시체들 상공에 정지한 후에야 지상 구조대원들은 시체를 찾을 수 있었다. 프랭크 드라운은 그 장면을 이렇게 말했다.

"우선 넌버그가 하류의 한 시체를 지적하자 풀러가 물 속에 뛰어

들어 시체를 끌어 왔다. 이어 넌버그는 우리에게 네이트 세인트의 시체를 일러 주었다. 카누에 올라 하류로 가보니 팔 하나만 물 밖으로 나와 있었다. 나는 팔에 줄을 묶으려 했으나 도저히 엄두가 안 났다. 내가 팔을 뻗어 묶으려 하다 도로 떼기를 반복하자 결국 카누에 함께 탔던 사람이 묶었다. 그렇게 세 구의 시체를 세 척의 카누에 묶어 상류 쪽으로 끌어 왔다. 우리는 네 시체 모두 얼굴을 땅 쪽으로 향하게 해서 강변에 나란히 놓았다. 나머지 하나인 에드 맥컬리의 시신은 끝내 찾지 못했다. 그때 나는 시체 접촉에 대한 혐오감을 극복했다. 몸이란 한낱 집인데 이 동료들은 집을 떠났다. 영혼이 떠나고 나면 몸은 아무것도 아니다. 아름다운 것은 영혼이지 몸이 아니다."

결혼반지, 시계, 동전지갑, 공책을 통해 네 시체의 신원이 마침내 확실히 확인됐다. 에드는 넷 중 하나가 아니었다. 그렇다면 결국 다섯 명 모두 죽었음이 분명해진 셈이다. 하나님의 섭리로, 실종된 시체는 전날 키추아 인디언들이 확인한 그 시체였다. 그들은 그의 시계를 가져왔을 뿐 아니라 그의 신발 한 짝(320mm에 달하는 어마어마한 크기)도 벗겨 모래밭에 던져 두었다. 전날엔 넌버그가 신발을 집어 쉘메라로 가져왔다.

시체를 강변으로 끌어 오는 사이 사나운 열대성 폭풍이 밀려왔다. 그 순간 헬기가 낮고 빠르게 날아들었다. 「라이프」지 담당 사진기자 겸 특파원 코넬 카파가 카메라를 들고 뛰어내려 모래밭을 달려왔다.

그때 폭풍이 미친 듯이 세차게 몰아쳤다. 선교사들은 어둠의 세력이 풀려난 것만 같았다.

나중에 카파는 자신의 착륙과 이후 사건을 이렇게 기록했다.

"우리는 정글 나무 우듬지 위로 60m 상공에 떠 있었다. 그 위에서 선회하던 해군 비행기는 우리 헬기를 시야에서 놓치지 않았다. 갑자기 태양이 사라지면서 열대성 폭풍이 우리를 삼켰다. 얼굴이 파랗게 질린 조종사는 한시도 지체 없이 팜비치에 착륙했다.

강변 분위기는 삼엄했다. 모든 사람이 손가락을 방아쇠에 걸고 정글을 주시하고 있었다. 굳이 이유를 물을 필요가 없었다. 비는 양동이로 쏟아 붓는 것 같았다. 물에 흠뻑 젖은 카메라 렌즈를 손수건으로 닦아 내기에는 역부족이었다. 갑자기 남자들이 마지막 선교사의 시신을 공동묘지로 힘들여 운반하는 모습이 보였다. 시신은 알루미늄 판으로 급조한 들것 위에 실려 있었다. 선교사들이 살던 수상 집 지붕으로 쓰던 판이었다.

끔찍한 광경이었다. 불빛은 등골을 오싹케 했다. 운구하는 자들은 무덤으로 이어지는 질퍽한 강기슭을 오르느라 애를 먹었다. 간발의 차이로 나는, 생명 잃은 다리가 구덩이 속으로 사라지는 모습만 겨우 볼 수 있었다. 험상스럽게 지친 선교사들은 더 이상 형제를 알아볼 수 없는 친구들 모습을 마지막으로 보았다. 한 사람이 '차라리 이러길 다행이다. 그나마 참담한 심정이 덜하다'고 말했다. 그들은 잠시 머물며 짤막한 기도를 올렸다. 이윽고 손에 카빈총을 들고 정글 쪽을 보고 있던 넌버그 소령이 무덤가의 작은 무리를 향해 돌아서며 외쳤다. '여기를 벗어납시다!'

비가 약간 잦아들어 헬기는 떠날 준비를 갖췄다. 내게 결정의 순간이 다가왔다. 나는 조종사와 함께 돌아갈 수도 있었고 지상 구조대와 함께 밤새 고된 귀향 길에 오를 수도 있었다. 결정은 쉬웠다. 지금 떠난다면 그것은 속이는 것이었다. 나는 촬영된 필름을 조종사에게 건넸다. 산 자들의 생존의 투쟁이 드디어 시작됐다.

마침내 우리는 떠났다. 카누마다 중량이 초과돼 조금만 움직여도 옆으로 물이 쏟아져 들었다. 전혀 장난이 아니로군, 속으로 그런 생각이 들었다. 넌버그 소령은 카빈총을 들고 맨 앞에 앉았다. 그의 등 뒤에서도 나는 그 살벌한 눈초리를 볼 수 있었다. 넌버그는 뒤로 디쇼트(보트는 아주 작은데 다리는 아주 긴 빨간 머리의 선교사였다)를 기대고 있었고 그는 다시 나를 기대고 있었으며 나는 불운의 비행기에서 떼어 내 수거해 온 바퀴에 기대고 있었다. 등이 아팠다. 어미 닭처럼 나는 필름 주머니와 카메라가 비에 젖지 않게 하려 애썼다. 부질없는 짓이었다.

곧 카메라 거리조절기가 흐려졌다. 짐작으로 초점을 맞출 수밖에 없었다. 잠시 후 뷰파인더도 자욱해졌다. 이제 나는 카메라를 조준한 뒤 방향이 맞기를 기도하는—선교사처럼—수밖에 없었다.

카누로 가다 걷다 했다…. 행진할 때는 장화 속에서 물이 절벅거렸다. 다들 긴장한 눈초리였다. 나는 0.45구경 권총집 단추를 끌러 두었다. 다행히 아우카족의 징후는 없었다. 그렇게 두 시간쯤 걸으니 어느새 잠잘 시간이었다.

넌버그 소령과 드라운 선교사와 에콰도르 하급장교는 탁 트인 공간을 야영지로 골랐다. 일행의 목표는 아우카족이 기회를 틈타 창을 던지기 전에 이쪽에서 먼저 그들을 발견하는 것이었다. 주변에 빙 둘러 보초가 섰고 두 시간마다 교대했다. 우리는 한 선교사가 요리한 음식으로 식사했다. 들고 온 금속판들로 움막을 지었다. 측벽과 바닥은 야자수 나뭇잎이었다. 잠깐의 낙원이었다.

돈 존슨 선교사는 캄캄한 움막에 앉아 두 손에 얼굴을 묻고 기도했다. 그는 무사히 도착해 친구들을 묻을 수 있게 해주신 주님께 감사했다. 이어 사랑하는 고인들의 겸손한 성품을 애틋한 심정으로 아뢰었다. 어두운 밤 새소리와 퓨마의 울음소리가 대기를 찢어 놓는 정글에서 그가 불빛에 깜박거리는 얼굴로 하나님과 또박또박 나눈 이 '대화'는 듣는 이들의 가슴을 정말 뭉클하게 했다. 돈은 고인들 때문에 슬픔을 표하기보다는 주님의 뜻에 대한 자신의 믿음을 고백했다. 기도가 끝나자 모닥불 타는 소리만 사위에 가득했다.

그러나 아무도 잘 수 없었다. 밤새도록 우리는 말똥말똥 긴장해 있었다.

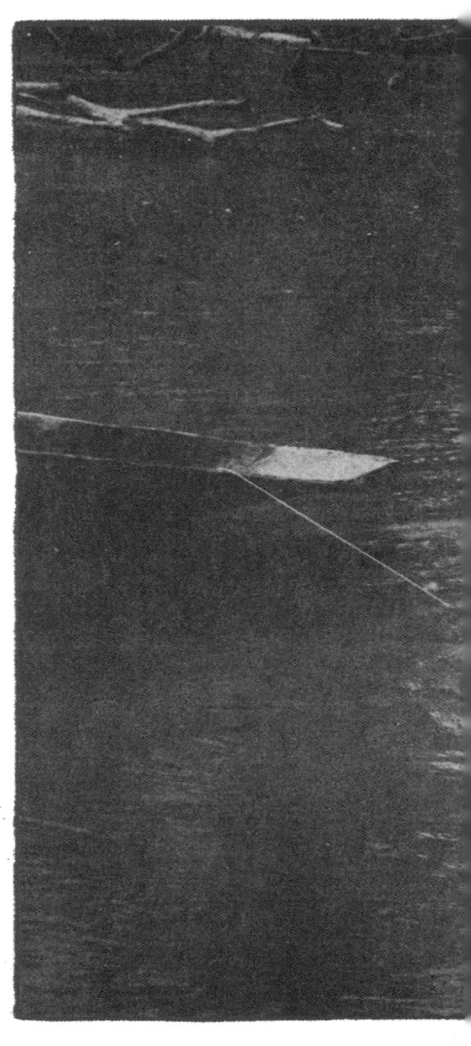

팜비치에 이른 구조대원들은 네 구의 시체를 발견했다. 사람들이 강에서 발견된 한 선교사의 시체를 공동묘지로 끌고 가고 있다. 오른쪽 둔부에 아우카족의 부러진 창이 튀어나와 있다.

지상 구조대원들의 길고 고된 귀환 길. 아우카 지역을 통과할 때는 총으로 철저히 대비했다.

여전히 행군중인 지상 구조대원들이 이번 학살에 대한 신문기사를 읽고 있다. 헬기가 그들에게 키토의 한 신문을 가져다 주었다. 정글의 비에 젖은 신문을 막대에 걸어 말리고 있다.

아우카 지역 내에서 구조대원들이 식사기도를 하고 있다.

지상 구조대는 바삐 걸음을 놀려 토요일 한낮쯤 아우카 지역을 벗어났다. 남은 길은 줄곧 고된 행군이었다. 토요일 밤은 아라후노에서 걸어서 약 여섯 시간 거리에서 보냈다. 일요일 오후 3시쯤 대원들은 삼삼오오 아라후노로 들어오기 시작했다. 인디언들은 강변에서 발견된 아우카족의 창들을 메고 도착했다. MAF 제2호 비행기의 예비 부품으로 쓰려고 파이퍼 비행기 뼈대도 회수해 왔다.

참사로 인해 고뇌에 시달린 눈. 아라후노 귀환 길의 지상 구조대원 디 쇼트.

아우카 작전의 기록이 끝나는 부분. 네이트 세인트의 휴대용
일기장에서 뜯은 이 종잇장은 시체와 함께 발견돼 지상 구조대원을
통해 마즈에게 전해졌다.

쿠라라이 강의 급한 물소리가 늘 배경에 깔렸다. 가끔 나무 쓰러지는 소리가 예민해진 보초들의 검지손가락을 긴장시켰다. 순찰하는 보초의 회중전등 불빛이 이따금씩 다가왔다 사라지곤 했다. 천천히 여명이 밝으면서 우리의 긴장은 더했다. 지금이 아우카족이 습격을 좋아하는 때라는 말을 들었기 때문이다. 인디언 안내원들은 퓨마 소리가 이어질 때 특히 흥분했다. 아우카족은 정글의 동물소리를 감쪽같이 흉내내기로 유명하다. 안내원들은 새벽빛 그림자 속에 우리 '이웃들'이 도처에 숨어 있다고 확신했다. 넌버그 소령은 포복 전진해 돌연 총성을 울려 '퓨마' 소리를 잠재웠다.

아침식사는 오트밀과 커피였다. 이어 우리는 장비를 추슬러 다시 행진에 올랐다. 말랐던 양말이 다시 젖었다. 발이 피곤해 질질 끌렸다. 넌버그와 드라운의 매서운 눈초리와 준비된 손가락이 행렬을 이끌었다. 갑자기 흥분이 일었다. 상공에 헬기가 다시 나타난 것이다. 헬기는 시종 해군 R-4D의 엄호를 받고 있었다. 광활한 정글 속에 순식간에 20세기가 내려앉았다. 헬기는 나를 태우러 왔다…. 헬기에 오르면서 나는 친구들을 두고 가는 것은 미안했으나 그곳을 등지는 것에는 전혀 미련이 없었다."

토요일 오전 구조부대 디위트 대위는 우리 다섯 미망인들에게 힘들더라도 팜비치에 건너가 남편들의 무덤을 보지 않겠느냐고 물었다.

우리는 그것이 무리한 부탁이 아니라면 고맙게 받아들이겠다고 답했다. 해군 R-4D는 우리를 쿠라라이 강이 물결치는 초록빛 밀림 사이를 갈색 뱀처럼 흐르는 정글 저편으로 데려갔다. 비행기 바닥에 무릎꿇고 창에 얼굴을 바싹 들이댄 우리 눈에 파이퍼가 서 있던 하얀 모래밭 한 구석이 들어왔다. 올리브 플레밍은 그날 아침 하나님이 마음에 새겨 주신 말씀을 떠올렸다. "만일 땅에 있는 우리의 장막 집이 무너지면 하나님께서 지으신 집 곧 손으로 지은 것이 아니요 하늘에 있는 영원한 집이 우리에게 있는 줄 아나니…곧 이것을 우리에게 이루게 하시고 보증으로 성령을 우리에게 주신 이는 하나님이시니라. 이러므로 우리가 항상 담대하여 몸에 거할 때에는 주와 따로 거하는 줄을 아노니"(고후 5:1, 5-6).

비행기가 돌아서자 마즈 세인트가 말했다. "세상에서 가장 아름다운 작은 묘지예요."

19. 우리가 주를 잊지 아니하며

이틀 후 우리 미망인들—이미 우리는 이 단어 사용에 적응하고 있었다—은 쉘메라 부엌 식탁에 둘러앉았다. 아트 존스턴 박사가 시체 발견경위를 설명하고 있었다. 그는 녹초가 된 지상 구조대와 함께 삼삼오오 짝을 이뤄 막 돌아온 터였다. 그가 머뭇거리자 우리는 그를 다그쳐 전말을 모두 이야기하게 했다.

사인은 창에 찔린 상처 때문임이 분명했다. 그러나 열 명의 아우카인이 어떻게 총을 갖고 있던 다섯 명의 건장한 사내를 무찌를 수 있었을까? 우리는 몇 번이고 되풀이해 그렇게 자문했다. 가능성 있는 유일한 답은 매복이었다. 아우카 사람들은 선교사들에게 자기네 의도가 평화로운 것임을 납득시키는 데 용케 성공했을 것이다. 네이트는 마즈에게, 아우카인들이 손에 창을 들고 있는 한 일행은 절대 접근을 용납하지 않을 것이라고 확언했었다. 네이트가 무전 때 언급

했던 "열 명의 대표단"은 유인조였다. 그들이 창을 들고 있었다면 당연히 네이트는 그렇게 보고했을 것이고, 선교사 일행은 그들의 도착을 그렇게 간절히 기다리지 않았을 것이다. 이 첫 조는 평화로이 강변을 걸어왔을 것이다. 그 사이 창을 든 둘째 조가 정글의 수목에 몸을 감춘 채 기습을 감행하러 올라왔다. 선교사들과 비무장 아우카 사람들은 전에 금요일에 그랬던 것처럼 우호적 말과 몸짓으로 한데 어울리고 있었을 것이다. 그러던 중 비밀신호와 함께….

강변에 고투의 증거가 있었다. 에드의 가죽신 뒤꿈치로 모래밭이 패어 있었고 비행기 앞 유리에 총알구멍도 하나 있었다. 그러나 피는 발견되지 않았다. 아우카 사람이 하나라도 다쳤다는 흔적은 없었다. 선교사들은 어떻게든 발사를 피하려 강 속으로 물러났던 것일까? 짐 엘리엇의 시신 근처 강바닥 모래밭에 창이 하나 박혀 있는 것이 발견됐다. 시체가 전부 물 속에 있었다는 사실은 그들이 최후 방책으로만 총을 쏠 뜻임을 아우카 사람들에게 필사적으로 알리려 했다는 표시일 수 있다.

비행기 상태는 지독한 적의를 보여주었다. 필시 일부 아우카인이 기체 표면을 창으로 찔러 봐서 의외로 뚫리자 아예 껍질을 벗기기 시작했던 모양이다. 다른 이들도 도왔고 그래서 곧 그들은 기체를 완전히 뜯어내 조각들을 근처 물 속에 집어던졌다. 그것으로도 모자라 그들은 인간을 실어 나르는 이 새를 영원히 사용 불능으로 만들려 했다. 기체 뼈대가 일부 휘어 있고 관 모양 강철로 만든 랜딩기어도 아주 육중한 물체로 내려친 듯 일부 찌그러져 있었다. 그러나 프로펠러와 계기반은 말짱했다. 물체의 "영혼"에 손대는 것은 금기였던 모양이다. 하지만 날으는 야수의 내장을 까발리기라도 하듯 그들은 좌석을 찢어 내용물을 다 드러내 놓았다.

금요일에 우호적으로 다가왔던 아우카인들이 왜 일요일에 갑자기 백인 손님들에게 파괴적 분노로 돌아섰을까? 답은 추측할 수밖에 없다. 추측의 모험에 최적임자로 프랭크 드라운을 빼놓을 수 없다. 히바로족 사역 경험은 그에게 인디언들의 사고방식에 대해 예리한 통찰력을 길러 주었다. 그는 말한다. "인디언들은 뭔가 새로운 것을 처음 보거나 들으면 일단 받아들입니다. 단지 평범한 호기심 때문에 받아들이는 거겠지만 어쨌든 받아들입니다. 그러나 새로운 대상에 대해 충분히 생각할 시간을 갖고 나면 위협을 느끼기 시작합니다. 바로 그때가 그들이 공격할 수 있는 때입니다. 일단의 인디언들이 둘러앉아 새로운 계략이나 행동방향을 열심히 논합니다. 뭐니뭐니해도 배척의 배후에는 마법사들이 있습니다. 골수 보수주의자인 그들의 권위는 대단합니다. 그들이 동료 부족을 회유해 개화를 거부하게 하면 여간해서 누구도 그 말을 거스르지 못합니다. 어느 문화나 그렇듯 젊은이들은 새로운 생활방식을 원할지 모르나 나이든 사람들은 전통을 고수하며 현 상태를 유지합니다. 나아가 대다수 인디언들은 기본적으로 백인이 내놓는 것이면 무조건 의심합니다. 이해할 만한 일이지요. 하지만 잊지 말아야 할 것이 있습니다. 어쨌든 이번 일은 아우카족의 기억 속에 백인과 완전히 우호적 접촉을 가진 최초의 사건입니다. 그들이 지금 그 사실을 곰곰 생각하고 있기를 바랄 뿐입니다."

부엌에서 우리는 회수돼 온 시계와 결혼반지를 만지작거리며 보고가 끝나도록 조용히 앉아 있었다. 마음속에 그 장면을 그려 보려 수백 번도 더 애쓰며 말이다. 선교사들 중 누가 다른 동료들이 쓰러지는 것을 보았을까? 처자식을 생각할 겨를이라도 있었던 사람이 있을까? 한 사람이 수상 집에서 다른 동료들을 엄호하고 있다가 그들을 구하려고 내려왔을까? 그들은 장시간 고통당했을까? 이런 물음들의 답은 신비로 남아 있다. 다만 우리는 "누구든지 나와 복음을 위하여 제 목숨을 잃으면 구원하리라"(막 8:35)는 것만은 안다. 사랑하는 남편들이 현 상태에 대해서만은 의문의 여지가 없다. 그들은 "그리스도와 함께" 있다.

다시 한번 구약의 말씀이 마음에 떠올랐다. "이 모든 일이 우리에게 임하였으나 우리가 주를 잊지 아니하며…우리 마음이 퇴축지 아니하고 우리 걸음도 주의 길을 떠나지 아니하였으나 주께서 우리를 시랑의 처소에서 심히 상해하시고 우리를 사망의 그늘로 덮으셨나이다"(시 44:17-19).

아라후노에서 아내들이 너버그 소령의 학살 보고에 대해 이야기하고 있다. 왼쪽부터 오른쪽으로 베티 엘리엇, 올리브 플레밍, 마릴루 맥컬리, 바바라 유데리안, 마즈 세인트.

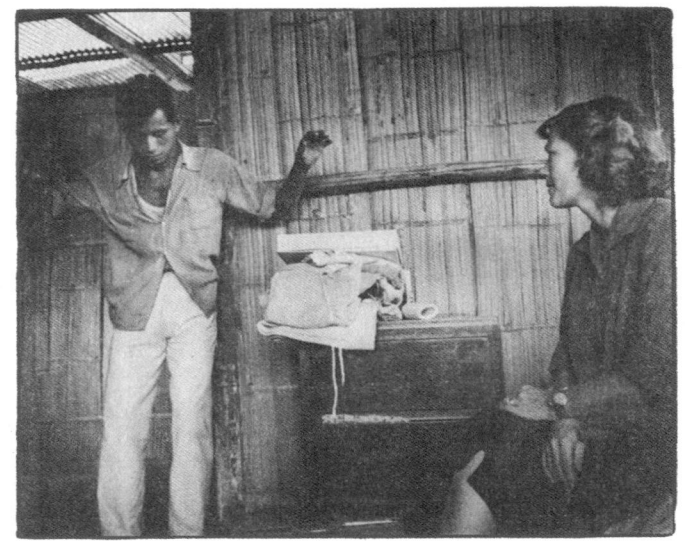

아라후노의 그리스도인 페르민이 에드의 시신 자세를 몸짓으로 보이며 설명하는 것을 마릴루가 듣고 있다.

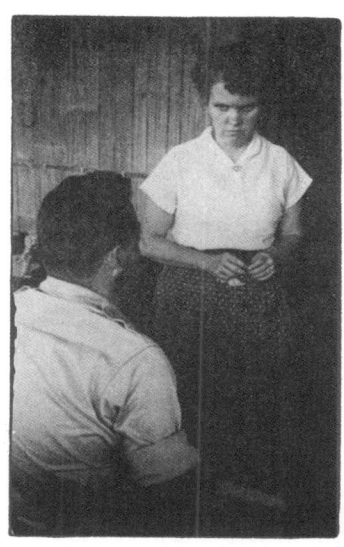

마즈가 넌버그 소령의 이야기를 듣고 있다.

올리브와 바바라가 마릴루의
짐 꾸리는 일을 돕다 잠시 쉬고 있다.

마릴루가 셋째 아이 출산을 위해 미국으로 돌아가면서 아라후노 키추아 공동체와 작별하고 있다.

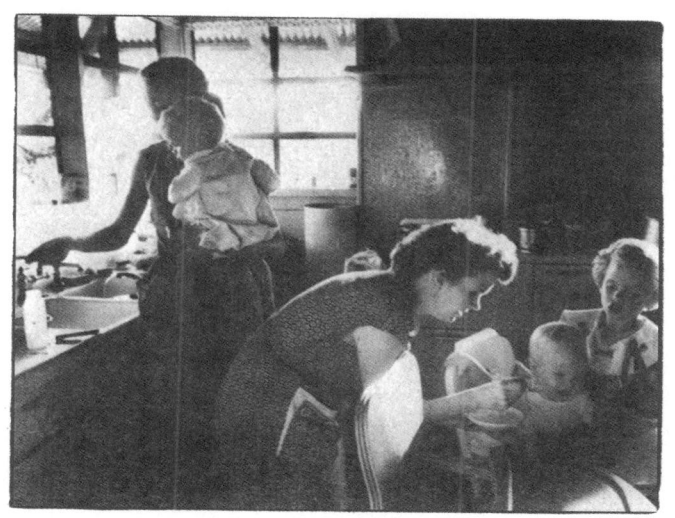

아이들을 돌보는 일은 일주일 내내 계속됐다. 베티가 10개월 된 딸 발레리를 안고 있고 마즈가 어린 필립에게 음식을 먹이는 것을 캐시 세인트가 지켜보고 있다.

다섯 선교사의 순교 일주일 후 쉘메라 성경 연구소에서 기념예배가 있었다.

강바닥에서 발견된 네이트 세인트의
카메라에서 들릴라와 나이든 여자의
이 마지막 사진들이 나왔다.

마릴루 맥컬리와 마이클.

베티 엘리엇과 발레리.

올리브 플레밍.

바바라 유데리안과 제리.

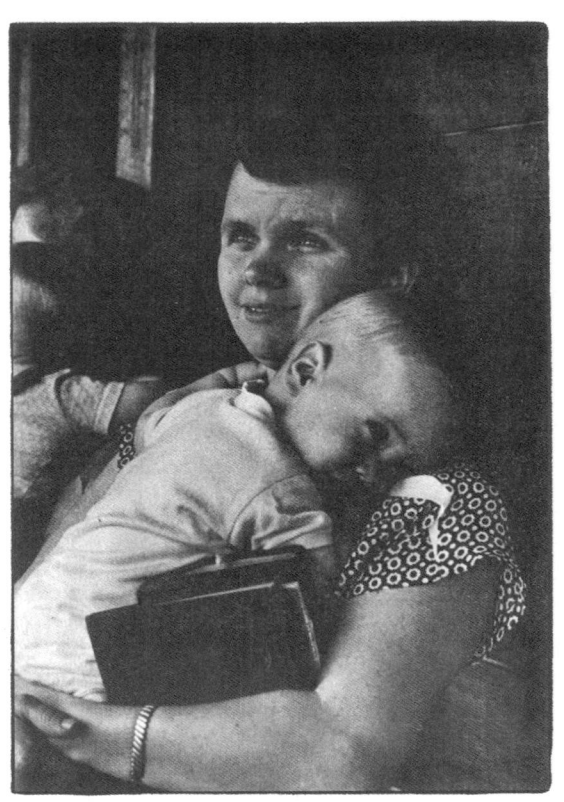

마즈 세인트와 필립.

베티 엘리엇이 산디아 공동체의 여자들과 아이들을 데리고 교사(校舍)로 향하고 있다.

베티가 키추아 친구 유지니아를 달래 주고 있다. 베티는 산디아에 남아 짐이 3년 전 시작했던 사역을 계속했다.

산디아의 키추아인 회심자 젊은 베난시오가 짐의 죽음 후 일요일에 그곳에서 설교하고 있다. 짐과 피트를 친구로 대해 준 첫 산디아 인디언들 중 하나인 그는 산디아 학교 보조교사다.

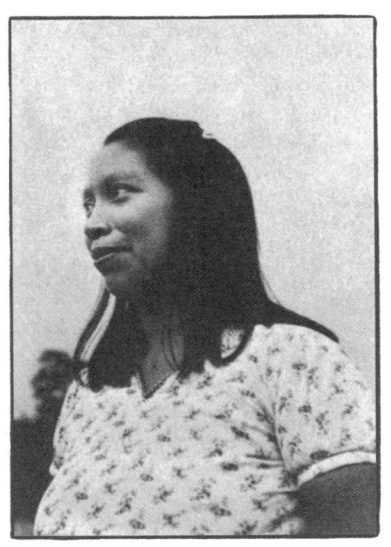

짐 엘리엇에게 아우카 작전에 필요한 어휘를 가르쳐 준 도피한 아우카 여인 다유마. 레이첼 세인트가 아우카 부족의 주요 단어와 구문 목록을 작성하는 것을 도왔다. 이 목록은 이들 야만부족에게 복음을 전하려는 선교사들에게 사용되었다.

엄마들의 침착한 믿음에 힘입어 아이들은 이것이 비극이 아님을 알았다. 이것은 하나님이 계획하신 일이었다. 세 살 난 스티비 맥컬리는 "나도 알아요. 아빠가 예수님과 함께 있는 것. 하지만 아빠가 보고 싶어요. 아빠가 가끔씩 내려와서 나랑 놀아 줬으면 좋겠어요"라고 말했다. 몇 주 후 미국에서 스티비의 남동생 매튜가 태어났다. 하루는 울고 있는 아기에게 스티비가 이렇게 말했다. "걱정 마. 이담에 천국에 가면 우리 아빠가 누군지 형이 알려 줄게." 값 지불이 너무 컸던 것일까?

　일반세상이 보기에 이것은 다섯 젊은 생애의 허망한 낭비였다. 그러나 하나님은 범사에 뜻과 계획이 있으시다. 팜비치에서 있었던 일로 인해 인생이 달라진 사람들이 있었다. 브라질 마토그로소 오지 선교지부의 한 인디언 집단은 이 소식을 접하고는 예수 그리스도를 알지 못하는 동료 인디언들에게 무관심하던 자신들의 죄를 용서해 달라며 무릎꿇고 하나님께 부르짖었다. 로마에 나가 있는 한 미국 관리는 미망인들 중 하나에게 이런 글을 보내왔다. "저는 당신의 남편과 아는 사이입니다. 그는 제게 올바른 그리스도인의 이상이었습니다." 제트기 비행경력이 많은 영국 주둔의 한 공군소령은 즉시 선교사 비행협회 가입수속에 착수했다. 아프리카의 한 선교사는 이런 글을 보내왔다. "우리 사역은 달라질 것입니다. 순교한 선교사들 중 둘을 우리도 알고 있습니다. 그들의 삶은 우리의 삶에 흔적을 남겼습니다."

이탈리아 해안의 한 미 해군장교가 해상에서 사고를 당했다. 뗏목에 혼자 떠 있던 그는 뉴스기사에서 읽었던 짐 엘리엇의 말이 떠올랐다. "죽을 때가 되거든 죽기만 하면 된다." 죽지 않고 할 일이 남아 있음을 알았기에 그는 살려 달라고 기도했고 하나님이 기도를 들어주셔서 구조됐다. 아이오와 데모인에서는 18세 청소년이 자기 방에서 일주일간 기도한 후 부모에게 이렇게 발표했다. "제 인생을 완전히 주님께 바칩니다. 그 다섯 선교사 중 한 사람의 자리를 대신하고 싶습니다."

다섯 미망인들에게 편지가 쇄도했다. 일본의 한 대학에서 "여러분을 위해 기도하고 있다"고 알려 왔고, 알래스카 주 한 주일학교의 에스키모 아이들과 휴스턴의 한 중국인 교회에서도 편지가 왔다. 나일 강 유역의 한 선교사는 「타임」지를 펴들었다가 자기 친구 에드 맥컬리의 사진을 보고 연락해 오기도 했다.

다섯 선교사들이 해오던 사역과 유가족들을 위해 올려진 기도의 양은 하나님만이 아실 것이다. 미망인들은 그들대로 아우카족을 위해 기도하고 있다. 우리는 이들 야만부족이 신자가 되어 우리와 함께 찬양할 날을 고대한다.

순교자들의 사역을 잇기 위한 계획들이 속속 수립됐다. 혹시라도 아우카족이 우호적 접촉을 위해 찾아올 경우를 대비해 아라후노 지부에 인력이 배치됐다. 백인들의 동기가 지극히 우호적일 뿐 전혀 다른 꿍꿍이속이 없음을 추호도 의심 없이 아우카족에게 알리기 위해 존 키넌이 선물 투하 비행도 재개했다. 복수? 미망인 중 누구에게도 다른 선교사들에게도 그런 생각은 스쳐 간 적이 없다.

바바라 유데리안은 두 어린 자녀를 데리고 히바로족 사역에 복귀했다. 나는 키추아족 지부사역을 힘닿는 대로 이어가고자 10개월 된 발레리를 데리고 샨디아로 돌아갔다. 호비 로렌스라는 다른 조종사가 가족과 새 비행기와 함께 셸메라 선교 항공기지로 파송됐고, 마즈 세인트는 키토의 새 임지로 옮겼다. 남편을 잃은 지 몇 주 후 미국에서 셋째 아들을 낳은 마릴루 맥컬리는 세 아들을 데리고 에콰도르로 돌아와 키토에서 마즈와 함께 사역했다. 남편이 죽을 무렵 정글생활이 2개월밖에 안됐던 올리브 플레밍은 장래문제가 좀더 힘들었다. 그러나 모두가 그렇듯 올리브도 한 가지는 분명하다. 남편과 마찬가지로 그녀의 삶도 하나님께 속해 있으니 그분께서 길을 보이실 것이다.

다섯 남자가 죽은 후 수개월간 네이트 세인트의 누나 레이첼은 아우카 여자 다유마와 협력해 아우카 언어연구를 계속했다. 아우카족 마을에 키넌의 비행기가 수차례 다녀왔다. 애초의 집들은 불타서 없어졌다. 살해 후 으레 뒤따르는 아우카족의 풍습이다. 그러나 멀지 않은 곳에 새 집들이 발견됐고, 키넌은 기다리는 인디언들에게 선물을 떨어뜨렸다. 조니 키넌이 낮게 내려가자 조지가 나타나 펄쩍펄쩍 뛰며 네이트 세인트한테 받은 작은 모형비행기를 흔들었다. 들릴라도 함께 있는 듯했다. 일부 집 지붕은 네이트의 비행기에서 뜯어낸 밝은 노란색 기체 판들로 장식돼 있었다.

전대미문에 가까웠던 아우카 부족에게 "하나님의 영광을 아는 빛"이 이르도록 날마다 전 세계 수많은 사람들이 기도하고 있다. 그 일은 어떻게 이루어질 수 있을까? 다섯 선교사를 인도하신 하나님이 당신의 때에 당신의 방법으로 다른 사람들을 인도하실 것이다.

짐과 에드와 피트가 사역하던 키추아족 가운데서 몇몇 사람이 하나님께 삶을 헌신했다. 그들은 동족에게는 물론 그분이 원하신다면 아우카족에게까지 복음 전하는 일에 쓰임받기 원한다. 그들은 선교사들이 시작한 일을 이어받아 친척들에게 그리스도를 전하고, 자기 말로 번역된 성경을 읽고, 때로 카누로 혹은 걸어서 진흙길을 다니며 아직 복음 메시지를 모르는 자들에게 성경을 가르치고 있다. 유명한 술고래였다 회심한 한 인디언이 어느 날 나를 찾아와 말했다. "선교사님, 저는 밤잠 못 이루고 동족을 생각합니다. '어떻게 그들에게 다가갈까? 어떻게 예수님 얘기를 들려줄까?' 궁리합니다. 제가 그들 모두를 찾아갈 수는 없습니다. 그러나 그들은 알아야만 합니다. 제가 할 일을 가르쳐 달라고 하나님께 기도합니다." 작은 기도회 때면 인디언들은 빠뜨리지 않고 하나님께 자기 원수들의 복을 빌었다. "오 하나님, 아우카 사람들이 우리 사랑하는 에드 선교사님과 짐 선교사님과 피트 선교사님을 죽인 것을 하나님은 아십니다. 오 하나님, 그들이 오직 하나님을 몰라서 그랬다는 것을 하나님은 아십니다. 그들은 그것이 얼마나 큰 죄인지 몰랐습니다. 그들은 백인들이 왜 왔는지 몰랐습니다. 더 많은 사자들을 보내 주소서. 그리고 아우카족에게 사나운 마음 대신 유순한 마음을 주소서. 주님, 그들의 마음을 주님의 창으로 찔러 주소서. 그들은 우리 친구들을 찔렀습니다. 그러나 주님은 주님의 말씀으로 그들을 찌르실 수 있습니다. 그리하여 그들이 듣고 믿게 하소서."

다섯 선교사의 아내들과 친척들의 말못할 그리운 심정은 짐 엘리엇의 일기에 적힌 말이 잘 대변해 준다. "방금 막 걸어서 언덕으로 나왔다. 마음까지 맑아지는 상큼한 공기. 그렇게 서 있자니 낯익은 나무 그림자가 나를 감싸고 바람이 옷자락을 끌어당긴다. 내 심령을 부르는 천국의 소리. 바라보고 기뻐하며 다시금 나를 하나님께 드린다. 인간이 그 이상 무엇을 바라랴. 오, 이 땅에서 하나님을 안다는 것의 이 충만함, 환희, 벅찬 감격이여! 그분을 사랑하고 기쁘시게 해 드릴 수만 있다면 내 평생 다시 그분을 위해 목청 높일 수 없다 해도 좋으리. 혹시 자비의 하나님이 내게 많은 자녀를 주시면 나는 그들을 저 광활한 별나라로 데려가 그분의 솜씨를 보여주리라. 그분이 손가락 끝만 움직여도 그들은 마음이 달아오르리. 그러나 그렇지 않다 해도, 나 그분을 뵙고 그 옷자락을 만지고 사랑하는 주님의 눈을 보며 웃을 수만 있다면. 아, 그렇다면 별들도 자녀도 다 없어도 좋다. 그분 한분으로 족하다.

    오 예수님, 만유의 중심과 끝이신 주님. 기나긴 세월 주님을 기다려 온 영광이 얼마나 더 있어야 주님 것이 되겠습니까? 지금은 인간들 중에 주님을 생각함이 없으나 그날이 오면 다른 모든 생각이 무의미해질 것입니다. 지금은 인간들이 칭송을 받으나 그날이 오면 남의 공로를 돌아볼 자 아무도 없을 것입니다. 천국의 영광이시여, 속히 오소서, 속히 오소서. 주님의 면류관을 쓰시고 주님의 나라를 정복하시고 주님의 만물을 사로잡으소서."

에필로그

그 일요일 오후가 있은 지 거의 3년이 지났다. 지금 나는 나뭇잎으로 지붕을 엮은 티와누 강변의 조그만 오두막에 앉아 있다. "팜비치"에서 남서쪽으로 몇 킬로미터 안되는 거리다. 불과 3m 상간의 또 다른 나뭇잎 집에는 내 남편을 죽인 일곱 남자 중 두 사람이 앉아 있다. 그 중 하나인 지키타는 이제 세 살 반이 된 발레리를 도와 막 바나나를 구웠다. 그의 두 아들은 현재 이 개간지에 사는 15-20명의 아우카 인디언들이 먹을 짐승을 잡으러, 입으로 쏘는 정교한 화살과 활을 둘러메고 숲 속으로 나갔다.

어떻게 이런 일이 있었을까? 방주를 뜨게 하셨고 태양을 멈추게 하셨고 모든 생명체의 호흡에 손을 얹고 계신 하나님만이, 영영히 우리 하나님이신 이 하나님만이 하실 수 있는 일이었다.

다섯 선교사가 죽은 후 선교사 비행협회는 아우카족에게 선물 투하를 계속했다. 그들 쪽의 표면상의 우호적 태도는 여전했으나 우리는 이제 절대 그것을 근거로 그들의 태도를 판단해서는 안된다는 것을 알았다.

네이트의 누나 레이첼 세인트는 다유마의 도움으로 아우카 언어 연구를 참을성 있게 계속했다. 예수 그리스도를 알게 된 다유마는 빛 되신 주님이 자기 부족에 들어가실 길이 열리도록 수많은 다른 사람들과 함께 기도를 시작했다.

1957년 11월 어느 날, 나는 맥컬리가의 이전 지부 아라후노에 있었다. 쿠라라이 강에서 두 키추아 인디언이 도착해 우리에게 아우카 여자 둘이 자기네 집에 와 있다고 알렸다. 나는 즉시 그들과 함께 갔다. 구조대가 하룻밤을 보냈던 거기 키추아 마을에서 나는 만카무와 민타카를 만났다. 민타카는 팜비치에 왔던 두 여자 중 나이든 여자였다.

나중에 두 여자는 나와 함께 산디아로 나왔다. 나는 주께서 우리를 아우카 부족 속으로 인도해 주시기를 쉬지 않고 기도하며 그들의 언어를 공부하기 시작했다. 그분의 응답은 우선 약속으로 찾아왔다. 주님은 내게 느헤미야 9:19, 24 말씀을 주셨다. "주께서는 연하여 긍휼을 베푸사 저희를 광야에 버리지 아니하시고 낮에는 구름기둥으로 길을 인도하시며 밤에는 불기둥으로 그 행할 길을 비취사 떠나게 아니하셨사오며⋯그 자손이 들어가서 땅을 차지하되 주께서 그

땅…거민으로 저희 앞에 복종케 하실 때에…저희 손에 붙여."

레이첼과 다유마가 미국을 방문하고 돌아오자 우리는 그들을 만나러 갔다. 12년도 더 지나 재회한 세 아우카 여자가 함께 자기네 부족으로 돌아가는 문제를 의논하기 시작했다. 1958년 9월 3일 그들은 갔다. 그들은 3주간 동족들과 함께 머물며 자기들이 사랑하게 된 친절한 외국인들에 대해 이야기한 후 마즈 세인트와 내가 기다리고 있던 아라후노로 다시 돌아왔다. 그들은 일곱 명의 다른 아우카인을 데려왔고, 레이첼과 내가 자기 부족에 들어가 함께 살아도 좋다는 초청도 받아 왔다.

그리하여 1958년 10월 8일 우리는 도착했다. 그토록 고대해 오던 입성이 이루어진 것이다. 아우카족은 친절히 도움을 베풀며 우리를 자매로 영접하여 집도 지어 주고 자기네 음식과 카사바도 나눠 주었다. 그들은 다섯 남자들이 오직 식인종인 줄만 알고 죽였다고 말했다. 그들로 그런 일을 하게 한 것은 근본적으로 두려움이었다. 지금은 본인들도 실수로 여기고 있다.

그러나 우리는 그것이 우연이 아니었음을 안다. 하나님은 당신의 뜻과 지혜를 좇아 모든 일을 행하신다. 1956년 1월 8일 그날의 진정 중요한 관건은, 직접 개입된 5인의 젊은 선교사와 그 가족들이나 이들 소수의 벌거숭이 "야만" 부족보다 훨씬 큰 것이었다. "이 세상도 그 정욕도 지나가되 오직 하나님의 뜻을 행하는 이는 영원히 거하느니라"(요일 2:17)는 말씀을 글자 그대로 믿었던 다섯 사람의 본을 통해, 하나님께서 수많은 남녀들을 다루고 계심이 많은 나라에서 답지한 서신들을 통해 밝혀지고 있다.

입성이 이루어진 지금 우리는 그간 기도로 지원해 준 분들께 계속 기도해 줄 것을 부탁드린다. 다시 말하지만 이것은 입성에 지나지 않는다. 접촉이 이루어진 50여 명의 이들 집단 외에도 이들과 철천지 원수지간인 '강 하류 집단'이 또 있다. 하나님은 그 '강한 성'으로도 우리를 인도하실 것인가?

"합당하시도다. 일찍 죽임을 당하사 각 족속과 방언과 백성과 나라 가운데서 사람들을 피로 사서 하나님께 드리시고"(계 5:9).

1958년 11월

기념판 에필로그

이번에는 티와누 강변의 초가 오두막이 아니라 대서양의 매사추세츠 암벽 해안 위로 대형 유리창과 본격 담장을 갖춘 작은 집이다.

내가 앉아 있는 책상 너머로 백색 하늘이 비친 순백에 가까운 바다가 내다보인다. 둘을 가르는 수평선이 없다. 겨울 햇살이 만들어 낸 길이 잔잔한 해면에 희미하게 반짝인다. 한가로이 떠도는 두 척의 작은 배에서 바닷가재 어부들이 그물을 들어 올린다.

이 책(나의 첫 저서)을 쓴 후로 내 인생길에 예기치 못한 우여곡절이 많았지만, 그럼에도 나는 그때 일을 잊을 수 없었다. 잊고 싶지 않았다. 하지만 남들은 잊고 싶어할지 모른다는 생각도 들었다. 그들은 이 이야기에 싫증났을지도 모른다. 나는 이런 불안을 코리 텐 붐에게 털어놓았다. 그녀는 노년에 들어서도 지칠 줄 모르고 전 세계를 다니며 2차 세계대전 중 네덜란드에서 자기 가족이 유대인들에게 피난처를 제공했던 일, 배반당해 강제수용소에 갇혔던 일, 그 결과로 언니와 고령의 아버지가 목숨을 잃은 일 등 자신의 이야기를 들려주고 또 들려주고 있었다. 그녀는 내게 말했다. "가끔 나는 주님께 말씀드렸어요. '주님, 저도 이제 뭔가 새로운 이야기가 필요해요. 케케묵은 이야기를 계속 하고 다닐 수는 없잖아요.' 그러나 주님은 내게 말씀하셨지요. '이것이 내가 너에게 준 이야기다. 너는 그것을 말해라.'" 그렇게 코리는 나 또한 내 이야기를 계속 말해야 한다고 격려해 주었다.

독자들은 이 책에 나온 사람들이 그후 어떻게 됐는지 궁금할 것이다. 미망인들에 대한 물음이라면 쉽게 답할 수 있다. 그중 둘은 지금도 에콰도르에 있다. 마즈 세인트는 이제 키토 HCJB 세계 라디오 전 사장의 아내인 에이브 밴더 퍼이 여사다. 그들은 슬하에 여섯 자녀와 많은 손자손녀를 두었다. 바바라 유데리안은 복음 선교사연합의 선교사 게스트하우스를 운영하다가 지금은 플로리다 주 올랜도에 돌아와 살고 있다. 결혼한 두 자녀 베스와 제리를 두었다. 마릴루 맥컬리는 한 병원의 회계 임원으로 은퇴해 현재 워싱턴 주 보니레이크에 살고 있다. 세 아들 모두 결혼했는데, 스티브는 학교 교사고 막내 매트는 스포츠 기자며 둘째 마이크는 전국을 돌아다니며 경주마 일을 하고 있다. 올리브 플레밍은 월터 라이펠드와 결혼했는데, 그는 일리노이 주 디어필드의 트리니티 복음주의 신학교 신약학부 학과

장으로 지내다 지금은 은퇴했다. 둘은 데이비드, 베벌리, 할리 세 자녀를 두었다. 레이첼 세인트는 1994년 11월 암으로 세상을 떠나 자신이 수년간 거주했던 와오라니(아우카) 부락에 묻혔다. 내 남편 라즈 그렌은 강연여행과 책 판매와 저작권을 관리하는 내 매니저이자 사설재단에서 일하고 있다. 우리 딸 발레리는 여러 자녀를 둔 어머니다. 발레리의 남편 월터 D. 쉐퍼드 주니어는 목사다.

귀한 결실들을 그냥 지나칠 수 없다. 다섯 선교사의 죽음이 널리 알려지면서 한 작은 정글집단에 때로 정도 이상인 듯한 관심이 집중되었고 그 바람에 (일각에서 말하기를) 절대절명의 다른 선교사역들에 대한 관심이 상대적으로 많이 주춤했다. 그러나 그 사건의 드라마가 많은 이들에게 그때까지 생각지 못했던 "추수할 밭들"의 존재를 일깨워 준 것만은 틀림없는 사실이다. 다섯 젊은이들의 주님께 대한 순종은 글자 그대로 생사의 문제였고, 그런 그들의 희생을 통해 적어도 수백 명이 강한 충격을 받았다. 뭇 남자들이 남성성을(심지어 '인간됨'까지) 확인하기 위해 권투와 역도와 풋볼과 조깅과 산악등반과 행글라이더를 하는 소위 문명세상에서 그 못지 않게 강인하고 전폭적인, 아니 어쩌면 체력 단련에 대한 가장 열광적 헌신보다 더 혹독한, 영적 헌신이라는 것이 있다는 사실을 깨닫는 일은 가히 충격이었다. 인간이 어떤 일에 그만큼까지 자신을 바쳤다는 사실을 아는 일은 일대 충격이었고, 특히 그것이 눈에 보이지 않는 일이라

더 그러했다.

  1996년 1월 8일 나와 남편 라즈 그렌과 딸 발레리와 사위 월트와 큰손자 월터는 와오라니 부족과 함께 있었다. 조종사 네이트의 아들로 역시 조종사인 스티브 세인트와 그의 아내 지니가 쿠라라이 강변 자기네 정글집에 우리를 친절히 맞아 주었다. 와오라니 사람들이 우르르 몰려와 해먹에 앉아 있는 우리를 보며 나('기카리')와 발레리('망가리')가 많이 늙었다며 웃고 떠들었다. 그들은 큰 기쁨과 힘찬 악수와 깊은 관심으로 우리 가족을 환영하며 '라즈'와 '월트'와 '월터'를 발음하려 최선을 다했다. 함께 우리는 발레리와 내가 그곳에 살았던 1958-1960년 시절을 회상했다. 다섯 남자를 창으로 찔렀던 일행 중 둘인 민카이와 키모는 우리와 마지막으로 만났던 이후 수십 년의 사연들을 구구절절이 내게 들려주었다. 그들은 이제 그리스도인이다. 신약성경이 그들의 언어로 번역됐다.

  키추아말로 "벌거숭이"나 "야만인"을 뜻하는 "아우카"라는 단어는 더 이상 쓰이지 않는다. 대신 그들 부족은 자신들을 "와오라니"라고 부른다. 다섯 명의 젊은 선교사들이 죽을 때부터 후에 내가 와오라니 인디언들과 함께 살던 때와 그후 그 일을 기록하고 나 자신의 이후 경험에 비추어 묵상하던 긴 세월에 이르기까지, 그들의 이야기가 가리키는 점은 하나였다. 곧 하나님은 하나님이라는 사실이다. 그분이 하나님일진대 그분은 내 예배와 섬김을 받으시기 합당하다.

그분의 뜻 안이 아니고는 나는 어디서도 쉼을 얻을 수 없다. 내가 아무리 그분이 하시려는 일을 상상한다 해도 그분의 뜻은 내 생각을 초월한다. 무한히, 헤아릴 수 없이, 말할 수 없이 초월한다.

이 이야기는 인간 역사의 한 사건이다. 특정 사람들에게 특정 방식으로 중요한 사건이지만, 어쨌든 한 사건일 뿐이다. 이 일은 바로 그런 맥락에서 이해돼야 한다. 하나님은 인류역사의 하나님이시며 지금도 우리 안에서, 우리를 통해서, 우리를 위해서, 우리의 어떠함에도 불구하고 끊임없이 신비롭게 역사하여 당신의 영원한 뜻을 이루고 계신다.

능히 모든 데이터를 망라하거나 정밀검사를 통과할 수 없는 해석들을 지나치게 단순화하여 일거에 저울질하려는 충동은 언제나 있게 마련이다. 예컨대 우리는 기독교 교회사에서 순교자들의 피가 교회의 씨앗이 된 사례를 많이 알고 있다. 그래서 우리는 여기서도 간단한 공식을 세우려는 유혹을 받는다. 다섯 사람이 죽었다. 그러니 와오라니 부족에 이만한 숫자의 그리스도인이 나와야 한다는 유혹이다.

그럴 수도 있다. 하지만 아닐 수도 있다. 인과관계는 하나님 손안에 있다. 그대로 그분 손안에 두는 것이 믿음이 아닐까? 하나님은 하나님이시다. 내 정의감을 만족시킬 방법으로 행동하시기를 내가 그분께 요구한다면, 그것은 내 마음속 왕좌에서 그분을 밀어내는 것이다. "네가 하나님의 아들이어든 십자가에서 내려오라"고 조롱하는 것과 똑같은 정신이다. "이러이러한 결과가 따르지 않는 한 하나님은 다섯 남자에게 이렇게 행하실 권리가 없다"고 말하는 태도에는 불신은 물론 반항마저 들어 있다.

다섯 남자들은 오래 전부터 하나님의 뜻을 행하는 데 아낌없이 자신을 바쳤다. 자신들이 아는 한 그들은 평범한 선교사였다. 로저는 앗슈아라족에게, 짐과 에드와 피트는 키추아족에게, 네이트는 비행기로 정글 전 지부를 섬기는 일에 보냄받은 보통 선교사였다. 그러나 작은 일들이 일어난다(네이트가 와오라니 부족이 살고 있는 집 몇 채를 발견했다). 작은 결정들이 내려지고(그는 짐과 에드에게 말했다) 그것은 더 큰 결정들로 이어진다(그들은 와오라니 부족에 들어가는 문제를 놓고 새로이 간절하게 기도하기 시작했다). 결국 한 남자의 개인적 선택은 중대한 고비에 이른다. 사랑하는 처자식을 둔 평범한 보통 선교사들이 생사가 달린 결단에 직면했다. 그들은 명성은 고사하고 무슨 큰일을 찾고 있었던 것이 아니다. 와오라니 부족의 영적 필요가 단순히 절대명령이 됐던 것이다.

하나님을 방패와 방벽으로 믿었던 그들이 왜 창에 찔려 죽도록 방치돼야 했을까? 우리 미망인들에게 그것은 매끄럽게 또는 최종적으로 답해질 수 없는 문제였다. 1956년에도 그랬고 1996년 지금에도 잠잠해진 것은 아니다. 하나님은 욥의 질문에도 답하지 않으셨다.

1979년 12월 엘리자베스의 딸 발레리 엘리엇 쉐퍼드 일가. 교회 목사인 남편 월터 D. 쉐퍼드 주니어는 월터 3세를 안고 있고 발레리가 안고 있는 아기는 엘리자베스.

욥은 신비―하나님의 주권적 뜻이라는 신비―속에 살고 있었고, 그 깊은 신비에서 생겨난 질문들에 주어진 답은 더 깊은 신비, 곧 하나님 자신의 신비일 뿐이었다. 여호와께서 폭풍 가운데서 욥에게 대답하셨다.

> 무지한 말로 이치를 어둡게 하는 자가 누구냐. 너는 대장부처럼 허리를 묶고 내가 네게 묻는 것을 대답할지니라. 내가 땅의 기초를 놓을 때에 네가 어디 있었느냐. 네가 깨달아 알았거든 말할지니라(욥 38:2-4).

계속 이어지는 대답할 수 없는 질문은 신적 통치, 기원, 생성, 법칙, 권위, 지혜 등의 증거로 잿더미에 앉은 욥을 압도했다. 욥은 자기에게 아무것도 없다고 답할 수밖에 없었다. "나는 미천하오니 무엇이라 주께 대답하오리까. 손으로 내 입을 가릴 뿐이로소이다"(40:4).

다시 하나님은 그에게 대장부처럼 허리를 묶고 대답하라고 말씀하신다. "네가 내 심판을 폐하려느냐. 스스로 의롭다 하려 하여 나를 불의하다 하느냐"(40:8).

욥은 시험을 통과했다. 그는 하나님이 어떤 분이신지 깨달았다. 그는 "녹았다." 그런 그가 친구들의 중보자가 됐고, 하나님은 그에게 처음 있었던 것보다 더 많은 것으로 회복시켜 주셨다.

나는 하나님의 이야기가 해피엔딩으로 끝남을 전심으로 믿는다. 노르위치의 줄리안은 "다 잘될 것이고 다 잘될 것이니 모든 일이 잘될 것이다"라고 썼다.

그러나 아직은 아니다. 꼭 지금은 아니다. 오히려 반대의 증거처럼 보이는 무거운 경험의 짐 앞에서 그 사실을 붙들려면 믿음이 있어야 한다. 하나님이 뜻하시는 행복과 선은 우리가 상상할 수 있는 것보다 훨씬 높다. 존 오먼은 이렇게 말했다. "하나님의 섭리에 대한 진정한 믿음은, 그분이 선하신 분이라는 본능적 신뢰도 아니고 그분이 인자한 분이라는 인생 경험상의 추론도 아니며, 오직 신앙의 최종적이고 가장 높은 승리다. 그 신앙으로 얻은 비전은 참되고 영원한 선이며 세상에 속하지 않은 선이다. 세상 것들이 새로운 피조물이 되어 추구하는 선도 거기에 미치지 못한다"(「은혜와 성품」).

그 학살은 당시 폭넓게 보도됐고 지금도 많은 이들이 놀랍도록 잘 기억하고 있는 엄연한 사실이다. 사람들은 저마다 자신의 믿음이나 불신의 분량대로 그 일을 해석했다. 그처럼 그것은, 의미가 가득한 일도 됐고 허망한 일도 됐다. 승리도 됐고 비극도 됐다. 용감한 순종의 모범도 됐고 한없이 미련한 사건도 됐다. 놀라운 사역의 시효요 하나님 능력의 시연도 됐다. 예측 가능한 아름다운 3막으로 이어질 서글픈 1막도 됐다. 모든 수수께끼가 풀리고 하나님이 자신을 확증하시고 와오라니 부족이 회심하여 우리 모두 자기 신앙에 "기분 좋아질" 그런 3막으로 끝날 수도 있었다. 진척상황 회보가 전해질 때마다 사람들은 기쁨과 다분히 "아! 거 보라고!"의 기분으로 환호했다. 그러나 있을 수 있는 특정한 다른 파장들은 깨끗이 무시한 채, 하나님의 공의가 그렇게 입증되기라도 하듯, 당장 고대해 온 결과만 부여잡는 것은 위험하다. 여기서 다른 파장들이란 눈에 보이지 않는 부분도 있고 단순히 서툰 일의 결과도 있을 것이다. 한마디로 다른 이야기들과 마찬가지로 와오라니 이야기에서도 우리는, 달갑지 않은 데이터는 너무 정밀검사하지 않음으로써 그만큼 자위를 얻으려 한다. 이런 에두르기를 통해 우리는 여전히 이 일을 "우리 것"이라 부르며 실패는 일절 외면한 채 모든 성공을 우리 것으로 사칭하려 한다.

보다 건강한 믿음은 모든 인간경험 바깥에서, 곧 모든 인간사의 노선을 주관하시는 하나님의 절대원리에서 기준점을 찾으며 하나님의 뜻과 인간의 뜻이 상호작용하는 불가해한 신비를 망각하지 않는다("저희의 믿지 않음을 인하여 거기서 많은 능력을 행치 아니하시니라"〔마 13:58〕. "예수께서 사람의 권세에 넘겨지시니라." "주께서 나를 자유케 하사 의지대로 행하게 하셨음이라").

다섯 남자 자신들을 돌이켜 본다. 다른 선교사들의 모험에 가담해야 할지 쉬 결정하지 못하던 피트의 고민, 마릴루가 임신 8개월임에도 모든 일이 잘될 줄 확신하고 가려 했던 에드의 열정, 로저의 우울과 선교사로서의 깊은 패배감, 네이트의 극도의 신중성과 굳은 결의, 무모하리만큼 들떴던 짐의 열의를 떠올린다.

그들의 죽음 후 남겨진 "조각들을 거둬" 사역을 이어가야 했던 자들 속에 생겨난 긴장을 떠올린다. 와오라니 부족 전도를 위한 지속적 노력에 각 선교회가 맡아야 할 역할을 두고 몇몇 선교회들 사이에 오해도 있었다.

레이첼과 내가 마침내 와오라니 부족 정글 개간지에 도착했을 때, 레이첼과 다유마가 와오라니 언어인 줄 알고 사용해 온 말들이 잘 통하지 않던 일도 떠오른다. 자기 언어를 대폭 잊어버린 다유마가 자기도 모르게 와오라니 말과 키추아말에 겉핥기 식으로 알고 있는 스페인어는 물론 약간의 영어 억양까지 적잖이 섞였던 것이다. 그러다 서서히 나는 레이첼의 언어사역 접근과 인디언들의 언행에 대한 해석과 그녀가 보내 온 결과보고서들이 종종 내 것과 근본적으로 다름을 알고 당황했었다.

와오라니 인디언 자신들을 생각해 본다. 우리 선교사들이 마침내 그들에게 이르게 됨으로 그들은 얼마나 큰 당혹과 불편과 방향 혼란과 과거 단절과 실제 병들(예컨대 소아마비)을 겪었던가! 회의론자들은 의기양양하게 그런 비참한 사실들을 지적하고, 우리는 우리 신앙의 신빙성까지는 몰라도 우리 영성의 수준에 일말의 의혹이라도 던질 수 있는 사역 평가라면 무조건 두려워 교묘히 그런 부분을 회

피한다.

그러나 우리는 죄인이다. 그리고 어릿광대다. 성경학교에서 있었던 일이 생각난다. 나는 기도중에 하마터면 큰소리로 웃을 뻔했다. 학생들이 오랫동안 돌아가며 실제와 상상 속의 자기 죄를 고백하고 나자 우리 학장 L. E. 맥스웰이 벌떡 일어나 큰소리로 받았다. "오 주님, 저희를 서글픈 자아, 달콤한 자아, 냄새나는 자아에서 구해 주소서!"

우리가 의지할 수 있는 것은 우리 영성의 수준이 아니라 하나님이다. 하나님 한분뿐이다. 사역도 하나님의 것이요 소명도 하나님의 것인 까닭이다. 우리의 용기와 비겁함, 우리의 사랑과 이기심, 우리의 장점과 약점, 모든 것을 하나님이 친히 당신 뜻대로 다스리신다. 전체 광경, 전체 혼란, 전체 덩어리가 모두 그분 것이다. 모세 같은 살인자와 다윗 같은 간부(姦夫)와 베드로 같은 배반자를 취하여 당신의 꿋꿋한 종으로 삼으실 수 있는 하나님은, 때로 영웅 같고 때로 악당 같아 보이는 죄인의 무리도 당신의 평화의 도구로 쓰셔서 야만 인디언들을 구원하실 수 있다. "우리가 이 보배(예수 그리스도의 얼굴에 있는 하나님의 영광을 아는 빛)를 질그릇에 가졌으니 이는 능력의 심히 큰 것이 하나님께 있고 우리에게 있지 아니함을 알게 하려 함이라"(고후 4:7).

수평선의 위치가 우리에게 늘 확실치만은 않다. 백색 바다에 쏟아지는 반짝이는 빛의 길이 없다면 우리는 어느 쪽이 위인지 모를 것이다. 땅의 기초를 놓으시고 그 도랑을 정하신 분께서 선이 그어질 위치를 아신다. 그분은 우리의 믿음과 순종에 필요한 모든 빛을 주신다.

1996년 1월